高校科研管理
高质量发展研究

高校科研管理
高质量发展研究

曹晶晶 著

河北大学出版社
·保定·

高校科研管理高质量发展研究

GAOXIAO KEYAN GUANLI GAO ZHILIANG FAZHAN YANJIU

出 版 人：马　力
责任编辑：马　敏
装帧设计：杨艳霞
责任校对：李　易
责任印制：常　凯

图书在版编目（CIP）数据

高校科研管理高质量发展研究 / 曹晶晶著．-- 保定：河北大学出版社，2025．5．-- ISBN 978-7-5666-2668-4

Ⅰ．G644

中国国家版本馆 CIP 数据核字第 2025CX6851 号

出版发行：河北大学出版社
地址：河北省保定市七一东路 2666 号　邮编：071000
电话：0312-5073019　0312-5073029
邮箱：hbdxcbs@163.com　网址：www.hbdxcbs.com
印　　刷：涿州市般润文化传播有限公司
幅面尺寸：170 mm × 240 mm
印　　张：13.5
字　　数：227 千字
版　　次：2025 年 5 月第 1 版
印　　次：2025 年 5 月第 1 次印刷
书　　号：ISBN 978-7-5666-2668-4
定　　价：68.00 元

前　言

高质量发展是党的十九大以来推动我国经济社会各项事业发展的核心理念，是全面建设社会主义现代化国家的首要任务，是当前和今后一个时期的发展思路和根本要求。创新是引领发展的第一动力，是构建现代化经济体系的战略支撑。它是推动国家前进、实现中华民族伟大复兴的核心要素。创新包括科技、理论、制度、文化等多个方面。我们必须坚持自主创新，强化科技研发，促进科技成果的转化。通过实施创新驱动发展战略，建立高校科研创新体系。高质量发展不仅意味着经济的高质量发展，更关乎社会的全面进步。其涉及各个领域的内容，而其中科研领域的高质量发展尤其重要。在知识经济和科技创新成为时代驱动力的背景下，科学研究不仅是推动经济社会发展的关键力量，也是国家综合国力和创新竞争力的重要体现。科研领域的高质量发展需要全社会的支持和共同努力，以不断推动我国向创新型国家迈进，实现经济高质量发展和社会全面进步的共同目标。

科研高质量发展，是关注科研的外延拓展、内涵深化和实质贡献的发展状态，是科研质量特性日益满足科研价值主体要求的发展状态，也是有利于促进科研事业发展、支撑经济社会高质量发展、增强基层组织能力和提升社会公众获得感的科研发展状态。高等学校作为科研的重要阵地，承担着推动科技创新、培养科研人才和服务国家发展的使命。在新的科研体制下，高校需要与国家的科技政策和发展战略密切对接，积极融入国家科技创新体系。

高校科研管理高质量发展是顺应时代潮流的重要举措，旨在保障和支撑科技创新的关键环节，是推动经济社会高质量发展的必然要求。科技创新在当今社会已经成为推动经济社会发展的主要动力，而科研管理的高质量发展则是其关键支撑。在经济全球化和科技飞速发展的背景下，科研管理的高质量发展不仅关乎国家科技实力的提升，更直接关系到国家竞争力和社会发展水平的提升，成为我国科技创新体系建设的重要组成部分。科研管理的高质量发展既需要注重科研机构内部管理的完善与优化，也需要紧密结合国家战略需求和市场需求。只有通过高质量科研管理的不断完善和创新，才能更好地激发科技创新活力，推动科研成果更好地为经济社会发展服务，实现科技创新驱动发展的崭新局面，为建设创新型国家和现代化国家不断贡献力量。

目　　录

第一章 导论

高校是国家战略科技力量的重要组成部分，在基础研究、关键核心技术攻关、成果转移转化等方面肩负着重要使命。① 高校作为科学研究和科技创新的重要基地，承担着国家众多科技前沿技术的开发与应用任务，对增强国家自主创新能力和核心竞争力起到了至关重要的作用。2017 年 1 月，教育部、财政部、国家发展改革委制定的《统筹推进世界一流大学和一流学科建设实施办法（暂行）》，将科学研究作为遴选和考核一流大学、一流学科的重要指标。高等院校在推动国家科技创新发展进程中占据着不可或缺的地位。随着我国科研事业的飞速发展和科研投入的持续增加，高等院校在日常科学研究和科技创新活动中所扮演的角色日益凸显。②

科研人员是高校科学研究的主力，他们承担着科技创新的重要任务。然而，要确保科研工作的顺利开展、促进科技成果转化落地，都离不开科研管理人员的组织与推动。③ 科研管理队伍在当今科技创新领域中扮演着至关重要的角色，作为科研活动的组织者和协调者，高效、专业的科研管理队伍在科研项目申报、科技成果转化等方面起关键作用，因此科研管理人员的专业化水平、综合能力直接影响高校科研管理的质量，进而影响科研成果的最终成效。④

---

① 参见陈劲、杨硕、朱子钦《面向国家战略科技力量的高校创新体系建设研究》，《科教发展研究》2022 年第 1 期。

② 参见郑鹏、谢洁芬、倪慧群等《高校科研管理存在的问题剖析及对策建议》，《科技与创新》2019 年第 5 期。

③ 参见范兆娟、王建立《“双一流”建设背景下高校科研管理人员专业化发展路径研究》，《重庆电子工程职业学院学报》2021 年第 3 期。

④ 参见李志巧《研究型大学科研管理人员能力素质优化策略研究》，《科技管理研究》2012 年第 18 期。

第一节 何为高校科研管理

要明确高校科研管理的内涵，首先要明确科研及高校科研的定义。“科研”，即科学研究的简称，涉及在科学领域内对已有知识、数据进行搜集、整理、统计、编辑和分析等一系列创造性工作。科研可以被理解为对学术问题进行深入研究的活动。英语常用 research and development（研究与开发）来表示科学研究，英国《牛津大辞典》和经济合作与发展组织（OECD）指出，“研究与开发，是指为了增加知识量，知识包括社会文化和社会知识的探索，以及利用这些知识去发明新用途所从事的系统创造性工作”。张才骏等（2002）认为，科学研究实际上由两部分组成，一部分是创造知识，即创新、发现和发明，是探索未知事实及其规律的实践活动；另一部分是整理知识，即对已有知识进行分析整理，使其规范化、系统化，是知识继承的实践活动。在科学研究中，整理知识和创造知识是不可分割的两个组成部分。① 当然，随着社会的不断发展，科研的内涵也在不断丰富，科学研究的对象、功能和方式不断拓展和更新。随着科技的飞速发展，我们对自然界和社会现象的理解越来越深入，这使得科学研究的领域变得更加广泛。从基础理论的探索到应用技术的开发，科研活动已经渗透到人类生活的方方面面。同时，科研的功能也在从单纯的学术探索转变为解决实际问题，推动社会进步和经济发展。但是其核心内涵——揭示自然界和人类社会的客观规律，生产知识形态产品——是一种创造性活动，这个本质不会变。

薛天祥在 20 世纪 80 年代末将“高校科研”定义为：高校师生从事的一切科研活动，从种类上看，包括自然科学研究、社会科学研究；从性质上看，包括基础研究、应用研究和开发研究。随着社会的不断发展，高校科研的定义也

---

① 参见张才骏《科学研究概论与科技论文写作》，华文出版社，2002，第 87—89 页。

在日趋丰富，除了传统的自然科学研究、社会科学研究外，不同学科领域之间的交流和合作来促进知识的整合和创新，旨在解决单一学科无法解决的复杂问题的交叉学科应运而生。跨学科、跨领域的合作，以及利用大数据、人工智能等现代技术手段，使得科研工作更加高效和精准。

随着科研活动规模的持续扩大，科研管理应运而生。科研管理指对科学研究活动进行计划、组织、协调、控制和评估的一系列管理行为和过程，它涵盖了科研项目管理、科研经费管理、科研人员管理、科研成果管理等多个方面，在科学研究活动中起着至关重要的作用，是提高科研质量和效率、促进科研资源优化配置、增强科技创新能力的重要保障。① 于惠芳认为：科研管理是指科研管理者对科研人员从项目申请到项目实施、完成的全过程管理。科研管理的目的是要遵循科研活动的规律，通过对众多关系的协调、服务、整合与制度化，积极创造一个适合科研活动开展的气候和舞台，促成科研精品的产出。②

随着科研活动规模的持续扩大，科研管理应运而生。为了更有效地组织和协调这些日益增长的科研项目，确保研究工作的顺利进行和科研资源的合理分配，科研管理作为一种专门的管理活动，逐渐成为不可或缺的一部分。它不仅涉及对科研人员的管理，还包括对科研项目、科研资金、科研成果和科研设施等多方面的综合管理。通过科学合理的管理，可以提高科研效率，促进科研创新，同时也有助于科研成果的转化和应用，为社会经济发展提供强大的科技支撑。

薛天祥将“高校科研管理”定义为：按照科学技术发展规律、高等教育发展规律和管理学原理，为实现既定目标，通过科研过程的各个环节，对高校科研活动中的人、财、物、时间、信息和效果进行计划、组织、控制、总结，使科研项目达到最佳完成度的一种组织活动。③

母国光认为，高校科研管理是在科研管理目标的引导下，遵循科研工作的

---

① 参见赵强《新质生产力视角下人工智能赋能科研管理探析》，《河南科学》2024 年第 11 期。

② 参见于惠芳《服务·学习·研究：高校科研管理的三个维度》，《清华大学教育研究》2007 年第 2 期。

③ 参见薛天祥《高等学校科研管理》，华东师范大学出版社，1988，第 9 页。

发展规律，通过有效配置科研资源，将高校科研投入组成系统的所有元素结合在一个统一的有机体内，用来实现不同的分目标，并最优地实现科研系统整体目标，实现高校科研管理目的。①

梁子裕认为，高校科研管理是高等院校为发展教育、科研事业，运用科学技术与管理学原理，对科研活动中牵涉的人、财、时间、信息和效果等进行计划、组织、协调、控制、总结，实现既定任务的一种过程组织活动。高校科研管理目标明确，涉及内容广泛，以理论研究和应用研究为主。其特点表现为：多学科和多专业；在人才培养方面肩负教学与科研双重任务；研究方向围绕重点学科和产学研融合方向展开；始终坚持以人为本的管理理念，具有较强的协调性、侧重性与公平性原则。②

随着时代的变迁和科技的进步，社会逐步进入了信息化时代，这也深刻影响着科研管理的内涵和发展方向。

高校科研管理作为高校科研工作的重要组成部门，伴随着高校科研的迅速发展应运而起，其在高校科研活动中扮演着不可或缺的角色。科研管理贯穿科研活动的全过程，通过系统性分析科研活动的规律和特点，提供科学有效的管理方法和策略，以确保科学研究正常有序地进行。宏观来看，高校科研管理就是科研管理部门在科研政策的导向下，合理配置、调动学校各项资源，以期科学研究有序进行的管理活动。具体来说，就是高校科研管理部门通过计划、组织、领导、协调等职能，服务高校科研人员顺利开展科学研究，对科研项目、科研成果、科研经费、科研平台等各个环节进行的一系列的管理活动。项目来源一般分为横向项目与纵向项目，纵向项目是指由政府部门（或者受政府部门委托）下达的带有一定的指导性的各类计划（规划）、基金项目，包括国家级、省部级和市厅级，如国家社会科学基金、国家自然科学基金、省社科基金、省自然科学基金、教育厅高等学校科学研究项目等各类政府性质的项目。横向科研项目，主要来自企事业单位委托的技术开发、技术服务、科学研究等方面的

① 参见母国光、翁史烈《高等教育管理》，北京师范大学出版社，1995，第 10 页。

② 参见梁子裕《大数据视阈下的高校科研管理》，《重庆交通大学学报（社会科学版）》2018 年第 4 期。

项目。成果管理集中于各级各类奖励申报，如教育部全国高校人文社科优秀成果奖、省级哲学社会科学优秀成果奖、省级科学技术奖等。在实际的工作中，高校科研管理是科研管理人员对科研人员从项目申请、中期检查到项目结项的整个流程的动态跟踪管理；对科研人员科研成果的认定、统计、奖励等的管理；对科研经费的预算、支出、调整等使用全过程的监督管理；对成果的鉴定和报奖的全过程；对科研平台的设立、考核、管理办法的出台和修订等一系列管理措施。

总之，高校科研管理不仅需要与上级部门，如教育部、宣传部、教育厅、文旅厅、人社厅等多个部门进行对接，也需要与本单位的各个院系和科研人员进行信息的及时传达、权威解释等，每一个细节都关乎高校科研的走向。高质量的科研管理工作对于提高高校科研水平具有重要意义。有效的科研管理对高校科研发展具有引领作用，高校科研管理对高校科研工作起整合、监督、激励及服务等作用。其旨在通过有效的服务推动高校科学研究实现高质量发展，更好地支持教学工作，并为经济社会发展提供服务。

高校科研管理伴随着高校科研而产生，由于其服务对象、组成人员、管理目标的特殊性，因此，相较于其他管理学科而言，有其鲜明的特征。

第一，服务对象的多元化。高校科研管理的服务对象是高校科研人员，由于高校人员结构的特殊性质，科研人员除了专职科研人员、教学科研人员这些高校科学研究的中坚力量外，还有部分本科生、研究生、博士后等，也有很多的行政教辅人员，他们都是高校科研工作的有机组成部分。科研人员组成的多样性，导致了高校科研管理的复杂性，尤其是学生、博士后流动性大，组织性不高，往往给科研管理带来很多现实困难。

第二，组成人员的特殊性。高校科研管理人员是指高校科研部门工作人员和分属于学校二级单位（学院、中心、部）的科研秘书等。由于高校科研管理部门设置的时间普遍较晚，而且科研管理人员对行政工作没有专业的认识，认为科研管理工作就是上传下达、照章办事，因此高校科研管理人员没有形成专业化的管理团队，很多都是博士家属，或者其他岗位，如辅导员、实验员转岗进入科研管理工作领域，缺乏专业学术背景和管理才能。随着高校入职门槛的逐年提高，也有越来越多的研究生和专职科研人员加入进来。这些人的加入给科研管理提供了新鲜的血液和专业的学术背景，但是这些人员也普遍缺乏专业的管理知识。分属学院、中心等的科研秘书，由于其自身身份的特殊性，人事关系分属于各个二级单位，高校的学院、研究中心基本是一个小型独立的生态系统，科研秘书在这个系统中担任着非常重要的角色。虽然各个单位科研秘书职责略有不同，但基本都是身兼数职，学科工作、研究生管理、科研工作等，科研管理工作只是其众多工作职责中的小部分内容，庞杂琐碎的工作难免影响整体工作效率的提高，科研秘书在科研管理工作中很难发挥重要作用。这些都造成了高校科研管理的复杂性。

第三，管理目标的特殊性。高校科研管理伴随高校科研而生，是为高校科研服务的，所以其管理的目标就是促进高校科研有序进行、向更高的方向迈进。高校科研在我国科技强国战略目标中处于重要地位，是国家科研体系的重要组成部分。当今世界百年未有之大变局加速演进，国际环境错综复杂，科技创新成为国际战略博弈的主要战场，科研管理则是更好服务于国家战略发展和科研工作的现实需求。从大的方向来说，高校科研管理和高校科研的目标是一致的，都是为经济社会发展提供强大的智力支持。

第四，独特的分工合作模式。在许多高校中，科研管理通常由学校科研管理部门和各二级学院科研管理部门共同承担。学校科研管理部门作为高校科研管理的核心，负责整体规划、政策制定和资源分配等工作。如科研项目申报、审批和管理等重要环节，监督科研项目的执行情况，并提供必要的支持和服务。同时，他们还协调各学院之间的科研合作与交流，促进资源共享和协同创新。二级学院科研管理部门则主要负责本学院范围内的科研管理的具体实施。如本学院范围内的科研项目管理和绩效评估等事务。具体来说，他们协助教师完成科研项目的立项申报，组织项目执行和完成验收，确保项目按时、按质完成。此外，他们还负责科研成果的统计和管理，并参与学院科研绩效的评估工作。学校科研管理部门和二级学院科研管理部门在科研管理中形成了一种分工合作的模式。学校科研管理部门通过制定政策和提供支持，为二级学院科研管理部门提供指导和帮助；各二级学院科研管理部门负责将学校政策和要求落实到具体的科研项目中，与教师合作促进科研管理工作的顺利推进。

第五，严格的学术伦理要求。由于科研在社会生活中的特殊性和重要性，为了确保科学研究的真实性、可靠性和道德性，要求研究人员诚实守信、不虚构数据，在遵循科研伦理的前提下开展科学研究，科研伦理是维护科研活动的正常秩序和良性发展的重要保障，从而有效地推动学术进步和社会发展。作为高校科研活动的重要参与者，高校科研管理者更是科研伦理的把关人。注重学术伦理的规范和遵守，要求科研人员诚实守信、严守学术规范，杜绝学术不端行为，保障科研成果的真实性和可信度。坚持科研伦理不仅符合科学道德和学术规范，也有助于提高科学研究的可信度和创新力，从而使科研成果更有效地服务于社会。

第二节　为何要实现高质量发展

自党的十九大以来，高质量发展已成为我国经济社会发展的核心理念。党的十九大报告指出，“我国经济已由高速增长阶段转向高质量发展阶段，正处在转变发展方式、优化经济结构、转换增长动力的攻关期”。党的十九届五中全会通过的《中共中央关于制定国民经济和社会发展第十四个五年规划和二〇三五年远景目标的建议》明确提出：“十四五”期间经济社会发展要以推动高质量发展为主题，坚定不移建设质量强国，提高经济质量效益和核心竞争力。党的二十大报告指出，“高质量发展是全面建设社会主义现代化国家的首要任务”，并将“实现高质量发展”作为中国式现代化的本质要求之一。

高质量发展的概念是以习近平同志为核心的党中央根据国内外发展形势和现阶段中国的发展需要提出的一个全新发展理念。“高质量发展不只是一个经济要求，更是对经济社会发展方方面面的总要求。”具有深远的历史意义和丰富内涵。在新时代背景下，实现高质量发展是推动我国经济社会持续健康发展的必由之路。

首先，高质量发展是适应和引领经济发展新常态的内在要求。随着我国经济进入新常态，传统的依靠资源消耗和廉价劳动力的增长模式已难以为继，必须通过创新驱动、结构优化、效率提升等手段，实现从量的扩张向质的提升转变。其次，高质量发展是满足人民日益增长的美好生活需要的必然选择。随着社会主要矛盾的转变，人民对美好生活的向往已经从物质文化需求扩展到民主、法治、公平、正义、安全、环境等方面。高质量发展要求我们在发展中更加注重解决不平衡不充分的问题，推动经济社会发展更加全面、协调、可持续，更好地满足人民日益增长的美好生活需要。再次，高质量发展是应对国际竞争和挑战的迫切需要。在全球化深入发展的今天，国际竞争日趋激烈，我国作为世界第二大经济体，面临的外部环境更加复杂多变。只有通过高质量发展，才能增强我国的综合国力和国际竞争力，有效应对各种风险挑战，实现中华民族伟大复兴。最后，高质量发展是实现可持续发展的关键。高质量发展强调绿色发展、循环发展、低碳发展，倡导人与自然和谐共生，这不仅有助于解决我国面临的资源环境约束问题，而且对于全球生态安全和可持续发展具有重要意义。

实现高质量发展，就是要依靠科技。科学技术作为保证国家综合实力的第一生产力，日益渗透到经济社会发展和人类进步的各个领域，是一个国家和民族长足发展的原动力。高质量的科技创新能力已经成为当前国际政治、经济等综合国力竞争的决定性因素。虽然我们的科技水平日新月异，在很多方面有了世界领先的科技，但是我国整体的科学研究水平还比较落后，面临着很多问题，如，科研人员总数庞大，居世界第一位，但是科学家数量极少。我们每年的科研论文发文量居于世界首位，但是有价值的成果不多，占据世界科研高地的成果还非常少，尤其是对人类社会发展有重大贡献的科研成果少之又少。另外在高端芯片、人工智能等关键技术领域，我们还存在着非常多的“卡脖子”技术问题，这些问题是我国科研高质量发展面临的关键，亟待解决。

高校作为我国科学技术研究机构，在科技强国战略目标中处于重要地位，是国家科研体系的重要组成部分，在国家的科研创新中承担着重要责任，其科研力量是国家战略科技力量的重要组成部分，科研技术高质量发展对我国综合国力的提升有着至关重要的影响。高校科技工作创新不仅是国家科技创新体系的重要组成部分，也是深化高校综合改革与建设高水平研究型大学的关键所在。高校科研特别是在基础理论和应用研究方面，为我国科技创新做出了重要贡献。

高校科研管理是高校科研的重要组成部分，是助力科研创新、构建科技高速发展的关键环节。新形势下，高质量发展渗透到社会生活的方方面面，科研高质量发展是高校科研前进的方向和动力。加快推进科学研究高质量发展，既是推动我国现代化建设的客观要求，也是新时代赋予我国广大科研机构和科研人员的重要使命和责任。

随着国家对于高校科学技术的投入逐步增大，高校科研的发展进入了飞速增长的阶段。与之相应的，对高校科研全过程的科研管理也提出了新要求。科研管理是高校科研活动的重要环节，贯穿于高校科研活动的全过程，其质量和效率的提升对高校科研实力有着重要影响。高校科研管理要勇挑重担，挖掘高校科研潜力，释放高校科研活力，在高校科研高质量发展中起到积极作用。

高校科研管理在我国起步较晚，目前国内科研院所的科研管理大多数还局限于经验分享、方法套用层面。① 我国高校的科研管理大部分沿用的是行政化的科研管理方式，存在着很多现实问题。最普遍的问题是：科研人员往往囿于烦琐的表格填写、复杂的经费报销等，繁复的科研管理使得科研人员难以潜心研究；科研管理技术的落后、传统的上传下达的管理方式等，导致难以提供专业化的科研管理服务；管理人员素养的局限性，导致了科研管理服务意识不佳，影响科研人员的科研积极性；现实的科研困境，如职称评审、绩效考核等量化的科研评价体系，往往造成科研人员追求短期的量，而忽略质的积累，对科研人员造成了极大的消耗。这些现实困境局限了高校科研迈向更高层次，成为高校建设的关键问题，影响着高校科研的高质量发展。

进入新时代，随着国家发展对科学技术需求的迅猛增长，传统的科研管理方式已经不能适应当下日新月异的科技发展速度，从而阻碍了高校科研的进

① 参见高春东《科研院所科研产出效率及影响因素研究》，博士学位论文，中国矿业大学（北京）管理科学与工程，2019，第 2 页。

步，并在一定程度上限制了国家科研实力的整体提升和可持续发展，降低了国家对于科研的投入产出比，造成了资源的浪费。为了更好地适应国家战略发展的需求，优化高校科研管理工作，提高科研管理水平，确保学校科研的有序健康发展，为科学研究高质量发展提供有力支撑，不仅是推动自身建设发展的必然要求，也是繁荣社会经济和发展科学文化的时代需求，是时代赋予高校科研管理的使命。通过改进管理机制、优化资源配置和提升科研效能来更好地推动科学研究、培养高级人才，使高校科研活动和科技创新达到更高水平，对于促进社会进步具有重要意义。

一、高质量的科研管理有利于推动科学研究的深入开展

高质量的科研管理能够营造优越的研究环境与条件，为科研人员铺就坚实的科研道路。科研人员亟须充足的科研经费、优质的文献资源等关键要素，以支撑其深入探索科学未知。科研管理部门应携手学校其他部门，精准配置资源，为科研人员提供坚实的经费后盾，并采购重要的文献数据库，从而打造更为有利的研究环境，提升科研工作的整体水平与质量。通过提升科研管理的质量，能够确保科研资源的合理配置和高效利用，为科研人员提供更为稳定和优越的研究环境。这不仅有助于激发科研人员的创新潜力，还能促进科研项目的顺利实施和科研成果的及时转化。同时，高质量的科研管理还能有效避免科研资源的浪费和重复建设，从而提高科研投入的整体效益，推动科学研究向着更高、更深、更广的领域发展。因此，实现高校科研管理工作的高质量发展，是深化科学研究、提升国家科研实力的关键路径。高质量的科研管理在推动科学研究深入发展的过程中扮演着不可或缺的角色，它不仅能够提升科研工作的质量与效率，还能够引领科学研究不断前行，为社会的繁荣与人类的福祉做出更为显著的贡献。

二、高质量的科研管理对于培养高级人才具有重要作用

在当今这个日新月异的科技时代，科研活动已经成为推动社会进步、促进经济发展的重要引擎。其中，高质量的科研管理无疑扮演着至关重要的角色，

它不仅为科研工作的顺利进行提供了有力保障，更在培养高级人才方面发挥着不可替代的作用。高质量的科研管理能够为科研人员提供一个良好的科研环境。这个环境包括完善的科研设施、充足的科研经费、丰富的科研资源和浓厚的学术氛围等。在这样的环境中，科研人员可以更加专注于自己的研究工作，不必为琐事困扰，从而有更多的时间和精力去深入探索未知领域，取得更加丰硕的科研成果。这种环境也能够激发科研人员的创新精神和探索欲望，为他们成长为高级人才提供有力的支持。同时，通过合理的团队配置、明确的任务分工和有效的沟通机制，科研团队能够形成强大的合力，共同应对科研难题。在这个过程中，科研人员之间可以相互学习、相互借鉴、共同提高。这种协同发展的模式不仅能够提升科研团队的整体实力，还能够促进科研人员的个人成长，为他们成为高级人才奠定坚实的基础。通过制定科学合理的激励机制和评价体系，可以让科研人员能够感受到自己的付出得到了应有的回报和认可。这种正向的激励作用能够极大地激发科研人员的积极性和创造力，使他们更加专注于科研工作，不断追求更高的目标和更大的成就。

三、高质量的高校科研管理对于提高科研成果的转化率具有重要作用

科研成果的转化是将科学研究结果应用到实际生产和社会发展中的过程，高质量的高校科研管理能够有效促进科学研究与实际需求的紧密对接，显著提升科研成果的转化率，将科研成果转化为实际的社会效益和经济效益。高质量科研管理可以加强科研成果的评估和产业化前期支持，帮助科研项目更好地与市场需求对接。具体而言，高质量的高校科研管理为科研人员提供了全方位、专业化的技术转移服务，确保科研成果的有效转化与成功市场化。此外，通过加强科研成果的推广与宣传工作，如组织学术交流会、科技成果展览等活动，科研管理还向社会各界及公众展示了科研成果的价值与应用前景，有效扩大了其影响力和知名度。通过科研管理的支持和引导，促进科研成果的转化，增强科技创新对经济发展的支撑作用，为经济社会发展做出更大的贡献。

四、高质量的高校科研管理在加强科研诚信和知识产权保护方面扮演着重要角色

科研诚信是指科研人员在科学研究过程中遵循科学道德、诚实守信的原则，以保证科研活动的真实性和可靠性。知识产权保护是指对科研成果所拥有的知识产权进行合法、公正的保护，以鼓励科研创新和技术转化。高质量的高校科研管理可以建立健全的科研伦理和学术规范体系，通过制定和完善科研伦理准则、学术道德规范等文件，明确科研人员在科研过程中应遵守的原则和规定，有效防止科研人员的不当行为，提高科研人员的科学精神和职业操守，促进科研活动的真实性和合法性。高质量的高校科研管理可以加强知识产权的保护和管理，为科研人员提供专利、商标等知识产权申请指导，协助科研人员完成知识产权保护的申请流程。加大对知识产权的保护力度，打击侵权盗版行为，鼓励科研人员进行原创性科研工作。这有助于营造良好的科研环境和氛围，促进学术文化的繁荣和创新发展。只有在高质量科研管理的引导下，高校科研人员才能更加注重科研诚信，有效保护和运用科研成果的知识产权，为科学研究和技术创新提供坚实的基础。

高质量发展是新时代高校科研管理工作的必然趋势，它不仅关系到科研活动本身的进步，也关系到整个社会的可持续发展。实现高质量发展不仅能够提升高校科研活动的内在价值，还能够推动科研成果的转化和应用，为社会和经济的发展做出更大的贡献。

第三节　怎样实现科研管理工作的高质量发展

习近平指出，高质量发展，就是能够很好满足人民日益增长的美好生活需要的发展，是体现新发展理念的发展，是创新成为第一动力、协调成为内生特点、绿色成为普遍形态、开放成为必由之路、共享成为根本目的的发展。这一

论述生动诠释了高质量发展的核心要义，指明了高质量发展的具体方向。高质量发展涉及经济社会发展方方面面的内容，内涵丰富、包罗万象，结合到具体的高校科研管理实践中来，就是要崇尚创新、注重协调、更有效率、更加公平、推进共享。创新解决的是高校科研管理内生动力问题，协调解决的是高校科研管理发展不平衡问题，效率解决的是高校科研管理发展的成效问题，开放共享解决的是高校科研管理内外联动问题。伴随着社会的飞速发展，高校科研的重要性日益彰显，高校科研管理的功能也在逐步改变，从简单传达科研信息到在一定程度上成为高校科研的引导者和领航人。高校科研的高质量发展需要有高水平的科研管理作为支撑，在创新、公平、交融、合作、高效的管理服务下，高校科研才能发挥更加重要的作用，从而支撑经济社会高质量发展。

在新时代背景下，特别是随着“双一流”建设的全面深入，高校科研管理的任务呈现出更为复杂和多元化的特征。为了支撑经济社会的高质量发展，高校科研的高质量发展离不开高水平的科研管理。“双一流”建设的推进要求高校提高基础研究水平，争做国际学术前沿的并行者和领跑者，推动解决战略性和前瞻性问题，并加强原始创新能力。为了应对这一更高的要求，科研管理应当围绕“双一流”建设目标，结合高校实际情况，构建科学合理的科研管理体系，提升科研水平，强化管理建设。

具体来说，高校科研管理应从以下几个方面着手。

第一，构建健全合理的评价体系。科学、全面的评价体系能够激发科研人员的创新精神，提升他们的工作积极性，并为科研管理提供有效的指导依据。这将帮助管理者更好地理解科研人员的工作进展和成果，从而做出更为科学的决策。全面考量科研人员的多方面贡献，确保科研人员的努力得到公正的认可，同时也为科研机构和政策制定者提供了一个衡量和比较科研绩效的客观标准，进而推动整个科研领域的健康发展。

第二，深植科研管理服务意识。科研管理不仅是简单的行政工作，更应着眼于服务科研，深入地关注并服务于科研活动本身。通过不断提升管理服务的质量和效率，为科研活动提供更加有力的支持和全面的保障，从而促进科研工作的顺利进行和科研成果的产出。

第三，强化科研数据与信息安全。在信息化时代背景下，强化科研数据与信息安全管理显得尤为关键。为此，必须实施一系列综合措施以加强科研数据与信息的管理。这不仅包括技术层面的防护措施，还涉及制定相应的管理政策、加强人员培训和提升安全意识等多方面的努力。通过这些措施，共同构建一个全方位的科研信息安全管理体系，以确保科研成果的安全性和科研环境的稳定性。为科研人员提供一个安全、可靠的工作平台，促进科研工作的顺利进行和科研成果的产出。

第四，优化组织结构布局。根据高校科研发展需求，调整和优化科研管理机构，确保管理结构更加灵活高效，科研管理的各个环节能够顺畅协作。通过优化科研管理流程，实现科研管理各环节间的顺畅协作，进而提升科研管理的整体协同能力，以更好地适应科研活动的多样性和复杂性，为科研人员构建一个更加有力的支持环境，以促进科研成果的产出和科研水平的提升。

第五，探索经费管理新模式。针对科研资金的使用，探索更加灵活、透明、有效的经费管理模式，提高资金使用的效率。通过优化经费管理，可以更好地支持科研创新，激发科研人员的创新活力，推动科学技术的进步和发展。

第六，完善科研奖励机制。为了激发科研人员和科研管理人员的创新性和积极性，高校应建立全面且多元的科研奖励体系，注重物质与精神奖励的平衡，以全面评价科研人员和科研管理人员在科研工作中的贡献。

第七，有组织科研。以国家战略需求为导向，明确科研的主攻方向和战略任务，整合多方资源和力量，打破学科壁垒，构建有组织的科研团队，通过制订系统性、前瞻性的科研规划，重点布局关键领域，从而提高研究效率，促进知识积累和技术进步，推动高校科研高质量发展。

科研管理要聚焦国家战略和社会需求，加强政策导向，有组织地进行科研；要构建更加公平的科研评价机制，最大限度地调动科研人员的积极性和能动性，给高校科研注入源源不断的活力；要创新科研服务模式，为科研人员提供全方位的支持和帮助。此外，科研管理还应注重培养科研人员的国际视野和跨文化交流能力，以适应全球化背景下的科研合作与竞争。通过上述措施，高校科研管理能够更好地适应新时代的要求，服务于“双一流”建设，促进高校科研的持续健康发展，并为经济社会高质量发展提供强有力的支撑。

第二章　高校科研管理工作的历史沿革

新中国成立初期，我国在苏联模式的影响下，建立起了计划经济体制下的集中型科研管理体制。随着改革开放的展开，我国开始致力于构建适应中国特色社会主义市场经济的科研管理体制。这一过程中，从推动科技导向型经济和科技依托型经济的科研管理体制，逐渐转向建立适应社会主义市场经济体制和科技自身发展规律的科研管理体制。随后，我国不断加大力度构建国家创新体系，以增强自主创新能力。时至今日，中国已进入深化科研管理体制改革、实施创新驱动发展战略的新时代。经历从新中国成立初期到改革开放的转变，再到目前建成社会主义现代化强国，我国的科研管理体制经历了一次又一次的重大变革。随着国家建设发展的不断演进，科研管理体制具有鲜明的时代特征，在整个过程中不断把握经济社会发展方向和科技发展趋势，推动组织结构、运行机制、资源配置、创新活力、创新能力、成果转化和产业化等方面的进步。特别是党的十八大以来，科研管理体制改革持续深化，创新驱动发展战略取得了明显成效。这一过程中，中国始终坚持调整和完善科研管理体制，以适应国家建设和发展的需要，推动科技事业不断迈向新的高度。①

新中国成立以来，我国的高校科研管理发展大致可分为三个阶段：第一阶段是起步探索与蛰伏时期（1949 至 1976 年），第二阶段是调整改革与发展时期（1976 至 2000 年），第三阶段是创新驱动的信息化科研管理时代（2000 年至今）。

---

① 参见许为强、徐浩青《新时代下工科院校科技管理体制的改革与思考》，《知识文库》2023 年第 16 期。

第一节　起步探索与蛰伏时期（1949至1976年）

1949至1966年，各项事业在摸索和模仿中稳步前进，我国经济得到了一定的恢复，高校建设蓬勃发展，科研体制与管理机制逐渐完善。1966至1976年十年“文革”，给中国的经济和社会发展带来了巨大的破坏，不仅导致了经济停滞和社会秩序混乱，而且也导致了教育体系的瘫痪，扼杀了科学研究的自由和创新精神，科研活动遭到了严重的中断和阻碍，高校科研管理基本不复存在。

1949至1976年，中国高校科研管理面临着诸多挑战，经历了从起步探索到铩羽蛰伏的过程。这段时期内高校科研管理的特征主要集中在两个方面：政治导向和社会主义原则。新中国成立初期，因政治同盟关系，我国模仿苏联的权力高度集中的政治体制和单一的计划经济体制的模式，这些成为其他管理体制的基础，科技发展体制将科学技术纳入国家战略规划，建立了与计划经济体制相适应的高度集中的管理体制。在政府统筹协调下，我国已建立起涵盖科研院所、高等院校、工业企业和国防科技领域的完整科技创新体系，实现了对全国科技事业的集中统一领导。

由于历史背景和政治环境的影响，这一时期高校科研管理方式带有明显的时代特征，也存在很多局限性，如科研工作中的学术自由受到一定限制，科研人员的创新能力和发展空间受到一定挤压。此外，资源配置不均衡和高校科研管理体制的单一性也是当时存在的问题。政治目标和任务在科研工作中起着重要的指导作用，科研工作与国家的建设和发展目标紧密相关。

一、在摸索中起步的初创与探索阶段（1949至1966年）

新中国成立到1966年，我国各项事业在摸索中稳步前进，国民经济得到了一定的恢复，各项建设有序展开，这一阶段我国的科研管理处于萌芽起始阶段。尽管面临许多挑战，但也取得了一定的成就。

新中国成立之初，百废待兴，向国外学习先进发展经验是必由之路。在当时的历史条件下，因受国际局势与国际关系影响，面对以美国为首的西方阵营全方位的封锁，我国开始向苏联全面学习，涉及政治、经济、军事、文化、教育各个领域。在高等教育层面，我国全面学习和借鉴苏联的教育模式，高校以行业专业类院校为主，专业设置与各行业需求直接挂钩，以系为基本组织形态开展教学工作，辅之以数量较少且独立设置的研究所。国家科研力量主要集中在科学院系统，高等院校里专门从事科学研究的机构非常有限，只有极少量的建制性研究所。一些高校设有少量的研究所进行科学研究，但研究所基本不开展教学工作。总体而言，这一时期高校内部的教学和科研工作是相对分离的，以教学为主、科研为辅。① 在当时的计划经济体制下，这一时期国家百端待举，需要各行各业大批量的人才，而高校肩负着培养社会发展所需要的各种人才的重要使命，所以这个时期的高校以培养人才为主要职能。这一时期国家的科研体系参照苏联模式，带有明显的时代特征，形成了自上而下、高度集中型集权式的科技工作管理体制。科学研究主要在政府主导下进行，根据国家目标的要求，政府对国家的科研工作实行统一管理。高等学校的科学研究在这个阶段基本上处于蛰伏状态，与之相对应的高校科研管理处于空白阶段，还没有形成雏形。

随着社会主义现代化建设的推进，人们对科学研究在高校发展中的地位和作用，以及高校科学研究在国家科技发展中的地位和作用的认识不断深化。高校得到了积极发展和重视，大量的学校得以恢复和建立，提供了培养科研人才的基础。同时，政府也开始加大对科研机构和高校的支持力度，鼓励科学研究的积极开展。1953 年 9 月，高等教育部召开全国综合大学会议，明确指出，“综合大学主要是高等教育机构，但也是科学研究机构”，并要求“综合大学应特别重视科学研究工作，以提高教育质量，提高水平，并与各研究机构和业务

① 参见杜育红、郭艳斌、杨小敏《我国高校科研的组织演变与时代创新》，《国家教育行政学院学报》2022 年第 12 期。

部门取得密切合作，以解决社会主义建设中所发生的各种重要的理论与实际问题”。1954 年 3 月，中共中央对中国科学院党组报告的批示中指出，“全国各高等学校集中了大量的科学研究人员，为发挥这一部分力量，为提高高等学校教学的科学水平，必须在高等学校开展科学研究工作”。1956 年 1 月，中共中央召开关于知识分子问题的会议，发出了“向现代科学进军”的号召，周恩来总理在报告中进一步指出，各个高等学校中的科研力量，占全国科学力量的绝大部分，必须在全国科学发展计划的指导之下，大力发展科学研究工作，并且大量地培养合乎现代化水平的科学和技术的新生力量。同年，中央开始编制《十二年科学技术发展规划》，为高校科研管理机构的设置提供了良好契机。

在此背景下，清华大学、北京大学等纷纷设立专门的科研管理部门，如清华大学设立的“科学研究处”、北京大学设立的“科学工作处”就是我国高校最早的科研管理部门。这些部门的职能不单单具备现代意义上的科研管理职能，还包括其他工作职能，如清华大学的“科学研究处”下属有科学研究科、研究生科、设备科、生产科，除了现代意义上的科研管理外，还具有分管研究生管理、设备管理等工作职能。北京大学“科学工作处”下设计划组织科、研究生科和出版科，除科研管理的工作职能外，也具有分管学术出版、研究生管理等其他职能，是现代意义上科研管理职能的扩大化。这种模式在现在的很多高校沿用了下来，尤其是一些专科性质的高校，由于学校自身性质的原因科研较少，科研管理一般都隶属于一个综合性的部门，或者与其他部门如学报、技术转移等部门合署办公。但是这些科研管理部门的设立标志着我国高校科研管理正式进入了初步探索实践阶段，是高校科研管理部门的雏形，也正是这些专门的高校科研管理部门的设立，促进了学校整体科研水平的提高。

伴随着大批专家和留学人员的回归，以华罗庚、钱学森为代表的著名科学家回国效力，为我国科学事业发展奠定了坚实的基础。中共中央颁布了《关于自然科学研究机构当前工作的十四条意见（草案）》，对科技工作者最关心的“双百”方针的贯彻、“理论联系实际”的要求等做了明确的规定和全面的阐述，这一条例的颁布实施和“广州会议”为知识分子“脱帽加冕”，最大限度为科研人员松绑，得到广大科技工作者的热烈拥护。科技人员的工作积极性空前高涨，积极投身科研，我国高校科学研究进入蓬勃发展的崭新阶段。一批尖端科技成果产出，高校科研进入新中国成立后第一个“发展春天”。[①] 尽管受到国际环境的限制，中国在这一时期还是积极参与国际科研交流与合作。通过引进外国专家、学术访问和科研合作项目，1957 年时任中国科学院院长的郭沫若揭晓了 1956 年度中国科学院科学奖金（自然科学部分）的评选结果，这是新中国第一次颁发面向全国的科学奖励。1978 年全国科学大会后，此奖项被追认为新中国首届自然科学奖，此后“国家自然科学奖”的评奖、颁奖工作改由国家科委组织。这为国内科研水平的提升起到了积极作用。随之而来的，高校科研管理也在摸索中蓬勃发展。

这一时期我国高校科研管理工作处于起步和探索阶段。在这个时期，高校科研管理受到政治导向的影响较大，政治目标和任务被放在首位。高校科研工作与国家的建设和发展目标密切相关，科研工作的定向、内容和资源分配等都受到国家政策的指导和调控，政治因素在科学研究的各个环节中都发挥着重要作用。高校科研管理在这一时期坚持社会主义原则，强调科研工作为国家和人民服务的宗旨。科研资源的分配以公共利益为出发点，追求社会效益而非个人利益。科研成果的运用和转化以满足国家经济建设和社会发展的需要为导向，为国家决策提供技术咨询或解决实际生产中的技术问题，往往优先用于国家重点项目和重大工程，用于支持国家建设和国民经济的发展。高校科研管理工作相对简单，尽管存在一些制度和政治上的限制，但这一时期为我国高校科研管理工作的开展奠定了基础，为后续更加完善的科研管理体系打下了重要的基础。然而，随着政治环境的变化，高校科研也受到了一定的影响。

总之，1949 至 1966 年是中国高校科研管理的关键发展阶段。在这一时期，高校科研管理逐步建立了组织架构，注重人才选拔和培养。然而，学术自由度的局限和科研经费的不足等问题也制约了高校科研管理的发展。但是这一时期的经验为今后高校科研管理提供了有益的借鉴和思考。

---

① 参见韩启飞、鲍锦涛《高校科研管理工作现状及创新发展思考》，《高教学刊》2022 年第 32 期。

二、1966 至 1976 年十年浩劫科研停滞，科研管理一度中断

“文革”期间，由于政治运动的冲击，高校及高校科研经历了动荡和混乱，科研机构和实验室几乎停止了正常运作，科研项目被废弃或中止。许多研究领域的进展和成果被否定、批判，科学研究被政治化。高校科研工作的正常秩序受到了严重影响，陷入瘫痪。高考中断，推行“四清”运动，对教师和研究人员的“资产阶级思想”进行批斗和清算，使得许多有才华和经验的科研人员受到迫害和排挤，拥有创新能力的研究项目受到限制。科研工作被迫停止，高校科研被肆意摧残。许多大学的科研机构被解散，科研资源被重新配置或用于其他用途。例如，清华大学的一些实验室被改为“文革”期间的政治活动场所，科研设备被闲置或损毁。高校科研主旨和方向发生了重大转变，以迎合政治运动和革命需求为目标导向。科研重点放在“批判修正主义”、阶级斗争等政治议题上，而忽视了对基础科学和技术的研究。科研管理体制也相应地发生了一系列变化，原有的科研管理制度被废止，科研管理部门也被重构，如北京大学的社会科学处于 1971 年 6 月被撤销，下设党政合一的校部办事机构一室三组一部，即办公室、政工组、教改组、后勤组、武装部。这些导致科学研究受到极大损害，科学技术和科技人员成了革命和改造的对象，十年动乱对于社会的破坏是巨大的，使得高校科研基本处于停滞状态，这一时期的科研管理也基本不复存在。

综上所述，在此期间我国高校科研管理经历了严重的破坏。政治运动的冲击导致科研工作中断、科研成果遭到否定和摧毁、科研机构解体与改组、科研方向转变、科研管理机构的崩溃等问题，严重影响了高校科研的发展。这段时期我国科研事业的损失是巨大的。

第二节 调整改革与发展阶段
（1976至1995年）

1977年，中断十年的高考制度恢复，高等学校和高校科研管理工作都重新焕发新机。改革开放后，我国高等教育办学模式向西方尤其是美国学习，开始向综合化与研究型转变，科学研究在高校受到越来越多的关注，教学与科研并重成为很多研究型大学的基本办学追求。1985年发布的《中共中央关于科学技术体制改革的决定》明确规定了“高等学校担负着培养高级专门人才和发展科学技术文化”的双重职能，提出“高等学校和中国科学院担负着基础研究和应用研究的重要任务”。从政策上对高校科学研究给予支持，提供了良好的发展环境，高校科学研究工作和管理工作得以蓬勃发展。①

高等学校被赋予了双重职能，既要培养人才，又要推动科学技术文化的发展。这使得高校科研工作成为高等教育的核心组成部分，备受社会各界的广泛关注和支持。为了促进高校科研工作的发展，政府加大了对高校科研项目的支持力度，提供了更多的科研经费和资源供高校开展科学研究。这为科研人员开展科研工作提供了强有力的支持，吸引了一批优秀的科研人才加入高校科研队伍中，推动了科研成果的不断涌现，进一步促进了高校科研工作的繁荣。随着社会主义市场经济体制的确立，高校与市场的关系日益紧密。高校除了在人才培养上要适应就业市场的需求，其科研与市场需求的联系也更加密切，高校科研的组织形式逐渐多样化。② 高校科研不仅要注重基础研究，还要加强应用研究和技术开发，以满足社会和经济发展的需求。

① 参见韩启飞、鲍锦涛《高校科研管理工作现状及创新发展思考》，《高教学刊》2022年第32期。

② 参见杜育红、郭艳斌、杨小敏《我国高校科研的组织演变与时代创新》，《国家教育行政学院学报》2022年第12期。

高校与企业、社会的合作关系逐步增加。政府积极鼓励高校开展应用性研究，强调产学研结合，推动科研成果的转化和应用。高校积极与企事业单位开展合作，加强科技成果的转移和推广应用，促进了科学技术文化的发展。高校相继成立科研管理部门，优化科研机构设置，完善科研管理制度，提升了科研管理的规范性和专业化水平。

一、初期恢复与整顿（1976 至 1986 年）

这一时期是中国改革开放的初期，中国高校科研管理经历了重要的变革和发展。国家以促进科技进步和创新为目标，采取了一系列政策和措施来改善高校科研环境。

1976 年，“文化大革命”结束，中断十年的高考制度重新恢复，大批知识分子重新回到教学科研岗位，高校科研和高校科研管理工作都重新焕发新机。邓小平提出高校要办成“既是教育中心，又是科研中心”，高校科研的基本职能被进一步明确。我国高等教育办学模式开始向西方尤其是美国学习，开始向综合化与研究型转变，科学研究在高校受到越来越多的关注，教学与科研并重成为很多研究型大学的基本办学追求。

1978 年召开的全国科学大会，重申了“科学技术是生产力”的论断，提出了“现代化的关键是科学技术现代化”。新的科研管理制度突出了科技服务于国家经济增长目标的重要性，强调了科技与经济的结合，科研管理的制度建设渐次完善，高校科研管理开始恢复职能并走上正轨。

1985 年 3 月 13 日发布的《中共中央关于科学技术体制改革的决定》确定了“对基础研究和部分应用研究工作，逐步试行科学基金制”的方针，明确规定了“高等学校担负着培养高级专门人才和发展科学技术文化”的双重职能，提出“高等学校和中国科学院担负着基础研究和应用研究的重要任务”。从政策上对高校科学研究给予支持，提供了良好的发展环境，高校科学研究工作和科研管理工作得以蓬勃发展。

在“文化大革命”后，中国高校科研管理面临重建和整顿的艰巨任务。许多科研机构在这一时期遭受破坏，急需恢复和重建。为了改善科研环境，加强研究队伍建设，中国高校着手重建科研机构，恢复和建立新的实验室、研究中心等科研单位，以促进科研工作的恢复和发展。

同时，中国高校科研管理的组织结构也发生了调整。高校建立了科研管理机构，明确了科研组织的职责和权限，以提高科研工作的效率和质量。一些高校建立了专门的科研处或类似机构，负责协调科研事务，并制定相应的政策和规章制度，更好地组织和管理科研事宜。这些机构在协调、管理和支持高校科研工作中发挥着重要作用，有效提升了科研活动的效率和质量。

政府在这一时期也加大了对科研的投入和支持。科研经费得到大幅增加，用于购买实验设备、提升实验室条件，为科研人员开展研究提供了必要的条件和资源。此外，政府科研管理模式也进行了调整和改革。在改革开放初期，科研管理开始引入市场化的因素，给予科研人员更多的自主权和决策权。例如，1982 年中国科学院设立自然科学基金，1986 年国务院批准成立国家自然科学基金委员会，为高校科研项目提供重要的经费支持。开始实行科研项目评审和资助制度，由专家组成的评审委员会对科研项目进行评审，并根据评审结果提供经费支持。这一改革措施使得科研人员能够根据自身的兴趣和优势开展研究，增加了科研的灵活性和多样性。

在激励机制方面，政府推行了科技成果评价和奖励制度，鼓励科研人员进行创新和实践。例如，各类科技奖励的设立，旨在表彰在科研领域取得突出成就的个人和团队。1984 年，国务院发布《中华人民共和国科学技术进步奖条例》，对国家级科技进步奖的奖励范围、条件、奖金等做了规定。这些奖励和评价机制激励科研人员积极投入科研工作中，并增强了他们在科研方面的动力和热情。

中国高校也开始注重培养和选拔科研人才。学校通过设立科研岗位、开展科研项目等方式，吸引和鼓励教师积极从事科研工作。一些高校还推行了科研考核和评价制度，以确保科研工作的质量和效益。

尽管还存在一些挑战和限制，但这一时期为中国高校科研管理的改革和发展奠定了基础。高校科研管理正在逐步向规范化和专业化的方向发展，为后续的科研工作提供了坚实的基础和保障。通过科研管理的机构化、规范化和改革创新，中国高校科研工作取得了显著的进步和发展，为国家科技进步和经济社会发展做出了重要贡献。

二、深化改革与发展（1986 至 2000 年）

1986 年 3 月，国家高技术研究发展计划（简称"'863'计划"）启动实施，旨在提高我国自主创新能力。"863"计划是科教兴国的重大战略部署，为中国在世界高科技领域占有一席之地奠定了坚实基础。1988 年，邓小平指出科学技术是第一生产力，明确把科教发展作为发展经济、建设现代化强国的先导，摆在我国发展战略的首位。1995 年，中共中央、国务院颁布了《关于加速科学技术进步的决定》，首次提出在全国实施科教兴国战略。高校的科研工作迎来了新的发展契机，这为高校科研提供了更加广阔的空间和更高的要求，高校在科学研究和科技创新中的作用得到了充分重视和支持。高校的科研管理也得到了进一步完善和提升，但在前所未有的发展机遇下，对高校的科研管理也提出了新要求，如更灵活、更高效和不断创新性，以期更好地支持科研工作的开展。

为了顺应国家现代化建设的需求，高校科研管理采取了一系列改革措施，推动科研工作的规范化、专业化和创新能力的提升。这一时期的科研管理加强了科研组织、经费支持、人才培养和成果评价等方面的工作。多所高校成立了科学研究院或科学研究部，作为统一管理科研项目的机构，负责组织协调学校的科研工作。

20 世纪 90 年代中后期，国家各类纵向项目的申报、评审、评奖、过程管理等制度刚开始规范，科研管理者往往不能适应高等学校组织建设的需要，各类统计报表还都停留在手工统计填写的落后方式上，信息化自动化应用程度相对较低。如何认识院（系）科研管理工作，如何定位科研管理者的角色，成为当时科研管理者自觉思考的问题。① 很多高校建立了专门的研究所或研究中心，以促进科研领域的深入研究和合作。在一些高校中开始出现独立设置的国

① 参见于惠芳《服务·学习·研究：高校科研管理的三个维度》，《清华大学教育研究》2007 年第 2 期。

家重点实验室（自然科学）、国家重点研究基地（人文社科），以科研为主、教学为辅，招收一定规模的研究生，在课题研究中进行人才培养。例如，河北大学宋史研究中心原称宋史研究室，创建于1982年，1990年扩建为历史研究所，2000年组建为宋史研究中心并在翌年被教育部评定为“省属高校人文社会科学重点研究基地”，为我国宋史领域的研究做出了巨大的贡献，是我国宋辽金史资料最丰富、宋史研究信息最灵通的科研机构，是海内外同行专家公认的“宋史研究第一重镇”。

这些机构的建立是科研制度创新的重要成果，是聚集和培养优秀学术人才，围绕国家发展战略，针对学科前沿和社会经济发展中的重大理论与实践问题，组织高水平研究的新型科研组织，在产出创新成果、形成学术交流开放平台、带动高校科学研究发展创新等方面发挥着重要作用。因此，对于科研管理提出了新的要求，研究所或研究中心需要确立清晰的科研目标，并制订相应的科研计划，科研人员要在一定的研究领域内进行深入研究，集中力量攻克关键科学问题。这就需要更为专业的科研管理团队为重点研究基地提供良好的科研条件。很多高校的科研处（科技处等）负责整个学校的科研管理工作，包含人文社会科学、自然科学统一管理，导致科研管理的专业性差，无法满足研究基地的科研管理需要，因此，很多高校的社会科学处陆续从以前的科研处（科技处）独立出来，专门负责学校社会科学的科研管理。一些高校建立了专门的科研处或类似机构，负责协调科研事务、制定政策和规章制度，更好地管理和组织科研项目。这些举措促进了高校科研活动与市场需求的对接，有效推动了科研成果的应用与转化。

在改革开放深入发展的大背景下，高校与市场的联系日益密切。高校科研工作开始注重解决实际问题，加强与企业和地方政府的合作，开展产学研合作项目，从而提高科研成果的转化和应用水平。

为了提高科研工作的效率和质量，在科研管理方面，高校重视鼓励教师参与科研项目，并将科研项目纳入教师的职称评定和绩效考核体系。这种方式提升了教师从事科研工作的积极性，提高了科研项目的申报和承担质量。同时，高校加大科研人才培养的力度，建立了科研团队，提供了良好的科研环境和条件，培养了一大批优秀的科研人才。

为了解决科研经费管理中的问题，高校采取了一系列措施，加强了对科研经费的统筹和监督。建立了科研经费预算编制和使用审批制度，强化了对经费的管理、使用监督和审计。同时，高校鼓励教师申请各类科研项目，并提供科研经费支持，确保科研项目的正常运行。

在科研经费来源方面，高校积极探索多元化途径，除了申请国家科研项目和财政资助外，还通过与企业、政府和社会组织合作等方式获取经费。这种多元化经费来源的模式减轻了高校对单一渠道的依赖，提高了科研活动的可持续性和创新能力。总体而言，多元化科研经费来源有效提高了高校科研活动的可持续性、创新能力和科技成果转化能力。然而，多元化的经费来源也面临着管理和协调难题，需要高校加强科研管理，并寻找更合理、可持续的经费筹措模式。

高校逐步建立起科研成果评价指标体系，以更加客观和全面地评价科研成果。其包括论文发表、成果获奖、项目申报成功率和科研成果转化等方面。高校注重提升教师科研能力，加强科研队伍建设，并与国外大学和研究机构加强交流合作，提供更多学术资源和交流机会。此外，高校加大了对科研成果的奖励与激励力度，推动教师积极从事科研创新。

综上所述，1983 至 2000 年是中国高校科研管理发展的关键时期，中国高校科研管理经历了一系列改革，高校科研工作经历了初期的恢复与整顿，强化了组织和支持体系，推动了中国高校科研水平的提升，为中国科研事业的迅速发展奠定了坚实基础。

第三节　创新驱动的信息化科研管理时代（2000 年至今）

伴随着信息化时代的到来，以信息科学、信息技术为主要标志的世界科技革命正在形成新的高潮。随着信息技术的不断提升，计算机、互联网等技术为信息化的产生与发展提供了技术基础，支持着信息化的快速发展。信息技术的快速发展和广泛应用，为科研管理提供了更多可能性，也提出了更高的要求。

高校科研管理正经历着深刻的变革。传统的科研管理方式已经无法满足日益复杂和多元的科研需求，而信息化技术的不断发展为高校科研管理带来了前所未有的机遇和挑战。随着科技的发展和信息技术的广泛应用，高校科研管理被赋予了新的意义和内涵。高校传统的科研管理方式无法应对日益增长的科研项目门类和数量，尤其是随着社会的发展，交叉学科成为新型的科学研究方式和趋势，由此带来的科研管理的复杂性。因此，信息化科研管理成为高校科研管理的新趋势。在这个时代，高校通过引入信息化科研管理系统和工具，实现高效的科研资源整合管理目标。

首先，在信息化时代，很多高校开始借助科研管理系统或平台实现对科研集中管理。信息化科研管理使得高校的科研项目管理更加规范和高效。高校科研项目通常需要在规定时间内完成，并需要有效地管理经费、人员和进度等方面。科研项目通常涉及多个研究团队和部门，如果没有合适的管理机制，项目进展容易出现混乱和重复工作的问题。引入项目管理系统，可以帮助高校科研管理者制订清晰的项目计划、任务分配和时间安排。通过建立项目申报、审批、执行等环节的电子化流程，高校可以大大提高科研项目的管理效率。此外，信息化平台还可以帮助实现项目进度的实时监控与报告，管理者可以随时查看项目的执行情况，及时发现和解决问题，确保项目的顺利推进。

其次，在信息化时代，高校科研经费的管理变得更加重要和复杂。科研经费作为支撑科研活动开展的核心资源，其合理而有效的管理对于高校科研工作的顺利推进具有至关重要的意义。传统的科研经费管理方式多依赖于纸质文件和手工填写的表格，这往往导致信息缺失、查询困难和统计不便等问题。在当前信息化时代，利用信息技术工具，如科研经费管理系统，可以实现经费相关信息的数字化记录与管理。此举不仅提升了数据的准确性和可靠性，还便于管理者对经费使用状况进行实时监控与控制。同时，数字化管理也简化了科研人员在经费申请和报销方面的流程，节省了时间和精力。

目前，许多高校已经建立了科研经费管理系统，实现了科研经费信息的数字化记录与管理。科研人员能够通过系统在线提交经费申请和报销申请，而管理者则可通过系统实时监控经费使用情况和审批进度。科研经费管理系统还能够实现经费流转的在线记录与管理，包括预算编制、经费分配、项目结算等环节。这不仅方便了管理者对各项经费使用情况的监控，确保了经费的合理使用和及时补充，还支持数据的统计与分析。科研经费管理系统提供的各类统计报表和数据分析工具，有助于管理者深入了解经费使用情况和趋势，为科学决策和预测提供全面的数据支持，从而提高经费的利用效率。信息化时代的高校科研经费管理在各方面均取得了显著的进步和提升。这不仅使得高校能够更加高效、准确地管理科研经费，提高经费使用效率和监控能力，也为科学研究的顺利进行提供了有力支持。

最后，信息化时代为科研合作和交流创造了更好的条件。这些技术进步显著提升了信息获取与共享的效率，为科研工作者带来了前所未有的便利，进而促进了科学研究的深入发展。其主要表现为：第一，信息化时代为高校科研人员提供了丰富的信息获取渠道。借助互联网搜索引擎、在线数据库和电子图书馆等工具，科研人员能够迅速获取大量文献资料和研究成果。这种高效的信息获取方式，使得科研人员能够及时掌握相关领域的最新动态，适时调整研究方向和策略，从而提升了科研工作的针对性和前瞻性。第二，信息技术显著提升了科研合作的便捷性。高校科研人员可以通过电子邮件、在线会议、远程协作平台等工具，与不同地域、不同学科的研究团队进行实时交流与合作。这种跨地域、跨学科的合作模式，不仅节约了时间和成本，还提高了科研合作的效率和质量。第三，信息化时代消除了地域限制，促进了国际科研交流。高校科研人员可以通过视频会议、在线研讨会等形式，与世界各地的同行进行互动和交流。这种国际科研交流不仅丰富了学术资源，还促进了不同文化背景下的学术碰撞与创新。

信息化时代为高校科研管理带来了新的机遇与挑战，如数据管理、经费管理、科研合作与交流等。科研管理需充分利用信息技术手段，建立科学合理的管理体系和运行机制，推动科研工作的创新与发展。

在当前的“双一流”建设时期，中国高校正致力于依托研究基地和科研项目，积极突破关键技术，增强创新能力。高校科研管理工作和科研管理队伍建设在新的时代背景下进入了专业化建设的探索阶段。科研管理模式的创新被认为是提高高校科研建设能力的关键步骤。科研管理的效率直接影响科研人员的思维方向，因此，提高科研管理能力与增强科研创新能力密切相关。科研管理理念、工作方式和人员专业化建设作为一个系统工程，需要在规范化、制度化和科学化的现代建设道路上不断寻求创新与发展。这将为高校的科技创新工作提供关键的保障和支持。

近年来，在国家政策的大力支持下，高校科研管理建设取得了迅猛发展，科研管理效能日益提高。然而，在某些领域，高校科研管理仍面临问题和困境。为了应对这些挑战，高校需要深刻剖析问题所在，探究其深层原因。通过在挑战中寻求机遇，高校可以构建一个适应当前社会发展和科研需求的服务型科研管理体系。这样的体系将有助于推动我国的科技发展和社会经济进步，为国家的长远发展做出重要贡献。通过专业化建设、管理模式创新和理念更新，高校科研管理可以更好地服务于科技创新，为国家的科技进步和社会发展提供强有力的支持。①

了解现行高校科研管理的历史形成过程并梳理其脉络，能够帮助我们更加清楚地理解其内在特征。通过回顾历史，我们可以看到高校科研管理是如何逐步建立和演变起来的，以及其所面临的挑战和改革的动力。这对我们下一步积极应对和改进现行科研管理模式具有重要的现实指导意义。反思现行科研管理模式需要回溯其形成的过程，这意味着我们要回顾过去的发展，寻找形成的关键事件和因素。通过回溯历史的形成过程，梳理其脉络，我们可以看到高校科研管理发展的逻辑和主线，更好地把握高校科研管理的本质和内在特征，从而更全面、深入地理解现行科研管理模式的内在特征，为下一步的改革提供有益的参考。

---

①　参见韩启飞、鲍锦涛《高校科研管理工作现状及创新发展思考》，《高教学刊》2022 年第 32 期。

第三章　新时代高校科研管理工作现实瓶颈

新时代高校科研管理工作面临着许多现实挑战。随着社会需求和科技进步的不断演进，科研工作也在不断拓展，对高校科研管理提出了更为严苛的要求。然而，很多高校的科研管理仍然停留在传统的管理模式中，这导致科研管理面临着一系列问题。

传统的科研管理模式在某些方面存在一些局限性，这些局限性可能会对科研人员的创新积极性产生一定的制约作用。首先，传统的管理模式往往较为僵化，科研项目的立项、资金管理、人员评价等环节可能过于烦琐和刻板化。在这种模式下，科研人员需要花费大量的时间和精力去应对各种程序和规定，这可能会影响他们科研创新的积极性。其次，传统的决策体系往往较为集中，缺乏有效的参与机制和科学的决策评估体系。这可能导致决策过程不够透明，难以充分听取科研人员的意见和需求，容易造成资源的浪费和效率低下。此外，科学研究本身具有不确定性和探索性，需要给予科研人员充分的自主权和创新空间。然而，传统的管理模式可能过于强调规章制度和绩效考核，对科研人员进行过度管理和约束，这可能会限制他们的创新能力和潜力的发挥。同时，部分高校可能存在冗长的审批程序和烦琐的行政手续等问题，这无法适应不断变化的科学研究需求和竞争环境，导致科研活动的开展受到限制。

第一节　不合理的科研评价体系

科研评价机制是高校管理中的一个核心机制，事关高校教师业绩考核、职称评审和学术奖励，在高校教学科研工作中具有指挥棒式的考核、激励和导向作用。2020 年 2 月，教育部、科技部联合印发了《关于规范高等学校 SCI 论文相关指标使用 树立正确评价导向的若干意见》；2020 年 10 月，中共中央、国务院印发了《深化新时代教育评价改革总体方案》。2020 年以来，国家层面陆续出台各项政策，引导高校扭转不科学的教育科研评价导向，努力提高教育治理能力和水平，为深化科研评价改革、完善科研绩效分配方案提供了政策指向和改进思路。近年来，各高校层面也不断推进和完善科研评价机制，① 但是仍然存在一些问题。

当前高等教育的大环境下，科学研究水平成为高校学科评估的重要指标，在学科评估中扮演着重要的角色，科学研究水平的高低成为衡量高校学术声誉和科研能力的重要标准。在此背景下，高校在科研领域的竞争愈发激烈，因此，学校整体的发表论文数量、项目立项数和获奖情况等成为当今评价高校科研能力的重要指标，相应地也成为高校评价科研人员能力的重要指标。这些指标直接影响科研人员的职称晋升、职业发展和个人声誉。科研人员需要在有限的时间内取得一定量的研究成果，以满足学校绩效要求。但是高校对科研人员进行绩效评价时，往往过于注重量化指标，如论文数量、项目立项数等，而忽视了科研的质量、创新性和影响力等因素。

作为高校科研人员，通常会受到学校管理部门量化科研标准的影响，这些标准涉及项目立项、论文发表、著作撰写、专利申请等方面的硬性规定。在面对竞聘职位、确定薪资、享受福利和可能面临的“非升即走”等科研管理问题

---

①　参见高耀《完善高校科研评价机制释放创新活力》，《中国教育报》2022 年 12 月 22 日第 2 版。

和冷冰冰的学术指标的压力下，科研人员需要自觉发挥主观能动性，完成科研考核任务。同时，他们也必须面对未能完成考核任务可能带来的惩罚。为了达到考核标准，教师们会根据学校科研评价的条件制订各种学术研究计划，通常会选择那些可以迅速产出成果的研究领域，以快速发表论文、申请专利、出版著作等方式来满足考核需求。① 这种情况带来了一系列问题。

一、量化评价无法反映科研活动的复杂性和多维性

不同于机器的批量生产，旨在创新的科学研究是艰苦复杂的精神劳动，无法定时定量产出成果。量化考核却使承担着创新驱动发展战略支撑的科学研究，以当下的考核科研、绩效科研及职称科研形式出现，已然成为影响教师切身利益和前途的“指挥棒”，导致大量科研成果低水平重复。这与评价的本意背道而驰。②

对于科研人员来说，论文、获奖、项目数量成为衡量其工作成果的重要指标。量化评价为主导的科研评价机制，在绩效和问责导向逐渐成为主导的现代社会，这种评估机制由于其具有精确、高效、可测量与可比较等多种优势而越来越被更多的高校或其内部组织所奉行。尽管科研评估体系越来越理性和完善，这种以外部评价机制为导向的评估却存在明显的问题，特别是在适用大学或学科这种充满探索性、未知性和不确定性的“特殊场域”的情况下。③

量化的确为科研管理者提供了一种有效的手段，用以监督和评估科研人员的工作。在科研领域，科研人员的工作常常充满了未知性和不确定性，而量化指标的引入可以为管理者提供一定的“抓手”，使其能够更好地了解和管理科研活动的进展。通过量化指标，管理者可以更准确地评估科研人员的工作成果，包括论文数量、获奖情况、项目完成情况等。这些指标的存在，使得管理者可以更有针对性地制定管理策略，提供必要的支持和资源，以促进创新者们

① 参见赵梦雷《批判与纠偏：高校科研成果奖励的规约性及影响》，《科技管理研究》2021 年第 8 期。

② 参见毛颖《高校科研管理理念与机制问题研究》，《盐城师范学院学报（人文社会科学版）》2023 年第 5 期。

③ 参见高耀《完善高校科研评价机制释放创新活力》，《中国教育报》2022 年 12 月 22 日第 2 版。

的工作进展。

尽管指标为管理者和创新者提供了便利，但引入指标也面临挑战。首先，过度依赖指标可能导致科研工作的过度量化和简化，忽视了科研活动的复杂性和多样性。其次，追求指标的数量和完成情况可能导致科研人员过分注重表面的成果，而忽视了科研过程中的探索和创新，影响了创新的质量和深度。此外，一些量化指标可能存在局限性和不公平性，无法全面反映科研人员的实际工作情况，容易造成评价的片面性和失真性。

在学校对科研工作进行量化评价时，科研人员往往倾向于追求数量而忽视质量。例如，很多高校将发表论文的数量作为重要的评价指标，SCI 论文被引次数、高被引论文、影响因子和衍生出的 ESI 排名等相关指标，成了学术评价以及职称评定、绩效考核、人才评价、学科评估、资源配置、学校排名等方面的核心指标，使得高校科研工作出现了过度追求 SCI 论文及相关指标，甚至以发表 SCI 论文数量、高影响因子论文、高被引论文为根本目标的异化现象。科研人员可能会倾向于追求发表数量而忽视论文的质量和学术价值，为了增加论文数量而选择水平相对较低的期刊。这种行为不但浪费了科研人员的研究精力，也降低了论文的质量和学术价值。另外，过于追求数量也可能导致科研人员进行重复性研究。为了完成更多的项目和论文，科研人员可能会选择在熟悉的研究领域重复性地研究，以获得新的论文发表机会和项目立项的机会。然而，这种重复性的行为对于科研领域的进步和创新毫无益处，甚至造成了资源的浪费。

科研的本质在于探索新知识、解决问题和取得创新性成果。如果过度追求数量指标，科研人员的注意力可能会过于集中在符合评价指标的项目上，而忽视了那些有潜力能够带来真正突破和创新的研究方向。这种现象削弱了科研的原创性和创新性，也限制了科学发展的潜力，容易导致科研的浮躁和功利化。当我们在年度考核、聘期绩效考核和职称晋升考核中套用量化指标，以统计核心期刊发表论文数、省部级以上学术奖项数和纵横向课题及到账经费数时，我们眼里好像只剩下科研发展统计数据的增减，加之“非升即走”或转岗制的实施，“人”似乎已异化为“机器”，异化为“工具”。[①] 科研人员应该注重开展有深度、有广度的研究，注重解决实际问题和推动学科发展。高校应该重视科研项目的实际效益和应用潜力，而不仅仅看重项目的数量和经费规模。

因此，尽管量化指标的引入为管理者提供了一定的管理“抓手”，但在运用过程中容易导致管理者过度依赖量化指标而忽视科研人员的实际工作情况和科研过程中的探索性和创造性。

二、过度授权科研项目可能导致科研诚信问题

当前高校的评价体系中，项目立项与职称评审、导师评定等个人利益紧密相关。项目立项被看作是科研人员能力的重要标志，具有象征性的意义。在职称晋升和学术评估过程中，项目的数量和质量被用作评判科研人员研究能力的重要指标之一。因此，为了在评价体系中获得更好的成绩，科研人员往往会将更多精力放在课题申请上，以增加项目的数量和获得资金支持。然而，这种评价体系也带来了一些负面影响。

首先，在当前高校和科研机构的评价体系中，研究项目立项具有重要地位，它往往和职称评审、博士生导师评定等挂钩。这就导致科研人员往往会过度追求立项成功，将大量精力放在课题申请方面，而对后期项目的推进则重视不够，忽视项目后期的推进和成果产出。他们可能会在项目申请上花费大量时间和精力，而对项目的具体研究内容和实施计划考虑不足。这种情况导致一旦项目立项成功，科研人员可能没有足够的时间和精力去深入开展研究工作，从而导致大量的项目无法达到预期的成效，容易产生研究项目“重立项轻结果”的问题。[②]

其次，过于注重项目立项而忽视结果的情况可能加剧科研人员之间的竞争，甚至引发不正当竞争。为了获取更多的项目和资金支持，科研人员可能采

① 参见毛颖《高校科研管理理念与机制问题研究》，《盐城师范学院学报（人文社会科学版）》2023 年第 5 期。

② 参见曾宪奎《新发展格局下高校和科研机构人才激励问题研究》，《中国劳动关系学院学报》2022 年第 2 期。

取一些手段，如夸大研究成果等。这种行为不仅损害了科研领域的诚信和声誉，还阻碍了真正有价值的研究成果的产生。过度竞争环境不利于真正具有原创性的创新。科学研究需要相对宽松的制度环境，以确保科研人员能够专注于研究工作，这有利于实现创新突破。过于严格的制度安排虽然可以激发科研人员在巨大压力下努力工作，但往往导致他们将目标局限于发表论文和申请课题等表面指标，偏离了科学探索和技术创新的核心。在竞争激烈的环境中，最终的优胜者不一定是科研水平最高者，而可能是综合能力最出色者。例如，在我国当前高校和科研机构行政化程度较高的情况下，社交能力和人际关系处理能力，特别是与领导关系的处理能力，成为评判是否留用的重要指标。这种情况显然不利于科技创新水平的提高，尤其是在当前更加强调团队合作技能的环境下，社交能力和人际关系处理能力很容易被误解为团队合作能力。这样的状况显然不利于科研的高质量发展。①

三、缺乏多元评价指标

在当前的高校科研评价体系中，存在一个普遍问题，即过度依赖单一评价指标，忽视了其他方面的综合考量，科研评价周期短，缺乏长期评价机制。这种对单一指标的过度依赖造成了对科研成果的片面评判，无法全面反映科研人员的真实能力和科研贡献。在当前的评价体系中，论文数量被广泛认为是衡量科研能力的重要指标之一。然而，过度追求数量会导致一些问题的产生。一方面，一些科研人员可能会采取“碎片化”研究方式，将一个完整的研究成果分割成若干篇论文以提高发表数量，而忽视了科研深度和内涵；另一方面，这也容易造成重复性研究，因为更多的论文数量并不意味着更高的学术质量或科研创新水平。在当前的评价体系中，科研项目的立项数量被认作科研能力的重要指标。然而，仅仅以项目立项数量作为评价标准，忽视了科研成果的实际应用和转化价值。一些科研项目可能在立项之后无法取得实质性进展或缺乏对社会发展的直接影响，但仍然被视为科研能力的标志。这可能导致评价结果的片面

① 参见曾宪奎《新发展格局下高校和科研机构人才激励问题研究》，《中国劳动关系学院学报》2022 年第 2 期。

性和不公正性。多元评价指标的缺乏限制了对科研质量和价值的全面评估，不利于科研人员和科研领域的发展。应该注意到不同学科领域之间的差异性，不同领域有着不同的科研特点和发展规律，单一评价指标无法适应所有学科的需求。以成果评价为例，在现行高校科研管理体制中，成果评价常常采用统一的评价标准，如中国科学院分区、北大核心或C刊等来衡量学术成果的质量和影响力。然而，对于一些特殊的学科，这一评价标准显然是不合适的。以物理学期刊PRL（Physical Review Letters）为例，它在物理学领域具有非常高的声誉和影响力，致力于发布具有突破性意义和领先的物理研究成果，并对全球科学社群起着重要的引领作用，其ESI总引用排名长期位于物理学学科第一名。据统计，在所有获得诺贝尔物理学奖的成果中，相关论文有28.5%首先发表于PRL，推动了物理学领域的重要发展。然而，在现行的评价体系中，仅仅将其归类为普通一区文章，无法准确反映、充分体现PRL对物理学领域的贡献和重要性。这种评价不够全面和客观，导致PRL所发表的优秀研究成果无法得到应有的认可。

科研评价是科研活动中至关重要的一环，旨在对科研成果进行定性和定量化的评估，以确定其在相应领域中的重要性和贡献。对于基础研究成果，只有在较长时间之后，才能真正看出其价值。但是，我国科研评价普遍周期较短，往往只有几年时间，这样的评价只能基于科研成果的短期效应，而无法评价其长期效果。这在一定程度上导致科研人员将精力放在短期内出成效的科研领域，妨碍了他们从事需要长期关注的科研项目，进而不利于原创性科研成果的产出。① 科学研究往往需要耗费大量时间、精力和资源，而其成果也不可能立刻见效。如果评价周期过短，就会导致对于那些需要较长时间才能看到效果的研究项目评价不足，而这些项目往往是基础研究或者原创性科研成果。这种情况下，科研人员可能会因为缺乏长期评价机制而对这些项目产生怀疑，导致他们在研究中放弃或者削减这些项目，更多地关注短期效果，将精力放在那些能够在短时间内获得成果的领域，这就导致他们在从事科学研究时缺乏长远规划

① 参见曾宪奎《高质量发展背景下我国科技评价体系转型研究》，《学术探索》2020年第8期。

和目标，只注重短期成果和技术革新，进而妨碍了原创性科研成果的发现，这对于科研的长期发展和国家创新能力的提升都是不利的。

四、忽视实际应用和社会影响

在众多高校的科研评价体系中，存在一个普遍的问题，即过于注重学术论文和理论研究，而忽视了科研成果的实际应用和社会影响。这种现象严重阻碍了科研的最终目标，即产生对社会有实际意义的成果，解决现实问题。如果评价体系只关注学术出版物而忽视实际应用和转化能力，将极大地制约科研成果价值的实现。科研成果的实际应用是衡量科研质量和社会影响的重要指标之一。科研人员通过科技创新和实际应用，可以推动社会进步和产业发展。然而，传统的评价体系往往只关注论文数量和引用次数，忽视了科研成果在实际应用中的效果和影响力。科研成果应该能够解决实际问题，具备实际应用效果，对社会发展产生积极影响。然而，当前的评价体系往往无法全面考量科研成果的应用价值，导致一些科研成果在评估过程中被忽视或低估。

五、科研经费利用方式存在的潜在问题

在绩效评价中，科研经费的使用情况往往作为考核指标之一。如果过度强调科研经费的使用率和产出，科研人员可能会出于绩效考虑而过度依赖经费，甚至出现经费的滥用和浪费。为了提高经费使用率，科研人员可能会支出不必要的经费，包括购买设备、频繁参加国内外学术会议等。这样的行为不仅浪费了有限的科研经费资源，也削弱了对真正高质量科研项目的支持，对科研成果的质量和学术价值评估也可能失去准确性。这不仅导致资源的浪费，也可能阻碍了创新研究的开展。科研经费应该合理配置，鼓励创新性的研究项目，并对科研成果的质量和学术价值进行评估，以确保资源的有效利用和科研的可持续发展。

六、缺乏对科研创新性和科研团队合作能力的评价

科研创新能力是科学研究的核心，而科研团队合作能力对于推动科研进展

具有重要意义。然而，当前评价体系往往没有明确考量这些方面，在评价中忽视了科研人员的创新思维和团队协作能力。创新是科学研究的驱动力，它体现在提出新的研究思路、解决科学难题、探索未知领域等方面。然而，许多评价体系更关注科研成果的数量和产出，而忽视了科研人员的创新思维和能力。这种情况下，科研人员可能会倾向于追求已知领域的研究和技术应用，而不愿意承担风险和挑战去探索新的领域。假设有两位科研人员，个人 A 在过去一年中发表了多篇高水平的论文，但都是在已知领域中的研究，没有涉及创新性工作；而个人 B 在过去一年中只发表了一篇论文，但是这篇论文提出了一个全新的理论和方法，对于该领域的研究有重大影响。按照当前评价体系的标准，个人 A 可能被认为是更优秀的科研人员，因为他的论文数量更多。然而，如果我们从创新角度来看，个人 B 明显具有更高的科研创新能力。这个例子说明了当前评价体系忽视了创新能力的问题。科研团队合作是推动科研进展的重要因素，大部分科学研究都需要多个科研人员协同工作才能够取得突破性的进展。然而，现有评价体系常常偏重个人的科研成果和表现，对于团队合作的贡献没有给予足够的重视。这可能导致科研人员为了个人绩效而缺乏主动与他人合作、分享资源和知识的意愿，阻碍了科研团队的协同创新。

在高校和科研机构的评价体系中，评价导向对科研人员的研究方向具有显著影响。在评价过程中，人们通常会关注科研成果的影响力，如论文被引用次数、学术影响因子、项目获得的资助金额等。这些指标反映了科研成果的影响力和覆盖范围，但并不能完全代表科研的质量和创新水平。这种现象可能会导致科研创新的价值取向发生扭曲，学风变得浮夸和急躁，科研人员可能会过分追求短期成效，从而使得科研发展缺乏深度和高质量的进展，无法满足新时代对科技发展的要求，也不利于实现科技强国的目标。

第二节　服务意识缺失

在我国现有的科研机构当中，高校科研有着十分重要的地位，而在科研工作中，高校科研管理水平起着十分重要的作用，直接影响着科研水平的提升和发展。随着国内科研实力的飞速发展，科研管理工作的效率制约了科研能力和科研人员思维方向的开拓。科研管理理念将直接关系学术发展的生命力。① 其中科研服务能力是科研管理中最重要的一环，科研管理服务的质量直接影响科研人员的工作效率和科研成果。科研管理服务包括项目申报、经费管理、行政手续等方面的工作。科研管理部门应当提供专业的服务支持，解决科研人员在科研过程中遇到的问题和困难。科研管理服务的高效性和便捷性可以节约科研人员的时间和精力，提升科研人员的满意度和工作积极性。但是在当前的科研管理环境中，服务意识的缺失已经成为一个不容忽视的问题。科研管理人员往往过于关注制度的执行和程序的规范，而忽视了服务科研人员和科研活动的核心职责。这种服务意识的缺失，不仅影响了科研工作的顺利进行，也制约了科研管理质量的提升。

一、重管理轻服务

在具体工作中，高校科研管理工作主要由科研管理部门承担，目前科研管理部门在很大程度上仍然存在“重管理、轻服务”的问题。在具体的科研管理过程中，由于高校对科研管理人员的配置存在一定限制，科研管理人员往往忙于应付常规性工作，将注意力过多地放在成果数据上，而忽视了为科研人员提供支持和服务的本质。② 高校科研管理部门过于注重行政管理方面的事务，这包括审批科研项目、监督经费使用和办理行政手续等。虽然这些任务是必要

① 参见郭晶《浅谈科研管理服务意识的重要作用》，《中国计量》2019 年第 8 期。

② 参见赵园《浅谈高校科研管理队伍建设路径》，《中国高新科技》2022 年第 23 期。

的，但过度强调行政管理容易导致忽视学术支持的重要性。

近些年来，多数高校的科研管理人员存在“惰性”管理问题，缺乏主动为科研工作服务的意识，对新的科研政策措施了解不足，对已经发布的新政策的实施存在畏难情绪。这种现象的出现有多方面原因，这主要表现在两个方面：一是客观方面，随着近些年来国家精简机构，导致高校科研管理人员编制普遍较少，而科研管理日常事务繁多、任务重，较少的工作人员又普遍忙于日常事务性工作，没有太多的精力和时间去学习国家新政策，更没有多余的精力和时间主动服务于科技人员；[①] 二是主观方面，自身定位不明确，服务观念淡薄。高校科研平台管理人员身处行政部门或兼职行政岗位，受传统行政与“官本位”思想的影响，具有一定的机关作风，缺乏明确的自我定位，更倾向于被动管理，主动服务意识淡薄。这主要表现为科研管理人员将更多的精力花在对上级部门与领导的积极配合及一味服从上，对作为服务对象的科研人员则敷衍塞责、消极逃避。对于相关科技政策文件的解读也缺乏积极性，仅仅扮演“传话筒”的角色。这种情况导致部分高校科研管理人员经常将其主要工作停留在日常事务的被动处理中，而不是发挥主观能动性积极思考如何主动服务，无法为科研人员提供高层次的服务。[②]

学校科研管理部门往往过于注重行政管理职能，忽视了对科研人员的学术支持和服务。科研活动是一个复杂而系统的过程，需要多方面的支持和保障。然而，一些科研管理人员在工作中往往只关注科研项目的申报和审批等环节，而忽视了科研活动过程中可能出现的各种问题和困难。这导致科研人员在遇到问题时无法及时得到帮助和支持，影响了科研工作的顺利进行和成果的产生。

科研人员需要有针对性的学术指导和支持，但科研管理部门对科研人员的需求关注不够，这一现象在众多高校普遍存在，并对科研活动产生了一定的负面影响。科研管理人员的主要职责包括信息的上传下达、资料收集、提供数

① 参见吕丽娜、陈琳琳、侍文蕾、夏秀桂《新形势下高校科研经费管理模式探析》，《经济师》2023 年第 8 期。

② 参见范丽琴《高校科研平台管理队伍管理水平提升路径研究》，《北京印刷学院学报》2021 年第 12 期。

据。这些工作内容与一般行政管理并无二致。这种做法往往导致管理人员过分专注于具体事务，而忽略了为科研人员提供支持与服务的根本职责。

二、缺乏对科研人员需求的深入了解

学校科研管理部门常常缺乏对科研人员需求的深入了解。科研人员是科研活动的主体，他们的需求和意愿对科研工作的方向和成果具有决定性的影响。然而，在实际工作中，一些科研管理人员往往忽视了这一点，没有充分听取科研人员的意见和建议，导致科研管理制度和措施与科研人员的实际需求脱节。这不仅浪费了科研资源，而且挫伤了科研人员的积极性。由于双方缺乏有效的沟通途径和平台，存在信息沟通不畅的问题，科研人员往往无法及时向管理部门反馈他们在科研选题、经费使用、团队协作等方面的真实需求。这可能是因为缺乏有效的沟通渠道，或者是由于双方存在交流障碍和不信任感。因此，管理部门往往只能凭借自身的判断和经验，进行一般性的资源规划和分配，而不能真正满足科研人员的具体需求。由于缺乏对科研人员需求的深入了解，管理部门在制定政策和规章制度时可能无法考虑到科研人员的真实情况和需求。例如，管理部门制订了较为严格的经费使用规则，但这些规则可能不符合科研人员的具体研究需求。科研人员在实际研究中可能需要更为灵活的经费使用权限，但由于管理部门缺乏对此需求的了解，可能导致科研人员无法顺利进行科研工作，影响研究进展。由于管理部门对科研人员需求的不了解，管理部门提供的支持和服务可能无法满足科研人员的真实需求。科研人员需要针对自己的研究进行定制化的支持服务，如一对一的科研指导等，由于自身的局限性，只能提供一般性的支持活动，无法满足科研人员的具体需求。例如，在科研项目申报过程中，科研人员面临着诸多挑战，如选题的独特性和前沿性、写作技巧和经费预算的合理性等问题。如果管理部门未能提供必要的指导和支持，科研人员可能会遭遇诸多困难。特别是对于新入职的博士来说，他们通常具备较强的科研实力，申报科研项目是他们进行科研工作的重要途径，但缺乏申报项目所需的经验和技巧。因此，他们需要花费大量时间和精力去学习申报书的撰写方法和选题技巧，这不仅分散了他们从事科研工作的注意力，还可能导致在申报过程中出现错误或漏洞。这种情况最终可能影响项目获批的成功率和科研成果的产出，进而影响整个科研活动的质量和进展速度。

三、科研管理人员自身的局限性

科研管理人员自身的局限性导致服务意识较差。随着国家对科研的不断投入和科学的快速发展，科研项目的种类和数量不断增多，科研管理所涉及的领域越来越广，管理内容也越来越繁杂，因此新时期科研管理工作的复杂性和综合性越来越强，对科研管理人员的综合素质和能力要求越来越高。这就对科研管理人员提出了更高的要求，既要懂科学技术，又要懂信息技术和管理技巧，同时还兼具谦逊的服务意识和良好的沟通能力。① 然而，现阶段国内科研院所科研管理队伍在思想建设、制度建设和技能储备方面处于被动适应状态。由于缺乏沟通和理解能力，他们可能无法真正理解科研人员的困难和需求，从而无法提供有效的支持和指导。很多高校科研管理部门人员会把自己身份凌驾于科研人员之上，管理过程中具有较强的心理优势，对科研情绪的作用机理和管理方法研究普遍不足，造成科研人员科研情绪较差，不利于科研创新。科研管理者在资源调配方面拥有一定的话语权，导致他们通常处于管理层次上，相对于科研人员而言具有更高的地位和职权。这种地位和权力的差异可能导致管理者倾向于以指令的方式与科研人员进行沟通，缺乏有效的沟通和倾听，从而忽视了科研人员的感受和需求。这种情况会使科研人员感到被动、无力和不被重视，对科研情绪产生负面影响。②

在当前的科研管理体系中，科研人员有时可能会感到被忽视或误解，进而对科研管理人员的服务意识产生怀疑。尽管目前的科研管理队伍中，不少科研管理人员拥有专业的科学技术研究能力，但他们往往没有接受过专业的管理知识体系学习，导致管理能力不足，同时一些具有专业管理背景的人员又缺乏相

① 参见张文君《“双一流”建设视域下科研管理人员素质培养思路分析》，《产业创新研究》2020年第8期。

② 参见郭晶《浅谈科研管理服务意识的重要作用》，《中国计量》2019年第8期。

关领域的科学技术知识和信息知识储备。① 高校科研管理人员的构成较为复杂，专业化程度不高，许多成员来自博士家属、辅导员或实验员等岗位的转岗，缺乏必要的学术背景和管理能力。尽管他们可能对科研流程和项目管理有基本的了解，但往往缺乏深入的理解和实践经验，难以准确把握科研人员的具体问题和需求，从而无法提供有效的支持和指导。

同时，也有越来越多的研究生和专职科研人员参与到科研管理工作中，虽然他们具备专业的学术背景，却缺乏管理知识，他们可能更倾向于关注科研本身，而忽视管理和组织的重要性。这使得他们在科研项目的规划、资源协调和团队合作等方面存在不足，难以提供全面的支持和指导。科研项目和科研人员的需求各异，因此需要科研管理部门提供个性化的支持和指导。然而，科研管理人员在管理过程中往往采取泛化的方式，未能有针对性地满足科研人员的具体需求，导致科研人员感到无法获得适当的帮助。更为重要的原因是，很多高校出现只重视科研人员、轻视科研管理人员的现象。

更为关键的是，许多高校对科研管理人员的重视程度不足，普遍认为科研管理工作的重要性低于科学研究工作，将科研管理工作视为简单的数据收集、汇总和会议组织接待等行政性工作，认为在这一岗位上难以做出显著的贡献和成绩。这种观念不仅导致科研管理人员不受重视，晋升空间和渠道受限，还可能使他们丧失主动服务科研的意识，进而影响科研院所管理水平的提升。②

科研管理工作的目的是服务于科研工作人员，保障学校科研工作的有序开展。因此，在符合学校科研发展规划、科研管理理念、学校科研管理制度的原则下，科研管理人员有责任、有义务结合学院或学校的实际情况，对现行的科研管理模式和管理工作遇到的问题进行分析，提出有效的管理对策和给出具有可操作性的建议，从而不断地完善科研管理规章制度和模式。然而，由于诸多因素的影响（如科研管理人员既没有岗前培训，上岗后也很难得到培训的机

---

① 参见楚小强、秦涵淳、单国燕等《农业科研单位科研管理工作探讨》，《热带农业工程》2014年第6期。

② 参见韦菊玲、李武志、邓硕坤等《新时期科研院所科研管理人员的困境与出路》，《林业科技通讯》2022年第9期。

会；科研管理人员的身份基本为行政人员，岗位发展空间小，无法评定专业技术职称），导致科研管理人员的工作积极性不高。另外，由于没有相应的激励制度，许多科研管理一线工作者主观能动性不高，参与度不高，还没有形成应有的服务意识，往往只能做到简单的上传下达工作，未能将完善的服务主动地提供给科研人员。①

第三节　信息安全意识薄弱

当今世界，信息安全已经成为国际竞争中的一项重要内容，随着互联网的快速发展和各种技术的广泛应用，信息安全不仅涉及个人隐私和企业数据的保护，更关乎国家安全和全球经济稳定。高校是我国科技创新的重要基地，承担着大量的国家重点科研项目，有的甚至承担着涉密科研任务，涉及国家安全和发展利益的核心领域。高校科研信息安全不仅关系到高校自身的学术声誉和创新能力，也关系到国家的战略优势和竞争力。

科研工作的核心是创新，而这些都离不开大量的数据和信息的处理和交流。随着信息化技术的快速发展，人类正在大步迈进数字化时代，各行各业也纷纷与信息化、数字化进行深度融合，特别是人工智能、物联网、5G、云计算等新的信息技术日趋成熟，智慧校园更成为当今各级各类学校建设的热点和趋势。② 高校由于是科研与创新人才的聚集地而居于信息化的创新者、领头羊位置，因此其信息安全管理尤其引人关注。③ 智慧校园设计的落脚点在于将全校的底层数据打通，通过挖掘和利用数据的价值，实现校园内的各种信息数字化、集成化、平台化，且利用其集成的数字化平台，为学校的教学、科研、管

① 参见费婷虹、李晓霞、尹守春《浙江省科技新政下高校科研管理人员素质提升探讨》，《广州化工》2022 年第 4 期。

② 参见王世新《中国高校的数字化转型之路》，《中国教育网络》2021 年第 4 期。

③ 参见王继红、廖思维《智慧校园背景下高校信息安全的路径研究》，《闽西职业技术学院学报》2023 年第 4 期。

理提供全方位、数字化、智能化、多元化、个性化的服务。① 但是随着智慧校园的不断发展，信息安全风险也逐步增加。科研过程中产生的数据包含了宝贵的研究成果、实验结果等，如果这些数据被篡改、泄露或丢失，将严重损害科学研究的可靠性和可复制性。但是高校科研管理起步较晚，相对于其他行业和领域，长期以来，高校科研活动主要集中在学术研究上，对于涉及信息技术和网络安全的内容关注度较低。缺乏对信息安全重要性的深刻认识和意识形态的转变，容易导致在具体工作中忽视信息安全问题。

随着智慧校园的普及，很多高校各项业务大部分在网络上进行，网络和信息安全是智慧校园信息安全问题中最为重要的管理问题。一方面，高校各项业务大部分在网络上进行，信息资源丰富，一旦网络安全管理松懈，很可能造成安全风险多样，导致学校信息储存设备被黑客攻击破坏、重要数据被泄露、病毒感染等事件发生，给教学、科研、管理带来了极大的威胁；另一方面，高校智慧校园所采用的各种应用系统软件，也存在一定的安全隐患，比如设备漏洞、恶意软件、系统不安全等问题，如果不进行有效的管理，就很容易被黑客入侵攻击，进而泄露相关机密信息。②

高校科研信息安全意识薄弱主要表现在以下几个方面。

一、网络安全意识薄弱，科研协作加剧信息风险

高校师生网络安全意识不强，对于信息安全的重要性和风险认识不足。在现代社会中，互联网和信息技术的重要性日益突出，高校作为信息化程度较高的机构，在信息化建设中扮演着重要的角色。然而，高校的网络基础设施安全薄弱，师生对于网络安全问题的认识不够，关注程度不高。

高校科研人员作为我国受教育程度较高的群体，对信息化有一定的了解，上网率接近100%。然而，仅仅具备上网能力并不意味着他们就具备足够的网

---

① 参见王继红、廖思维《智慧校园背景下高校信息安全的路径研究》，《闽西职业技术学院学报》2023年第4期。

② 参见王继红、廖思维《智慧校园背景下高校信息安全的路径研究》，《闽西职业技术学院学报》2023年第4期。

络安全意识和素养。相反，很多人可能没有接受过系统的信息安全培训，普遍缺乏对信息安全的重视和认识，对信息安全威胁的深入理解不足。他们对网络安全的必要性和可能造成的损失缺乏足够的认识，容易忽视或轻视信息安全风险。

高校科研管理过程中的合作与交流也增加了信息安全的挑战。高校科研活动通常涉及多个学术机、合作伙伴和研究团队之间的合作与交流，信息的共享和传递频繁。然而，信息共享的过程中存在数据泄露、知识产权侵犯等风险，如果对信息安全控制不够重视，容易导致重要数据泄露、知识产权侵犯等风险，如果对信息安全控制不够重视，容易导致重要数据泄露和敏感信息被滥用等问题的发生。科研项目通常需要多人协作，但很多情况下项目组成员对数据的安全管理意识较弱。例如，在数据传输和存储过程中，缺乏必要的加密和权限控制措施，容易造成数据泄露。同时，对于合作伙伴和外包单位，高校科研团队缺乏严格的信息安全约束和监督机制，容易形成潜在的安全漏洞。

二、缺少专业的技术人才和相关资源

高校科研管理大量依赖人工，然而，信息安全领域需要专业的技术人才和资源支持，而高校在这方面的投入相对较少。缺乏专业人才和有针对性的培训，使得高校在信息安全管理方面的能力相对较弱，难以建立完善的信息安全体系。在现代信息社会中，信息安全问题日益突出，高校作为重要的科研机构和知识产权库，其信息资产管理和保护显得尤为重要。然而，由于高校科研管理部门对信息安全管理的投入相对较少，无法招聘到具备信息安全专业知识和技术实践经验的管理人员，也难以建立专业的信息安全团队或机构，难以及时发现和解决安全隐患。同时，缺乏完善的应急响应机制，一旦发生信息安全事件，应对不当可能导致损失扩大和影响加重。

此外，在科研过程中，高校科研人员需要频繁使用网络进行数据传输和共享。然而，许多高校的网络基础设施存在漏洞，且个人电脑、移动设备等终端设备的安全措施不完善，容易受到恶意软件、病毒等攻击，从而导致数据损失或窃取。由于科研人员经常需要使用移动设备进行工作，这为移动设备管理带来了一些安全隐患。移动设备容易受到恶意软件和网络攻击，如果学校信息系统得不到有效管理，就很容易被攻破，从而导致信息泄露和系统瘫痪，对学校的信息和资产会造成严重危害。

三、科研数据治理薄弱，信息安全意识不足

高校科研数据治理能力不足，数据安全保护措施不到位。高校拥有大量丰富的科研信息数据资源，但数据治理往往缺乏统一规划和标准化流程，导致数据采集、存储、使用、共享、销毁等环节存在漏洞和隐患。高校数据安全保护缺乏有效的技术手段和管理制度，数据备份、加密、审计、监控等措施不完善或不落实。高校数据合规意识不强，对《中华人民共和国数据安全法》《中华人民共和国网络安全法》《中华人民共和国个人信息保护法》等相关法律法规的遵守和执行不够到位。在当前信息化时代背景下，数据安全问题已成为科学研究的关键挑战之一。若缺乏相应的权限控制和保护措施，可能会导致未经授权的人员获取敏感数据，进而引发科研信息泄露等严重问题，这将对科学研究的创新性和竞争力产生巨大影响。

高校对信息安全的重视程度不足。由于科研管理部门通常更加关注科研成果的产出和项目管理，信息安全保护往往被放在次要位置，对于信息安全的投入和管理往往没有得到足够的关注和资源支持。此外，高校普遍缺乏处理信息安全问题所需的技术知识和能力，同时缺少健全的信息安全政策、规范和流程，这使得信息安全问题常常被忽略。在信息安全方面，高校的重视程度明显不足，对科研数据保护和信息泄露防范意识相对薄弱。高校科研管理人员缺乏对安全技术和防护手段的了解，也没有掌握相关的安全操作和处理流程。这使得他们在遇到信息安全事件时难以及时、有效地应对，容易造成信息泄露和数据损失。

高校科研管理中存在信息安全意识薄弱的问题，这不仅意味着在数据获取、存储和传输过程中存在潜在的风险，也暴露了高校在信息安全政策和制度建设、安全培训以及网络基础设施安全方面的不足。高校科研管理系统容易受到黑客攻击、病毒侵入等威胁，导致敏感信息被窃取或泄露，给高校和科学研

究带来重大损失，阻碍了高校科研的健康发展，给高校带来不良影响。

第四节　组织结构不科学

任何组织都是由许多要素、成员按照一定的联结形式排列组合而成的。一个组织，除了物质要素外，组织的构成部分之间还存在着相对稳定的关系，包括纵向的等级关系和沟通方式及横向的分工协作关系。这种关系构成了无形的构造即组织结构，它涉及组织管理幅度的确定、组织层次的划分、组织机构的设置、各单位之间的联系沟通方式等问题。因此，组织结构也可以理解为一种组织形式，这种形式是由组织内部的部门划分、权责关系、沟通方向和方式构成的有机整体。就本质而言，组织结构是反映组织成员之间的分工协作关系。在科研机构中，组织结构是指科研机构如何对科研任务进行分工和协调合作的结构。①

组织结构是指组织内部各个有机构成要素之间相对稳定关系的一种模式，它既表现为静态的组织结构，又体现在动态的组织活动中。它包含组织内部的指挥系统和信息沟通网络，又包含组织成员在不同层次的责权系统中的地位和相互关系。其涉及权力的集中程度，管理幅度的确定，组织层次的划分，组织机构的设置，管理权限和责任的分配，管理职能的划分，以及组织中各层次、各单位之间的联系和沟通等问题。组织结构的内涵是组织成员为实现组织目标，在管理工作中进行分工协作，在职务范围、责任、权力方面所形成的结构体系。组织结构建立的理论依据是组织结构理论。②

从组织结构主义管理学出发，高等学校及其相应院系本身就是一种组织结

---

① 参见谢敏《高校科研管理组织结构创新研究》，硕士学位论文，青岛大学教育经济与管理，2010，第16页。

② 参见张超、邹英永《基于创新要求的高校科研管理组织结构》，《中外企业家》2014年第27期。

构。组织的存在本质上是为了完成既定的目标，任何组织都有一个与其目标、环境、技术和参与者相适应的结构。在高校中，科研管理是至关重要的，它具有专门的规范和设计，旨在确保科研工作能够有序、稳定地推进，为整个学术体系提供服务性支持。①

高校科研管理组织结构的科学性是影响科研管理效果的重要因素之一，高校科研管理组织结构的科学性直接影响着科研管理的效果和成果。科学性意味着该组织结构能够合理地组织和分配资源，提供科研支持和服务，有效推动科研项目的开展和科研成果的转化。高校科研管理的目标是推动科学研究的发展，提高科研水平和创新能力。科学合理的组织结构对于高校的科研工作和科研成果提升具有重要意义，科学性的组织结构能够根据高校的特点和发展战略，能够为科研工作的顺利开展和科研质量的提升提供坚实的基础。然而，目前一些高校的科研管理组织结构存在不科学的问题。

一、高校科研管理组织结构缺乏清晰的职责划分

在高校科研管理领域，科研管理部门和科研单位之间及其他职能部门之间的职责和权限划分不够明确，各个职能部门之间职责模糊、权限重叠或缺乏明确的界定和分工，导致工作重叠、职责不清、工作效率低下、决策困难和责任不明确等问题。其主要表现在以下几个方面。

第一，高校科研管理的组织架构呈现出复杂性和多元化的特征。大学内部涵盖了多个学院、研究所和实验室等科研机构，这些机构在高校科研中发挥着关键作用，是推动科学研究和创新的中坚力量。然而，科研机构间错综复杂的互动关系和各自不同的管理需求，为高校科研管理带来了诸多挑战。鉴于高校内部学院众多且各具特色，部分学院并未设立独立的科研管理部门，而是由学校层面的科研部门进行统一管理；另一些学院则设有独立的科研管理部门或配备了专门的科研管理人员，从而形成了层级繁多的组织结构。

第二，缺乏职责和权限的明确划分。随着高校科研工作的不断发展，管理

① 参见于惠芳《服务·学习·研究：高校科研管理的三个维度》，《清华大学教育研究》2007 年第 2 期。

制度未能及时跟进高校科研工作的发展。目前，科研管理组织结构仍然按照传统的学院体系进行划分，没有及时对管理体制进行调整和改进。这种传统的划分方式已经不能满足跨学院、跨学科的科研项目合作的需求，难以适应新形势下的发展要求。在这种情况下，项目管理和协调变得困难重重。当前，许多大型科研项目需要多个学院和学科的协同合作，但职责界定不清，缺乏有效的协调机制，导致项目进展缓慢，沟通不畅和资源利用不充分的问题。此外，高校的科研管理通常需要与其他管理职能进行紧密协调，涉及学科、人事、财务等多个方面，这些职能之间相互联系又相互影响。然而，各部门之间分工不够明确，职责边界模糊，经常出现职责重复或交叉的情况，因此常常导致沟通不畅和责任推诿等问题。在权限不明确的情况下，决策过程被拖延，项目发展受阻，给教师的科研工作带来了很大的困扰。

第三，责任的模糊。责任的模糊是科研管理中一个非常关键的问题，它可能导致组织内部的混乱和不作为现象。在科研管理中，如果责任不明确，那么当问题出现时，各个部门之间很难确定责任归属，进而无法有效解决问题。这种责任模糊会影响整个科研的进展和成果，甚至可能引发更大的管理危机。责任模糊会导致责任推诿现象的出现，即各个部门或个人将责任往其他部门或个人推，以规避自身应承担的责任。这种现象会严重损害组织内部的合作氛围和降低工作效率，导致问题无法及时得到解决。此外，责任模糊还容易导致决策上的犹豫和拖延。当各个部门都觉得自己遇到没有承担的责任时，决策可能会被搁置或拖延，影响科研的执行进度和效果。在职称评审中，科研评价是非常重要的一个环节。然而，各个部门职责不明确，科研评价标准也不够明确，可能会导致科研人员在职称评审中遇到困难，难以准确了解评价自己的标准。一般来说，科研管理部门负责审核认定科研成果、经费、贡献和影响等方面，在这些方面达到一定的水平才能获得相应的职称。但是，最终的解释权却在人事部门，这可能会导致科研人员在各个部门之间来回碰壁，不知道自己的评价标准和考核方法是什么。当出现问题时，各个部门之间很难明确解决问题的责任，可能导致责任逃避、工作效率低下，进而影响职称评审结果的准确性。

第四，人员流动和岗位变动也可能导致职责和权限划分的模糊。现在高校管理体制普遍实行轮岗制度，即定期对管理人员进行岗位调整和轮换，以提升工作效率和经验积累。然而，这种轮岗制度也带来了人员流动性高的问题，人员流动和岗位变动是高校科研管理职责和权限划分模糊的另一个因素。人员不断流动可能导致管理层面的混乱和不稳定，新来的管理人员需要一定时间适应新环境，了解原有的科研管理工作，并与其他部门进行有效的沟通和协调。当高校科研管理人员发生流动或岗位变动时，可能会导致职责和权限的重新划分或缺乏明确的指导，进而导致管理模糊和混乱。如新来的管理人员可能对原有的职责分工不够了解或理解不准确，同时也可能带来自己的理念和想法，这可能会破坏原有的职责界定。新来的管理人员需要一定时间来适应新环境，了解和熟悉科研管理工作。旧有的管理人员离职或调整后，可能带走了自己对职责的理解和经验，使得新接手的人员需要重新理解和把握职责，并与其他部门进行协调。新来的管理人员可能无法获得他们的经验和知识，这也会影响到管理工作的连续性和稳定性。

科研管理的组织结构影响到科研管理组织效能的发挥，从而影响科研创新。科研管理组织结构的合理与否，决定了科研效率的高低。组织结构合理，能够使科研组织处于最佳运行状态，从而增强科研组织的实际科研能力。如果组织结构不合理，即使是最优秀的人才结合在一起，也不一定发挥出最佳整体效益，也不一定在竞争中取胜。① 一个合理的科研管理组织结构能够有效提升科研组织的运行效率，促进科研成果的产出和转化，从而增强整体科研实力。相反，若组织结构不合理，则即使拥有优秀的科研人才，也难以发挥出最佳效益，也无法在激烈的竞争环境中取得成功。

二、上传下达的垂直行政管理体制

高校的科研管理面临着许多挑战，其中一个重要的问题是垂直行政管理。传统的行政管理体制以科层制和等级制为核心，其管理目标主要是在确定结果的前提下追求过程的规范化、程序化和标准化，对于科研管理工作的创新和灵

① 参见张超、邹英永《基于创新要求的高校科研管理组织结构》，《中外企业家》2014 年第 27 期。

活性存在一定限制。近年来，政府职能向服务型转变的改革取得了积极进展，但是高校的“去行政化”改革却面临许多困难。尤其是在科研管理方面，依然延续着行政管理的体制和模式。[①] 然而，这种体制与科研的本质相背离，制约了科研最重要的内涵——创新的发展。

很多高校的科研管理人员缺乏相关的专业知识，专业水平参差不齐，在科研管理过程中，仅仅扮演着传达上级指令的角色，只是将上级下发的文件分发给二级学院，并收集科研人员材料进行总结整理，然后等待上级的批复。科研管理部门与科研人员的联系并不密切，导致信息割裂的现象，极大影响科研工作者的积极性，这进一步对科技创新的发展产生了负面影响。更为严重的是，一些科研管理部门的工作人员把自己定义为“高一级的管理者”，对科研人员提出一些管理层面的要求，将其束缚在条条框框之中，而忽视了科研的实际情况和需要，严重影响了高校的科研发展。

科研管理体制与传统行政管理体制存在根本区别。科研活动要求尊重科学规律，注重思维创新和知识积累，其本质是自由探索和创新。然而，高校科研管理中的垂直行政管理常常表现为上级机构对下级机构或个人进行指令性、控制性的管理方式。这种模式在行政命令传达、任务下达和考核评估等方面体现明显。过分强调行政指令和规范化管理会削弱科研的主动性，阻碍人才潜力的挖掘和创新能力的发挥。科研管理并不以确定的结果为前提，而是追求待确定的创新成果的实现。科研本身是一个自由探索的过程，需要具备灵活性和创造力。然而，传统的行政指令和等级制管理方式往往只能产生刻板僵化的合规合矩机制，很难激发创新的活力。

科研管理工作的垂直行政管理特点导致层级差异性较大，从而引发了一系列问题。

第一，行政管理体制的特点之一是强调规范和程序。这种管理方式通过制定标准、规章制度等形式来进行管理，强调执行力和合规性。然而，科研工作的本质是创新，需要具备灵活性和自由度，不能完全受限于规范和程序。将科

① 参见毛颖《高校科研管理理念与机制问题研究》，《盐城师范学院学报（人文社会科学版）》2023年第5期。

研管理完全纳入行政管理体制的框架，可能造成创新活力的丧失，很容易导致过多的行政手续和烦琐的程序给科研人员增加负担，如科研项目需要经过层层报批、审批和执行，需要填写大量的报告、申请和证明材料。这些烦琐的行政程序会占用科研人员大量宝贵时间和精力，减少他们进行创新研究和实验的时间。科研工作需要高度自由度和灵活性，不适合过多的行政程序和流程，过度的垂直行政管理会使科研人员花费过多的时间和精力在繁文缛节上，从而导致科研工作的效率降低，影响他们的创新热情。

第二，行政管理体制通常注重绩效考核和等级评定。这种方式过于强调结果导向，追求短期成果和利益回报，容易局限科研人员的思维和创新空间。科研人员往往需要遵循严格的规章制度和目标指向，而忽视了原创性和创新性的发挥。在科学研究中，尤其是基础研究，往往具有一定的不确定性和试错性。然而，垂直行政管理模式更偏向于稳定和可控，注重规划和目标的实现。这在一定程度上限制了科研人员在基础研究中的自由探索和试错机会，影响了科研成果的创新性和原创性。科研工作需要长期投入和探索，可能需要多年甚至更长时间才能取得有价值的成果。如果将科研管理纳入行政管理体制中，科研人员可能会面临过多的绩效压力和评定指标，导致过度追求表面的成果，而忽视了创新的深度和广度。

第三，行政管理体制下的权力分配和决策机制往往比较集中，科研人员的主动性和创造力受到一定程度的限制。垂直行政管理体制下科研资源的分配可能不够合理。在垂直的科研管理体制下，科研资源的分配受到学校领导层的决策和控制，资源往往集中在少数几个主导学科，而其他学科或实验室则可能面临资源匮乏的困境。这种资源分配方式限制了学科间的交叉和创新合作，不利于高校整体科研水平的提升。同时，高校科研资源分配也可能存在行政目标与科研目标之间的不匹配问题。高校科研管理部门往往需要完成学校领导设定的行政绩效目标，而这些目标可能与科研活动的自由度和创新性产生冲突，进而影响科研资源的分配。此时，科研经费和资源可能更倾向于与行政目标直接相关的项目，而对其他潜在有价值的科研项目缺乏足够的支持。科研工作需要团队合作和开放的交流环境，并给予科研人员更多的自主权和发言权。如果科研管理仍然受制于行政指令和等级制，就难以形成开放、包容的科研文化，限制了创新的可能性。

第四，垂直管理模式使得科研管理工作普遍点多、线长、面广、体大，责任难以压实、质量难以保证。有限的科研管理人员需要同时面对众多的科研项目和科研人员，导致工作量过大，难以做到精细化管理。这样就很容易出现工作遗漏、错失重要细节等情况，影响了科研管理工作的质量。此外，多个层级之间存在着责任分散与推诿现象。当出现问题时，各级管理人员都有可能将责任推给下级，导致责任不明确，进而影响问题的解决和质量的提升。

第五，科研管理人员与科研人员之间信息传递往往存在滞后和不畅的情况，容易产生信息不对称的情况。科研人员在项目实施过程中遇到的问题和需求需要及时向科研管理部门反馈，但由于层级差异和信息传递链条的延迟，管理部门可能无法迅速掌握科研人员的实际情况。科研管理部门作为上级，往往难以全面了解基层科研人员的实际状况，而基层科研人员也难以及时将自身的问题反馈给管理部门，造成了管理中的信息断层。这种信息不对称容易导致高校科研决策的失误或不当。

三、缺乏与科研实际需要相匹配的科研管理人员配置

科研管理者，通常指科研工作的组织与领导，或者是对相关业务进行管理的人员。他们要完成的主要工作有：编制学校科研的相关制度，促进科研工作的规范化和科学化管理；组织开展学校的各种科研项目的策划、申报等；判断高校的各种科技成果、专利等，以及对这些知识产权予以保护。① 科研管理在高校科研中扮演着重要的角色，它涵盖了科研项目的组织与协调、科研成果的认定评价和报奖、科研成果的推广和应用、科研团队的组织和建设等多个方面。它包含了大量的业务性管理工作，大多是事务性的服务工作。②

---

① 参见毛献峰《高校科研管理人员专业发展策略研究——基于知识管理的视角》，《管理观察》2019 年第 28 期。

② 参见周倩《高校科技管理人员专业化建设研究》，博士学位论文，华东师范大学，2006，第 10 页。

当前高校科研管理人员主要分为两部分：一是在校级科研管理部门任职的专职人员与“双肩挑”人员；二是二级学院主管科研的副院长及科研秘书。然而，在相当多的高校中，科研管理部门的人员配置不足，缺乏专业化的管理人员。大多数高校科研管理队伍主要由两部分人组成，一部分是从教学、科研或者其他岗位转到科研管理岗位上，往往缺乏对管理的浓厚兴趣，缺乏出色的科技管理能力，缺乏科技管理者应具备的知识结构；一部分是多年从事科技管理工作的人员，但其中很多长期埋头于工作，局限于传统的管理方法，无暇顾及管理规律、管理科学的研究。就队伍的整体情况而言，存在着专业化程度低、缺乏专业培训、服务意识淡薄等问题。近几年来，一些高校的科研管理人员已经开始重视科研管理方面的研究，但总体上还是不够重视。① 每名科研管理人员都是一人多岗、一人多责，缺少足够的精力和时间对科研管理进行深层次的思考和研究，从而使科研管理效率受到制约，一定程度上限制了高校科研工作的快速发展。其主要表现在以下几个方面。

1. 科研管理人员编制严重不足

随着社会的不断发展，高校科研水平不断提升，科研项目和科研成果也呈现逐年增多的趋势。近年来，国家对高校科研经费的不断投入和高校对科研工作的重视，近年来，科研项目和科研成果数量不断增加，尤其是有影响力、高显示度成果的突破，需要科研管理工作人员投入更多的时间与精力，而科研管理部门工作人员的编制非常紧张，除了工作人员退休，较少有新员工加入，管理人员的人均工作量不断加重。因此，高校科研管理队伍在面对繁重的科研任务时常常疲于应付。②

高校科研管理部门的编制相对较少，导致科研管理人员数量不能满足日益增长的科研需求。往往只有几名工作人员需要负责整个学校的科研管理工作，面临着巨大的工作压力。高校的科研管理人员大多有一定的专业基础，管理岗

① 参见周倩《高校科技管理人员专业化建设研究》，博士学位论文，华东师范大学，2006，第10页。

② 参见范兆娟、王建立《“双一流”建设背景下高校科研管理人员专业化发展路径研究》，《重庆电子工程职业学院学报》2021年第3期。

位上的实践又使他们具有一定的管理经验。但是由于目前管理工作中各种事务处理占用很多时间，高校科研管理人员除了熟悉岗位业务外很难有学习和提高的机会，在管理方法和手段上与现代科技发展水平相差甚远。①

这种现象的存在给高校科研管理带来了一系列挑战和困难。工作人员数量不足导致科研项目的组织和协调变得困难，每位科研管理人员需要处理大量项目立项、团队组建等事务，时间紧迫，无法充分投入每个项目中。这可能影响项目的质量和进度，降低科研项目的立项和结项率。此外，科研成果的鉴定和评估需要耗费大量时间和精力，但由于高校科研管理人员有限，无法全面参与。目前大多数高校采用统一评价标准来评估所有学科，如自然科学类普遍采用中国科学院分区，社会科学类普遍采用北大核心或C刊，这导致评估不够全面客观，影响科研成果的真实性和学术价值认定的准确性。一刀切地使用同一标准评价所有学科会导致某些学科的特殊贡献得不到应有的认可。

2. 缺乏专业化的科研管理人员

随着国家对科研的不断投入和科学的快速发展，科研项目的种类和数量不断增多，科研管理所涉及的领域越来越广，管理内容也越来越繁杂，科研管理工作涉及行政管理、财务、法律法规、档案、数据管理等多方面的专业知识。② 因此新时期科研管理工作的复杂性和综合性越来越强，对科技管理人员的综合素质和能力要求越来越高。这就对科研管理人员提出了更高的要求，要求他们既要懂科学技术，又要懂信息技术和管理技巧，同时还兼具谦逊的服务意识和良好的沟通能力。③ 然而，目前一些高校中从事科研管理的工作人员，有相当数量的人员具备专业的科学技术研究能力，但却没有接受过专业的管理知识体系学习，管理水平较低。而有些专业性的管理者，又缺乏相关领域的科

① 参见孔志辉、曹勇《信息高速公路向高校科技管理提出的挑战》，《研究与发展管理》1998年第3期。

② 参见范兆娟、王建立《“双一流”建设背景下高校科研管理人员专业化发展路径研究》，《重庆电子工程职业学院学报》2021年第3期。

③ 参见张文君《“双一流”建设视域下科研管理人员素质培养思路分析》，《产业创新研究》2020年第8期。

学技术和信息知识储备，[①] 难以胜任复杂的科研管理工作。

随着时间的推移，科研管理的业务范围正不断扩大，并且日益深入到更广泛的领域，使得科研管理业务呈现出越来越明显的专业化特征。从当前的发展路径来看，科研管理本身就是一项系统性的工程，所涉及的内容较多，需要合理实施科研管理工作，并且向着专业的方向发展。在当前的发展理念下，科研管理人员需要结合实际情况，分析思维短板。但是从当前的形势看，很多高校的科研部门大多缺乏专业性的科研管理人员，这些管理人员的专业性不足，并且基本上不能结合学校的实际情况，制定合理的发展目标。在实践的过程中，不少兼职教师缺乏经验，随意性较大，科研管理的水平不足，高校科研的独立性偏低。[②]

这主要体现在四个方面：一是高校科研平台管理队伍中科研管理职能部门的业务经办人员人数往往很有限，管理队伍的主体人员为二级学院主管科研的副院长和科研秘书，多以兼职管理岗为主，都是“双肩挑”教师，要兼顾行政与学术，管理队伍人员整体精力有限、无暇顾及；二是由于岗位的动态调整，尤其是科研秘书等兼职管理人员的频繁更换，高校科研平台管理队伍不够稳定，管理人才梯队难以形成；三是高校科研平台管理队伍由不同学科背景人员组成，尚未经过统一培训，科研平台管理能力参差不齐；四是高校科研平台管理队伍缺乏专业化培养机制，没有集中上岗培训，也很少有对外交流学习的机会，全凭自己摸索，凭经验开展工作，严重影响了工作效率，专业化管理水平难以提升。[③]

以科研项目为例，科研管理人员在项目立项阶段起着关键作用，他们需要具备全面分析和评估项目目标、研究内容和预期成果的能力。但是在现行的科研管理组织结构下，科研管理人员大多缺乏专业的科研管理知识，可能导致项

---

① 参见楚小强、秦涵淳、单国燕等《农业科研单位科研管理工作探讨》，《热带农业工程》2014年第6期。

② 参见张晓锋、周昕宇《基于服务创新理念的高校科研管理方法探究》，《大众标准化》2021年第161期。

③ 参见范丽琴《高校科研平台管理队伍管理水平提升路径研究》，《北京印刷学院学报》2021年第12期。

目策划不够系统和完善。科研项目的策划需要严谨性和细致性，包括明确项目的目标和预期成果等。没有经验丰富、具有专业知识的科研管理人员，可能无法很好地组织和规划这些要素，导致项目策划不够完善。科研计划是项目实施的依据。专业的科研管理人员可以借助自身的专业知识和经验，审查和完善研究计划，避免过度预期等问题。这些问题可能导致项目的实施困难、成果不符合要求，甚至影响项目的最终结题和研究的后续进程。因此，确保有专业的科研管理人员参与项目策划阶段，对项目的顺利进行和科研成果的取得具有重要意义。

3. 高校科研管理人员普遍缺乏培训

很多高校科研管理人员本身并非管理专业出身，他们可能是从人事、财务、辅导员等其他职能岗位转岗过来，这也是高校科研管理中存在的另一个问题。这些人员在担任科研管理岗位之前，虽然积累了一定的管理经验和技能，但缺乏与科研管理相关的专业背景和知识储备，更是基本没有接受过相关的科研管理培训，缺乏科研管理的专业背景和知识储备。相比于其他领域的管理工作，科研项目管理具有较强的不确定性和复杂性，需要对科研的特点和规律有深入的了解。这些来自其他职能岗位的科研管理人员由于缺乏相关的科研管理培训，在科研管理岗位上可能面临一定的困难。

在高校从事科研管理的人员多属管理岗，通常被认为是从事辅助性的工作，不需要有太多的技术含量，甚至很多高校学院一级的科研秘书由综合科、实验员、教务秘书兼任，其直接后果就是管理人员经常性变动，也会造成管理缺少连续性。此外，科研管理人员来自学校层面的支持也较少，很少有专门的培训、激励政策等。① 在此大背景下，大部分高校科研管理人员的培训程度普遍较低，很多科研管理人员没有得到培训的机会。一方面，高校科研管理人员培训程度普遍较低的原因之一是缺乏系统的培训计划和规划，如许多高校并没有建立起完善的科研管理培训体系，导致科研管理人员无法获得系统性的培训和提升机会；另一方面，高校科研管理工作繁忙，工作人员难以腾出时间参加

① 参见赵园《浅谈高校科研管理队伍建设路径》，《中国高新科技》2022 年第 23 期。

培训。此外，尽管一些省份的教育厅、社科联等会不定期组织一些科研管理培训班或研讨会，但是这些科研管理培训班或研讨会的参与人数有限，无法满足所有科研管理人员的需求。

科研管理工作相对复杂，需要掌握大量的知识和技能。然而，当前针对科研管理人员的培训和指导往往比较零散和片面，缺乏系统性和全面性。许多高校没有建立起完善的科研管理培训体系，导致科研管理人员无法获得系统的培训和指导，难以提高自身的专业素养和能力。很多高校对于科研管理的重要性和培训需求认识不足，这是一个普遍存在的问题。一方面，高校对于科研管理的重要性认识不足。长期以来，高校往往更注重科研的发展，而忽视了科研管理的重要性，通常将更多的资源和支持投入科研本身，如科研项目经费支持、设备购置等方面，而在科研管理人员的培训和专业提升方面相对缺乏关注；另一方面，一些高校的科研管理岗位职责相对模糊，缺乏清晰的职业发展路径和培训机制，使得科研管理人员难以寻找到专业发展的动力和方向。同时，高校在科研管理人员培训上的投入和资源也较为有限，无法满足所有科研管理人员的培训需求。

从科研管理人员的职业发展来看，多数高校没有建立对科研管理人员的培养机制，导致严重的“重使用，轻培养”现象，致使基层科研管理人员不能与自身工作和组织共同成长。在信息时代，知识更新十分迅速，知识型员工只有及时更新个人专业知识，才能适应工作需求。作为一种特殊的知识型员工，高校科研管理人员担负着管理科研计划和科研成果转移等重任，其职业本身不仅对员工的专业知识提出了较高要求，而且要求其对服务范围内相关专业的知识有所了解。因此，在信息时代，高校科研管理人员更应该通过集体培训和自我学习等手段及时更新自己的知识，这不仅有利于高效地完成科研管理任务，而且能够提高科研管理人员的胜任能力，促使其有更好的职业发展，从而更好地实现个人价值。①

高校在培养科研管理工作人员方面投入不足，往往没有明确的培训计划和

① 参见陈春英《高校基层科研管理队伍激励机制研究——基于需要层次论视角》，《华中人文论丛》2012 年第 2 期。

培训标准，也缺乏有效的培训机制和途径。这导致科研管理工作人员无法掌握最新的政策法规和管理知识，也无法不断提升自身的专业素养和管理能力，影响了高校科研管理工作的质量和效率。高校忽视甚至不鼓励科研管理人员进行专业化培训，导致了这一群体的理论知识和业务技能无法适应所承担的工作，大量的烦琐的事务性工作占据一线科研管理工作人员的时间和精力，加之管理工作内容常常与自身专业背景不一致，又削弱了这一群体继续学习的动力。① 管理人员缺乏专业化培训，用陈旧的政策和工作方法来解决问题，出现凭个人经验办事和主观臆断的现象，进而导致管理效率低下。②

4. 高校对科研管理工作人员缺乏重视

高校的科研管理工作是保障高校科研工作良性发展的重要组成部分，科研管理人员在高校及其他科研机构中往往扮演着重要的角色。然而他们的工作却常常被忽视，由于许多高校对科研管理工作人员缺乏足够的重视，导致科研管理工作存在诸多不足和问题。

有些科研院所出现只重视科研人员、轻视科研管理人员现象。主要原因是科研院所对科研管理工作定位不准。科研院所普遍认为科研管理工作地位低于科学研究工作，想当然地认为科研管理工作就是简单地数据收集汇总和会议组织接待等专业性不强的行政工作，在此岗位上根本做不出有出息的贡献和成绩。③ 许多高校没有重视科研管理工作，只是将科研管理工作简单地认为是行政辅助工作。因此，许多高校并没有建立完善的科研管理机制、考核机制和激励机制。由于制度的缺失，科研一线管理工作人员会觉得科研工作与自己相关性不大，工作的好与坏都没有相应的奖惩政策，在工作中往往只保留了行政工作的作风和流程。④ 在高校中，高校和科研机构往往将教学和科研视为核心任务，而对科研管理的重要性没有足够的认知。科研管理工作往往被视为一种辅

① 参见邓理、浦徐进、王维懿《“双一流”背景下高校科研管理队伍的职业倦怠研究》，《科技管理研究》2018 年第 17 期。

② 参见张立杰《大数据时代高校科研管理创新分析》，《科技与创新》2019 年第 10 期。

③ 参见王小霞《大数据时代科研管理信息化对策研究》，《科研管理》2019 年第 10 期。

④ 参见费婷虹、李晓霞、尹守春《浙江省科技新政下高校科研管理人员素质提升探讨》，《广州化工》2022 年第 4 期。

助性的工作，与教学科研工作相比，工作内容较为单调、枯燥，而且晋升空间有限。在高校和科研机构中，通常只有少数几个高级职位供科研管理人员晋升。与此同时，科研管理人员往往缺乏具体的晋升标准和评价体系，缺乏明确的职业发展规划，这也进一步限制了他们的职业发展。此外，科研管理人员的工作往往被认为是一种“非核心”工作，缺乏与科研和教学等领域同等的重视。在晋升评价中，科研管理的工作成果很少被充分考虑，这导致科研管理人员在晋升过程中处于不利地位。这种认知上的偏见也使得科研管理人员难以获得公平的晋升机会。这导致高校的优秀人才不愿意从事科研管理工作，也难以留住已有的科研管理人员，严重影响了科研管理人员队伍的稳定性和连续性，无法保证科研管理工作的质量和效率。

学校在鼓励教师进行在职进修、职称职务晋升的同时，却给管理人员相应的发展设置了重重门槛，如“管理人员进一步进修需满一定工作年限，甚至进修需要离职”。与此同时，即使学校不设门槛，管理人员也面临着巨大的工作压力和紧迫的时间限制，也无法腾出充足的时间去进修和学习。这种做法限制了管理人员的发展空间和机会，使得他们难以提升自己的知识和能力。管理人员面临着学校“重教学轻管理、重使用轻培养”的窘境，这就导致一方面管理人员缺乏创新精神和创新意识，不能科学、客观地判断和解决问题。①

从心理期望的满足来看，高校基层科研管理人员普遍未能从其职业中获得相应的心理满足。科研管理人员是高校科研服务中的重要主体之一，离开科研管理人员的有效管理，高校科研服务的效率与质量都将受到影响。然而，通过调查发现，在许多高校，基层科研管理人员只是被当作普通的操作型员工看待，其对科研服务的重要作用并没有得到足够重视。因此，科研管理人员并未感受到应有的来自学校管理层和科研人员的认同和尊重，这极大地打击了科研管理人员的工作积极性，影响了高校科研服务的质量。② 这样不仅导致科研管

---

① 参见范兆娟、王建立《“双一流”建设背景下高校科研管理人员专业化发展路径研究》，《重庆电子工程职业学院学报》2021 年第 3 期。

② 参见陈春英《高校基层科研管理队伍激励机制研究——基于需要层次论视角》，《华中人文论丛》2012 年第 2 期。

理人员不受重视，上升空间和晋升渠道狭窄，还会导致科研管理人员自暴自弃，缺乏主动服务科研的意识，从而影响科研院所管理水平的提高。①

5. 人员流动性大

科研管理人员的流动性问题在高校科研事业发展过程中十分普遍。这种流动性主要表现为科研管理人员在高校间的岗位调动和离职、退休等原因造成的工作人员断层。稳定的科研管理队伍是高校科研事业发展的重要保证，因为科研管理人员的专业能力和经验积累需要时间，并且他们在项目管理、团队建设、经费管理等方面扮演着关键角色。如果科研管理人员流动性太大，各管理环节的工作人员出现断层，势必会影响高校科研管理水平，降低科研成果转移效率，挫伤科研人员的积极性，进而影响整个学校的科研服务质量。从这个角度来看，科研管理人员在高校中应处于一个极为重要的位置，高校应当给予其足够的重视与尊重。②

第一，科研管理人员的流动性对高校技术创新能力的提升造成影响。高校是科研成果转化的重要场所，科研管理人员在其中具有至关重要的作用。他们不仅需要对具体科研项目进行管理，还要承担协调组织等职责，以支撑科研成果的转移与转化。如果科研管理人员流动性太大，科研管理经验难以积累，这将降低高校技术创新能力的提升速度。

第二，科研管理人员的流动性也会影响高校科研服务质量。科研管理团队不稳定，容易导致信息传递中的失误和沟通上的障碍。每位管理人员都有自己的管理风格、工作方法和管理经验，如果频繁更换管理人员，新上任的管理者往往需要花费较长时间来适应新的工作内容，这会影响科研的连续性和稳定性。这些都会影响科研的进展和效率。尤其在面对复杂多变的科研项目时，科研管理人员的经验和技能十分重要。如果高校无法让经验丰富的科研管理人员长期留在岗位，将会影响高校科研服务质量的提升。

---

① 参见韦菊玲、李武志、邓硕坤等《新时期科研院所科研管理人员的困境与出路》，《林业科技通讯》2022 年第 36 期。

② 参见陈春英《高校基层科研管理队伍激励机制研究——基于需要层次论视角》，《华中人文论丛》2012 年第 2 期。

第三，流动性问题也可能造成管理团队的不稳定性，导致团队凝聚力不足。这会影响团队的协作效率和创新能力，对高校科研事业的发展产生了负面影响。当科研管理人员频繁离职或调动时，管理团队稳定性势必受到影响。新加入的管理人员需要一定时间来适应和融入团队，这可能导致团队在一段时间内的运转不够顺畅。而且，团队成员变动频繁也会给其他成员带来不确定感和压力，进而影响团队的整体表现。科研管理团队需要密切协作和凝聚力，当团队成员频繁变动时，团队的凝聚力容易受到冲击，团队成员之间的默契和配合程度可能受到影响，从而导致协作效率的下降。降低整个团队的工作效率和执行力。

第四，科研管理人员流动性问题还会挫伤科研人员的积极性。科研人员在开展科学研究时，往往需要依赖科研管理人员进行各方协调和团队建设等工作。如果科研管理人员经常更换，科研人员可能会感觉到不稳定和缺乏信任，从而降低科研积极性，这将影响高校科研成果的产出与推广。

总之，科研管理人员在高校中处于十分重要的位置。他们不仅是科研项目顺利进行的保障者，更是推动科研创新和学术进步的关键力量。高校应该充分重视和尊重科研管理人员，采取相关措施解决其流动性问题，以实现科研事业发展的长远目标。

第五节　经费管理僵化

近年来，随着国家对科研领域的扶持力度逐年加大，高校已然成为科技创新的前沿阵地，承担着逐年攀升的划拨经费任务。如何管好用好科研经费，更好地激发科研人员的创新活力，促进科技事业的发展变得愈发重要。2015 年中共中央办公厅、国务院办公厅出台的《关于深化体制机制改革加快实施创新驱动发展战略的若干意见》的颁布，强调营造激励创新环境、完善成果转化激励措施、构建完善的科研体系、加强科技体制改革的统筹协调等，拉开了以激发科技活力、调动科技人员积极性为主要目的全面深化科技机制体制改革的序幕。2016年，中共中央办公厅、国务院办公厅出台的《关于进一步完善中央财政科研项目资金管理等政策的若干意见》，拉开了全国科研领域“放管服”改革的序幕。2021年，国务院办公厅发布《关于改革完善中央财政科研经费管理的若干意见》，优化了科研申报流程、简化了报销程序、释放了科研人员的工作精力，更加强调简政放权，旨在进一步下放科研经费的高校自主决策权与管理权，下大力气减轻科研人员事务性负担，着重改进科研绩效管理和监督审查流程，提高科研人员获得感，最大限度激发科研人员科研创新创造活力。①

新阶段，国家在激发科技活力调动科技人员的积极性方面采取了很多举措，像经费包干制、简化预算编制、简化报销程序、取消评前检查、将财务验收与技术验收合并等一系列措施，可以说从项目立项、资金运行一直到项目验收等各个环节都优化到了极致，最大限度地减轻了科技人员的程序性工作负担。但是具体到高校执行过程中却出现了很多问题，如部分政策规定落实不到位、一些领域改革需随着新形势新变化进一步深化等。②

就目前全国各高校的普遍状况来看，存在政策落实不到位、科研经费利用率较低、科研成果转化率不高、财务核算不精准、审计监管不严、间接经费比例不当、经费报销流程困难、科研人员激励分配不合理等问题，阻碍了我国科研事业的健康发展，造成了不少科研资源的浪费。③

其主要表现为以下几个方面。

一、经费使用流程不明晰

科研经费管理现实工作中，大多数科研人员对政策了解不清晰，对科研经费的支出流程和标准不清楚。④ 科研经费管理的复杂性和困难性主要源于科研

---

① 参见吕丽娜、陈琳琳、侍文蕾等《新形势下高校科研经费管理模式探析》，《经济师》2023年第8期。

② 参见吕丽娜、陈琳琳、侍文蕾等《新形势下高校科研经费管理模式探析》，《经济师》2023年第8期。

③ 参见张义倩、王巍巍《科研经费管理和科研财务助理制度落实现状及对策建议——以河北省为例》，《河南科技》，2023年第16期。

④ 参见张义倩、王巍巍《科研经费管理和科研财务助理制度落实现状及对策建议——以河北省为例》，《河南科技》2023年第16期。

经费类型多样、政策规定繁杂且频繁变化，导致科研人员对相关政策了解不清晰，并且缺乏对科研经费支出流程和标准的清晰认识。在实际项目实施中，科研人员往往难以明辨各种经费分类科目的使用范围和规定，容易产生误用科研经费的情况。

科研经费管理中审批流程烦琐是一个普遍存在的问题，对项目经费的使用效率和科研工作的顺利开展造成了严重影响。烦琐的审批流程导致项目经费的发放和支出需要经过多个环节和程序，耗费科研人员大量时间和精力，从而影响了科研项目的进度和效果。审批流程烦琐的原因主要包括相关政策规定不够明确、审批机构繁多、审批程序复杂等。例如，有些科研项目的经费审批需要跨多个部门或单位，涉及不同层级的审批机构，导致审批流程漫长且繁复。此外，审批流程中可能存在信息传递不畅、文件审核不及时等问题，也会加剧审批流程的烦琐程度。这些因素共同导致了科研项目经费审批流程的复杂性和耗时性。

科研活动属于抽象智力活动，具有较强的随机性，经费使用的不确定性高，经费支出内容繁杂，时常出现突破现有财务制度的例外情况。此外，由于财务人员对科研活动的业务内容了解较少，冲突在所难免。高校科研人员从事教学与科研的工作已然占据大量时间，而财务报销并非其专长领域，从高校细化烦琐的报销制度中检索出适用信息，会相应地挤占其他工作时间，使得他们对经费使用中的“繁”“难”更加敏感。审批流程烦琐对于科研项目的顺利实施和科研工作的发展都会产生负面影响。长时间的等待和审批流程烦琐可能会使得科研人员失去耐心和信心，进而降低其投入科研工作的积极性和热情。此外，审批流程烦琐导致经费支出不及时或者无法满足科研需要，可能会使得科研项目无法正常进行或者无法达到预期效果，从而影响科研的发展。

总之，程序烦冗的财务制度耗费了科研人员的大量精力。财务制度越规范，往往意味着其程序越繁杂，导致科研人员将大量精力浪费在财务预算、报销等事务上。对科研创新而言，科研人员的时间和精力就是资源，这一资源用在科研方面越多，则对科技创新越有利。当前的财务制度实际上不利于科研人员集中精力从事科研活动。①

二、包干制落地的制约因素

2021年，国务院再次放松了项目经费预算管制，将设备费预算调剂权下放到项目单位，并对基础类和人才类项目推行经费包干制。这一政策措施扩大了科研人员在经费管理方面的自主权，有效地激发了科研人员的积极性和创造性。同时，多个省市也相继出台相关政策，简化预算编制流程，并对部分科研项目实行了包干制。

然而，在具体实施过程中，这些措施也面临着一些问题。其主要包括以下内容。

1. 高校当前的管理制度与新的包干制政策还不太匹配

高校作为执行政府会计制度的事业单位，其财务运作遵循一套相对完善的规范流程和内部控制制度。这些制度主要包括严格的费用报销程序、详细的支出明细要求和痕迹管理等，以保证资金使用的合规性和透明度，从而满足未来审计工作的需求。费用报销过程必须提供详细的明细，这样做的目的是确保每一笔经费都有据可查，避免资金被挪用或滥用，提高资金管理的透明度和责任追溯能力。同时，高校内部控制制度也非常重视痕迹管理，通过记录和保存各种财务活动的档案，以便在日后的审计工作中能够清晰地还原资金流向和使用情况。然而，包干制的引入旨在简化科研经费管理，赋予科研人员更大的经费使用自主权。这种灵活性体现在允许科研人员根据科研项目的实际需要进行灵活采购和调整支出，不再需要遵循原有的烦琐报销程序和审批流程。这一改革措施虽然能够提高科研经费的使用效率，减少科研人员在报销环节耗费的时间和精力，但也对高校现有的内部控制制度和审计工作提出了新的挑战。

2. 高校当前的审计监督机制与新的包干制度还不太匹配

作为事业单位，高校面临内部审计、离任审计、巡视监督、专项监察审计等多种审计监督形式。这些审计监督往往以高校的财务凭证和账册作为主要依

---

① 参见曾宪奎《新发展格局下高校和科研机构人才激励问题研究》，《中国劳动关系学院学报》2022年第2期。

据和审查对象，稍有疏忽就可能受到相关部门的处理，这使得高校在日常管理和财务操作中不得不格外谨慎。然而，按照经费包干的运行机制，灵活采购和简化报销程序是其核心理念。该机制旨在减少科研人员在烦琐的报销流程中的时间耗费，提升科研效率，鼓励创新。然而，这种灵活性可能导致财务痕迹记录的不全或不规范。许多操作缺乏有明确痕迹的证据，使得高校难以完全放开手脚来有效地落实政策。① 具体来说，在包干制度下，科研人员可能会有更多的自主权来决定如何使用资金，如通过直接采购设备或材料，而不必经过复杂的审批程序。这在理论上可以加快科研节奏，但也可能导致某些支出没有详细的凭证或票据作为佐证。此外，简化的报销程序可能无法提供足够的细节来满足审计要求，如支出的具体用途情况。这种情况下，审计部门在进行审查时，可能会发现缺乏足够的证据来证明资金的合理使用，从而质疑这些支出的合规性和必要性。

3. 包干制度的实施还可能面临高校内部各部门之间协调不畅的问题

灵活采购和支出调整需要各相关部门（如财务、科研、审计等）密切配合，确保政策执行顺畅。然而，由于不同部门的职能和工作重点各异，彼此之间可能存在沟通和协调上的障碍，从而影响包干制度的有效落实。

三、缺乏有效的监管制度

高校作为科研项目的承担主体，负责对科研经费支出进行绩效评价和日常监管。然而，当前高校机构设置的细化和科研经费支出类别的扩充，使得资金管理和应用环节变得更加多元化和复杂，从而导致诸多监管问题。

首先，管理主体涉及科研、国资、财务、人事和审计等多个部门，各业务部门又各自为政，相互独立，缺乏有效沟通的协同监管机制，导致资金使用合规性审核轻于产出效益评价，过程规范性监管轻于结果可行性论证。各部门之间信息共享和沟通不畅，导致科研经费的监管流程碎片化和烦琐化。相关部门缺乏协同合作，无法形成统一的监管标准和流程，使得科研经费使用的审核与

---

① 参见吕丽娜、陈琳琳、侍文蕾等《新形势下高校科研经费管理模式探析》，《经济师》2023 年第 8 期。

绩效评价之间的衔接不紧密，影响了对资金使用情况的综合监管。①

其次，科研人员在经费使用时缺乏有效的管理机制，容易出现资金长期未结清、固定资产未及时清点入账等问题。这不仅浪费了财政资源，也扰乱了高校的财务和固定资产管理秩序。另外，部分科研项目存在经费使用不合理的情况，甚至在项目结项后仍有剩余经费未能妥善处理。这种现象不仅违背了科研经费的合理使用原则，也削弱了科研管理部门对项目绩效评价的有效性。②

四、预算管理缺乏规范性

高校科研经费的预算编制是科研经费管理的关键环节，通常由项目负责人承担这一任务。然而，科研人员普遍缺乏财务管理知识，他们在编制预算时往往面临诸多挑战。由于缺乏充分的项目需求分析和市场调查，科研经费预算往往不够全面甚至不合理。这导致支出项目和额度常常超出范围，使得预算准确性不高、费用类别杂乱。随后不得不进行大量多次的预算调整，这影响了管理工作，也耗费了科研人员大量时间和精力。此外，由于预算不够准确和规范，后期财务成本核算变得困难，给科研经费管理工作带来了诸多问题。③

科研活动具有创新性和不可预测性，因此在预算编制阶段就显得尤为重要。然而，预算编制过程中存在不规范、不严谨的情况，如预算科目设置不清晰、与财务分类科目不一致等问题，往往导致经费报销阶段支出与预算批复出入较大的情况频发。这种情况下，科研项目可能不得不中途频繁调整预算，造成耗时耗力，严重影响项目的顺利进行。在预算科目设置不严谨的情况下，可能会出现部分费用无法被准确核算的情况，导致实际支出与预算支出存在较大偏差，难以对项目资金的使用情况进行有效监控和控制。这种不一致性还会给后续的经费报销和审计工作带来不必要的困难和风险，增加了管理成本和工作量。

---

① 参见贺薇《“放管服”视阈下高校科研经费管理存在的问题及策略探析》，《山西青年》2023年9期。

② 参见李江疆《高校科研经费管理刍议》，《行政事业资产与财务》2023年第16期。

③ 参见陈莉、尚所林、李雄平《基于管理会计视角的高校科研经费管理改革研究》，《商业会计》2023年第17期。

首先，财务规划能力不足导致预算编制缺乏科学性。大多数项目负责人并非财务专业出身，缺乏整体财务规划能力，导致他们在预算编制过程中往往凭借以往申报课题的经验生搬硬套。这种做法导致预算编制缺乏系统性和科学性，随意性较大，缺乏具体的测算依据，不能客观反映科研项目的真实成本情况。由于项目负责人对财务规划的理解和把握有限，他们可能会忽视一些重要的费用项目或者将某些费用夸大，导致预算分配不合理，影响科研项目的有效实施和资金利用效率。这种情况下，预算编制的不科学性和不准确性可能会导致后续项目执行过程中频繁调整预算、资金不足等问题的出现，进而影响科研项目的进展和成果的取得。

其次，科研经费预算控制不足导致管理问题频发。高校科研项目的申报，基本上是项目负责人独立完成选题、立项和经费预算等工作，很少有财务人员参与。但科研人员缺乏相关的财务管理知识，对科研经费预算控制的重要性认识不足，仅凭过去的经验罗列支出项目和额度，导致科研经费的预算控制缺乏前瞻性、合理性和规范性，科研经费不能充分、准确、高效地利用；预算只是为了满足科研立项资料齐全的需要，对后期科研经费的使用起不到相应的作用。这种不规范的预算，导致后期科研经费的实际支出与预算有很大的差距，并引发了一系列财务管理方面的问题，如经费使用超出范围，费用类别混乱，财务审核、审计无法通过等，还会造成科研经费使用效率低、资金浪费严重等后果。①

举例来说，某科研项目在预算编制时，由于项目负责人缺乏财务背景，对实际成本估算不足，使得后期经费使用超支，需要反复调整预算，影响了项目的进度和顺利完成。另外，立项评审前期若绩效目标的制定未结合项目本身的客观情况，缺乏可考核性和可操作性，会使后期绩效评价和预算编制相互脱节。例如，某科研项目在立项时未能明确可操作的绩效目标，导致后期绩效评价无法准确衡量项目成果，预算管理难以真正落实，影响了项目的顺利

---

① 参见李江疆《高校科研经费管理刍议》,《行政事业资产与财务》2023年第16期。

结题。①

综上所述，科研预算编制的不规范和不严谨，以及财务规划能力的不足，是导致科研项目在经费管理上出现问题的主要原因。这不仅影响了科研经费的有效利用，还可能对项目的顺利进行造成负面影响。

五、信息化建设程度偏低

在科研管理中，项目管理是至关重要的。一个完整的科研项目需要经历多个环节，包括申报、评审、立项、执行、调整、验收、审计等，这些环节涉及科研管理、资产管理、财务、人事、审计等多个部门的协同配合。然而，在实际操作过程中，各部门之间存在着线上业务系统与线下受理程序不统一、无法无缝衔接的问题，导致数据资源无法共享，信息流通受阻，影响了科研工作的高效开展。不同部门之间的信息共享和协同工作困难，容易导致信息孤岛现象和重复录入数据的情况发生，会增加工作的复杂性和出错的可能性。举例来说，在科研经费调整过程中，科研管理部门与财务部门需要紧密合作，及时、准确地调整预算，并确保各项支出得到及时审批和报销，以保障项目的顺利进行。此外，由于各部门的业务系统运行独立，科研人员在获取信息时需要不停切换系统，数据查询分散，统计分析困难，流程复杂，效率低下。这种情况下，科研人员往往需要花费大量时间和精力来处理烦琐的业务事务，而非专注于科研工作本身，严重影响了科研项目的进展和成果的达成。另外，现有业务单位的线上系统建设程度不高，无纸化办公模式推进进程缓慢，大多数业务仍需线下当面受理，手续繁多复杂。这种情况使得科研人员不得不频繁跑路、提交材料，增加了工作的重复性和复杂性，降低了科研人员的办事效率和工作质量。②

尤其是在科研经费管理领域，信息化建设程度偏低，严重影响了科研项目

---

① 参见贺薇《“放管服”视阈下高校科研经费管理存在的问题及策略探析》，《山西青年》2023年9期。

② 参见贺薇《“放管服”视阈下高校科研经费管理存在的问题及策略探析》，《山西青年》2023年9期。

的执行进度、预算的执行情况、结余结转状态等方面。这些相关信息分散在各个部门或个人手中，而不是集中在统一的平台上，无法有效整合和共享。这种分散状态使得管理者和相关人员难以轻易获取所需信息，从而影响了他们的管理和使用效率，给科研人员办事带来了诸多困难。例如，在科研项目立项后，科研人员需要走多个部门的手续，财务处入账和职称晋升时人事部门都需要这些立项材料，然而，这些部门无法直接获取所需信息，仍然需要科研人员整理大量烦琐的材料，耗费大量的精力。[①] 同样，在项目结项阶段，科研人员同样需要经过财务、科研和审计部门的层层审批，但这些部门的审批规则和流程往往存在差异，导致科研人员频繁在各个部门之间穿梭。财务部门关注经费使用和预算执行情况，科研部门注重项目成果和学术贡献，审计部门则需要保证经费使用的合规性。由于各部门的审批标准和要求不一致，科研人员需要不断调整材料和沟通交流，增加了工作的复杂性和耗时性，降低了科研人员的工作效率和满意度。

六、“放管服”措施走向两个极端

2015 年在国务院电视电话会议上，首次提出“放管服”改革概念。2020 年“十四五”规划中，又明确要求“深化‘放管服’改革，提升政府经济治理能力”。在这一背景下，2021 年 8 月，国务院办公厅印发了《关于改革完善中央财政科研经费管理的若干意见》，旨在进一步下放科研经费的高校自主决策权与管理权，最大限度激发科研人员创新创业积极性，下大力气减轻科研人员事务性负担，着重改进科研绩效管理和监督审查流程。随后，2021 年 9 月和 10 月，财政部相继印发了“新国自然”和“新国社科”资金管理办法。新办法落实了“放管服”的改革意见，将预算管理方式由定额补助式调整为包干制，将直接费用的预算科目从八项精简到三项：劳务费、设备费和业务费。新办法优化了预算程序，使这三项经济科目的涵盖内容更广，相互调剂的权限更

① 参见吕丽娜、陈琳琳、侍文蕾等《新形势下高校科研经费管理模式探析》，《经济师》2023 年第 8 期。

大，突破了以往管理条例死板、执行严格、约束力太强的弊端。[①]

但是，在高校实际执行过程中，出现了两种不同趋势。一种是口头上提倡“放管服”政策，但实际工作中只是空谈，重在管理而忽略自主权，导致政策未真正贯彻落实。另一种趋势是过分追求“放”，服务做得很好，但管理却松懈，特别是在科研资金使用上，有些高校审查力度下降甚至放任不管，这种模式虽然看似“放管服”，实则是治理懈怠的表现，潜在风险不可忽视。必须警惕这些现象，确保政策切实有效地执行，避免科研资金管理出现重大问题。[②]

无论是作为项目经费承担单位的高校，还是科研人员对“放管服”政策的理解可能存在一定偏差。具体来说，科研经费的“放”是指赋予科研人员更大的科研经费自主支配权，使其能够更加灵活地运用资金开展研究工作。然而，有些科研人员可能错误地将“放”理解为只要将经费用于科研活动即可随意开支，而忽略了科研经费的公共资金属性。事实上，科研经费的使用应该遵守相关规定和要求，确保资金使用的合理性和透明度，以及高效利用公共资源的原则。科研经费的“管”意味着在简政放权的同时，对科研经费进行精细科学管理，提高科研经费使用的规范性。这包括加强财务监管、审计监督等措施，确保科研经费使用符合相关规定和政策要求。然而，有些科研人员可能会将“管”误解为给科研活动设置“障碍”，认为管理部门不信任科研人员，限制其自主权。事实上，科研经费的管理是为了保障资源的公正分配和有效利用，促进科研工作的规范化和高效运行。科研人员应该理解并遵守科研经费管理的规定，确保资金的合理使用和科研活动的真实性、可靠性。科研经费的“服”是指提供更优质的服务，不断提高行政效能，在科研经费管理中也适用。这包括简化审批流程、提高办事效率、优化服务水平等方面的努力。然而，有时候这一概念可能被误解为只要科研人员提出要求，管理部门就必须全力以赴满足。实际上，“服”也需要在科研人员的需求与整体管理目标之间找到平衡点，确

① 参见王艳敏《深化高校科研经费管理“放、管、服”建议》，《中国乡镇企业会计》2023 年第 7 期。

② 参见吕丽娜、陈琳琳、侍文蕾等《新形势下高校科研经费管理模式探析》，《经济师》2023 年第 8 期。

保公共资源的合理配置和科研工作的顺利开展。①

七、科研资产管理问题

在科研经费支出中，购置固定资产是一项重要支出。但是许多高校在科研经费用于资产购置上存在着很大的问题，即大量资金被用于购置科研仪器设备，特别是通用设备“小而全”的现象相当常见。然而，这些设备在日常科研工作中的实际使用率却偏低，导致了多个负面影响。

在实际操作中，一些高校在规划和采购科研设备时，可能过于注重设备的全面性和新颖性，而忽视了设备的实际需求和使用频率。此外，许多科研项目在结题时未能充分使用经费，导致未用完的经费被用于突击报销或购买设备。这种行为容易导致经费使用不符合规定，甚至存在财务风险和违规问题。具体而言，科研项目在结题前往往会突击集中采购大量并非急需的科研设备和耗材，以迅速消耗剩余经费。这种行为不仅违反了科研经费使用的初衷，还可能引发更严重的财务问题。这种突击采购行为造成了科研资源的浪费和重复配置，许多仓促购置的设备和材料在项目完成后很可能被闲置或低效使用。这种状况不仅浪费了宝贵的科研经费，还造成了资源的低效利用和管理上的诸多问题，影响了科研工作的长远发展。

首先，重复购置设备造成了科研经费的浪费。科研经费原本可以集中用于购置高质量、高性能的大型设备，从而提高整体科研水平和效率。但在实际操作中，各研究团队独立购买设备，缺乏统筹规划，导致购置了许多低频率使用的小型设备。这些设备虽然各有功能，但在实际科研过程中未能得到充分利用，从而浪费了大量科研经费。此外，由于设备采购分散，很多资金被用于购置相同或类似的设备，这种重复配置进一步加剧了科研经费的浪费。

其次，设备利用率低下不仅浪费了资金，还占用了宝贵的实验室空间和设备维护资源。实验室的空间和资源是有限的，低效利用的设备占用了大量空

---

① 参见王艳敏《深化高校科研经费管理“放、管、服”建议》，《中国乡镇企业会计》2023 年第 7 期。

间，使得真正需要的设备和资源无法得到有效配置。这不仅影响了科研工作的顺利进行，也增加了设备维护和管理的难度。长期闲置的设备需要定期维护，增加了实验室的运营成本，而这些设备的实际使用价值却未能得到充分体现。

此外，由于各团队独立购买设备，缺乏统一的规划与协调，导致资源分配不均衡。一些设备在某些团队中闲置，而另一些团队则可能面临设备短缺的问题。这种不均衡的资源分配，不仅影响了科研工作的效率，还可能导致科研成果的产出受到限制。

当前财务制度管理程序不利于发挥高水平创新人才的积极性，现有的财务制度管理程序在很大程度上限制了高水平创新人才积极性的发挥。这些程序过于烦琐和僵化，缺乏灵活性，使得科研人员在申请经费、报销费用等方面面临诸多不必要的障碍。这不仅浪费了他们宝贵的时间和精力，还可能打击他们的创新热情和工作积极性。高校在科研经费管理上存在的这些问题，需要通过制度改革和管理创新来加以解决。对现有的财务制度进行改革，简化流程、提高效率，确保科研人员能够更加专注于他们的研究和创新工作。才能实现科研资源的最优配置，提升科研工作的整体水平，为科学研究提供更为坚实的保障。①

第六节　缺乏合理的奖励（激励）机制

近年来，高校十分重视对科研奖励制度的制定，将其与行政权力、学术场域和不同学科特性、不同组织部门的分工等问题相裹挟，制定出一系列的科研成果奖励的标准。这不仅从内在体制机制上关乎学人学术自治、自由、自律研究氛围的形成，而且对高校学术文化、学术道德、学术生态等学术治理体系及其治理能力现代化的构建也产生着十分深远的影响。因此，多数高校都积极制

① 参见陈莉、尚所林、李雄平《基于管理会计视角的高校科研经费管理改革研究》，《商业会计》2023 年第 17 期。

定完善的高层次科研奖励制度，建立公开、公平、公正的科研奖励机制，全面激发高校科研人员的科技创新活力。① 然而，从当前的科研奖励现象来看，科研奖励与学术研究之间似乎存在“貌合神离”的现象，“二律背反”已成为高校科研奖励机制与教师学术研究动机之间矛盾的标志。② 尽管我国高校奖励制度文本多样，但激励手段单一、效果短暂，不利于科研奖励机制功能的发挥。这种单向度的学术奖励是学术治理的常见规则，导致学术研究活动表面繁荣，但实际上却影响学术本质的规定性和自由价值逻辑性，制约着研究者的研究视野，加速了学术领域的封闭化，进而影响了高校学术特性的发挥。③

此外，高校激励措施通常仅限于研究人员本身，缺乏对研究管理工作者的独立激励机制。这种做法忽视了一个重要的事实，那就是科研的成功不仅依赖于科研人员的努力，还需要一个高效、专业的科研管理部门来提供支持和协调研究活动。这些科研管理工作者在项目规划、资金分配、进度监控和成果推广等方面发挥着至关重要的作用。他们不仅需要具备扎实的专业知识，还要有良好的组织协调能力，以及对科研流程的深刻理解。科研管理人员在科研活动中扮演着至关重要的角色，他们负责协调、规划和管理科研项目，确保科研活动的顺利进行。如果他们的工作得不到应有的认可和奖励，可能会导致工作满意度下降，进而影响到他们的工作积极性和效率。这不仅会影响科研工作的质量和效率，还可能导致科研管理队伍的不稳定，进而影响科研管理工作的连续性和专业性。

一、缺乏完善的科研人员激励机制

随着高校科研奖励的类型化、等级化现象日益凸显，把不同科研成果进行“明码标价”，论文、项目等不同类别的成果，给到一定奖励，在职称评定、项

---

① 参见郃双汭《我国高校高层次科研奖励制度的创新发展研究》，《科学管理研究》2017 年第 3 期。

② 参见邹太龙、张学敏《论我国科研评价体制中的“二律背反”：对屠呦呦获诺贝尔奖引发争议的再思考》，《高校教育管理》2017 年第 4 期。

③ 参见汤建民、邱均平《高校科研业绩量化评价中的常见陷阱及超越策略》，《科技进步与对策》2017 年第 15 期。

目考核、津贴发放、福利绩效等方面提供相应的优待。为了激励教师积极从事科研工作，高校一般会制定一系列科研奖励的具体实施细则。高校将论文、著作、研究报告等多种学术成果作为科研奖励的主要依据，借此发挥科研激励的功能。这些科研奖励制度成为激发高校教师进行学术研究的主要手段和工具。对于高质量的科研成果给予较高的奖励，对于质量低的科研成果给予较低的奖励或不奖励，如规定主持项目的级别、发表论文的等级、出版专著的数量等方面的要求，并为符合条件的科研成果设定相应的奖励金额。通过这样的奖励细则，高校希望科研人员能够更加积极主动地投入科研工作中来，来提高自身和学校的整体科研水平。① 但是，缺乏科学合理的奖励机制，这也导致了一系列的问题。

（一）激励机制的单一性

科研工作是一个复杂而系统的过程，有些科研工作项目周期长，且无任何规律可循。研究者需要具备较强的耐心和毅力，能够持续投入大量时间和精力，不断探索、实验和总结，才能在复杂而漫长的科研项目中取得突破性的成果。这种持久的努力和坚持对于解决复杂科学问题至关重要。多数学校现行的科研奖励的短期导向可能会导致科研活动的功利化倾向，迫使研究者过度关注发表论文和获批项目，而忽略了对学术问题的深入思考和解决。单一的奖励手段可能使得科研人员更多地关注短期的成果和回报，而忽视了长期的科研规划和深入的学术探索。这种现象在一定程度上会损害学术的原创性和深度，使得学术研究更加功利化和表面化，也容易造成学术评价的“唯奖励论”，即认为只有获得奖励的成果才有价值，而忽视了学术研究本身的内在动力和意义。这种观念会限制学术研究的多样性和创新性，使得学术界的思想和观点趋同化，难以形成真正的学术多元生态。

激励机制是通过经济杠杆的调节，创建合理的奖酬分配体制和公平环境，激励高校基层科研管理人员提高工作热情。但是，单一固定的奖励机制并不能起到较好的激励作用，因为，这种奖励带给科研管理人员的边际效用是递减

---

① 参见赵梦雷《批判与纠偏：高校科研成果奖励的规约性及影响》，《科技管理研究》2021 年第 8 期。

的，所以它所带来的激励效应会有一个饱和点，超过这个饱和点，奖励并不能继续带来较好的激励，反而会损害科研人员的工作热情。科研奖励导向可能导致研究者对学术研究的初衷和热情逐渐丧失，使得他们的工作变得缺乏激情和内在动力，最终影响到整个学术界的活力和创造力。随着科研人员不断凸显其奖励符号的魅力，本应宁静、自由、自治和自律的学术研究氛围逐渐受到了侵蚀。学术领域原本应当是一个以知识为核心，充满探索精神和学术热情的领域，但随着奖励符号的凸显，科研工作者不得不在追求这些奖励上花费更多的心思和精力，导致学术界的价值观念发生了深刻的变化。奖励符号的魅力使得学者们更加偏向于追求表面的荣誉和奖项，而不是专注于真正的学术研究。在这种情况下，一些学者可能会将自己的研究方向和兴趣调整到更容易获得奖励的领域，而非基于真正的学术兴趣和价值。这就造成了学术研究的方向和重点发生偏移，研究的深度和广度可能会受到影响，甚至出现了为了迎合奖励而牺牲学术原则的现象。

把学术研究的目的与为获得学术奖励而开展研究的意图相勾连，功利化地将学术评价与科研奖励符号等级化，使本来符号等级与学术之间没有任何逻辑关联，却硬将其浸淫到科研评价中来。如果高校学术的科研等级化奖励在科研评价活动中不能真正引导教师纯粹地开展学术研究的话，那么学术研究的迷惘、异化和非真实性等问题将会成为教师不证自明的学术实践行为，使其在科学研究的创新中迷失前进的方向。①

奖励手段单一、行为效果短期性，这种情况并不利于科研奖励机制的发挥。这种单向度的学术奖励往往是学术治理中常见的规则，带来了学术研究活动的表面繁荣，但却在实质上影响到学术本身的质量和自由的价值逻辑，同时也限制了研究者的视野，导致学术领域逐渐走向封闭化，进而影响了高校学术特性的充分发挥。

（二）存在着明显的“赢家独占”效应

科研奖励制度是激励科研人员投入科研工作、提升科技创新和发展水平的

① 参见赵梦雷《批判与纠偏：高校科研成果奖励的规约性及影响》，《科技管理研究》2021 年第 8 期。

重要举措。对于科研工作者而言，激励机制一方面可以更好地刺激科研工作者积极投身科研事业，保持对科研工作的热情；另一方面适当的职位晋升、职称评定、薪资待遇上的奖励，更能够带动科研工作者的工作积极性，为科研工作的开展扫清障碍。[①] 但是，这种奖励制度也存在着明显的“赢家独占”效应，即少数科研卓越者独揽奖励，而其他科研人员则难以获得奖励。

科研奖励确实在一定程度上激励了科研人员，受到奖励的人对从事科研工作会更有积极性。但是，科研卓越者独揽奖励的现象会导致其他科研人员感到公平缺失，影响他们的科研心态，并加剧科研单位内部的浮躁氛围。尤其是各种奖励往往集中在资深、有名望、高职位的科研人员身上，而年轻科研人员虽急需物质奖励，但往往很难获得。这种情况显然不利于更好地激励科研工作者全力从事科研工作。

1. 过度的奖励会削弱对被激励者的影响力

激励本身是为了激发科研人员投入科研工作并取得优秀成果，但是，一些科研人员在获得奖励之后可能会因为生活条件的改善、名誉和职务的提升等原因减少在科研方面的投入时间和动力，导致研究质量下降。另外，由于边际效用递减的影响，过度的奖励反而会削弱对被激励者的影响力，使得他们对奖励的认可度降低。

一些学校实施年薪制政策，旨在激励科研人员投入更多时间和精力于科研工作，以取得优秀成果。然而，由于政策的不完善，许多获得资助的科研人员反而减少了对科研的投入。在某些学校，年薪制政策下的奖励与科研成果的关联不够紧密，甚至缺乏对科研成果的明确要求。这导致科研人员缺乏明确的工作目标和动力，更倾向于满足基本的教学和科研任务而非攻克科研难题。另外，一些学校设定的科研人员奖励金额较低，未能有效激发他们的积极性。如果奖励缺乏足够吸引力，科研人员可能会觉得付出更多努力无法获得相应回报，因此选择放松或不再积极从事科研工作。此外，年薪制政策可能存在考核评价体系不公正的问题。一些学校在评价科研人员的年终绩效时，可能过于关

① 参见费婷虹、李晓霞、尹守春《浙江省科技新政下高校科研管理人员素质提升探讨》，《广州化工》2022 年第 4 期。

注项目数量和经费使用情况，而忽视了科研成果的质量和影响力。这使得科研人员更倾向于追求高产量而非高质量，从而形成浮躁氛围，不利于科研水平的提升。

2. 浮躁氛围影响科研心态

科研卓越者独揽奖励的现象会导致其他科研人员感到公平缺失，影响他们的科研心态，并加剧科研单位内部的浮躁氛围。一些奖励往往集中在资深、有名望、高职位的科研人员身上，而年轻科研人员虽急需物质奖励，但往往很难获得。这种情况显然不利于更好地激励科研工作者全力从事科研工作。例如，我国很多高校推出了各种学者称号，旨在鼓励和支持优秀科研人员开展创新性科研工作。但是，这些计划和奖励往往集中在少数科研卓越者身上，其他科研人员很难获得奖励，这加剧了其他科研人员尤其是年轻科研人员的焦虑感和不公平感，降低了他们对科研的热情和积极性。

（三）重物质奖励轻精神激励

目前，高校和科研机构主要采用物质奖励和精神奖励两种方式来激励科研人员。然而，对于奖励政策往往过度重视物质奖励，而对纯粹的精神奖励关注不够。尽管物质奖励作为基本的奖励形式有着不可替代的作用，但这并不意味着纯粹的精神奖励便不重要。精神奖励可以激发科研人员的荣誉感和内在动力，激励他们积极、持久地从事科研活动以便获得新的科研成果，这对于原创性科研成果的发现至关重要。特别是对于一些水平比较突出、获得物质奖励较多的科研人员而言，物质奖励的边际效用呈现不断递减趋势，而纯精神奖励的效用则会较高。①

1. 物质奖励难以产生长期、持久的激励效果

作为高级知识分子，科研人员往往更看重对其工作的认可和赞扬，这种影响通常比物质奖励更为深远。科研是一个需要长期投入和持续探索的过程，科研人员经常会面临挫折和困难。在这样的情况下，当科研人员受到他人的认可和赞扬时，他们会感到被鼓舞和激励，从而更有动力去克服困难，坚持下去。

---

① 参见曾宪奎《新发展格局下高校和科研机构人才激励问题研究》，《中国劳动关系学院学报》2022年第2期。

这种热情和动力的激发对于科研人员创新能力和科研成果的提升至关重要。他们会感受到自己的努力没有白费，这种肯定会增强他们对自己能力的自信，并激发他们在科研工作中追求更高的目标和更好的成果。

当科研人员感受到他们的工作受到重视和认可时，他们通常会更加投入科研工作中，追求卓越和创新，而不仅仅是为了获得一时的物质回报。他们多数具有深厚的学术素养和追求卓越的精神，因此学术上的认可和赞扬更能激发他们内在的动力和热情。精神嘉奖代表了对个体学术成就和创新能力的肯定，这种肯定对于高级知识分子来说具有极大的意义，不仅可以提升个人的学术声誉，还能增强个体的自尊心和归属感。因此，相较于物质奖励，精神嘉奖更能触动科研人员内心深处的追求和渴望，激发他们不断追求学术卓越和创新突破的动力。在科研领域中，精神嘉奖所代表的学术荣誉具有更为重要和持久的影响，能够促使高级知识分子积极投入科研工作中，推动学术领域不断发展和进步。

当前，高校普遍缺乏精神奖励，这使得科研人员可能感到失落和缺乏动力。他们会感受到自己的努力未得到应有的认可，这可能导致科研心态的消极化和动力的下降。缺乏精神奖励也可能使科研人员对追求学术卓越和创新突破的积极性减弱，对工作产生疲劳和厌倦的情绪，甚至加剧人才流失现象。

2. 物质奖励不利于培养科研人员的内在动力和责任感

首先，当前精神奖励的匮乏使得科研人员难以建立起对自身工作的内在动力。当他们的工作缺乏应有的认可和赞扬时，很难对自己的研究保持持续的热情和关注。这种情况可能导致他们对学术贡献的价值和意义产生怀疑，从而削弱其内在动力。科研工作本身充满挑战和困难，如果没有及时的精神激励，科研人员可能会感到疲倦和无力，难以持续投入并不断提升自己的学术水平。其次，由于缺乏精神奖励，科研人员也难以建立起对科研事业的使命感。在学术领域，科研人员的使命感体现在对真知的追求和对社会的贡献上。但是，如果他们的工作没有得到应有的认可和赞扬，他们可能会对自己的学术使命感到迷茫。缺乏这种内在的责任感会削弱他们推动学术前沿发展和解决社会问题的动力，使得他们在工作中难以保持勤奋和创新的精神。

因此，改善目前精神奖励的匮乏状况，对于激发科研人员的内在动力和使命感至关重要。只有在他们的努力得到充分认可和赞扬时，他们才能更好地克服困难、迎接挑战，不断为学术和社会做出更多的贡献。

（四）唯项目论

近年来，科研奖励体系成为高校竞争的一个重要焦点和战略抓手。随着全球科研环境的快速变化和科技创新的不断推进，许多高校为了提升学术声誉和地位，开始采取科研奖励制度来吸引和留住优秀科研人才。在这一趋势下，许多高校积极探索和实施各种奖励制度。特别是在科研基金方面，国家级科研基金项目的申请和获得不仅日益成为评判科研人员科研实力的重要指标，也是提升科研人员学术地位和促进职业发展的关键途径。这些项目涉及科研人员的职称评定、人员考核及学术评价等多方面利益。科研基金的成功立项不仅为科研人员带来丰厚的物质奖励，还为职称评定等核心竞争力的提升提供了坚实的基础。项目在科研奖励及评价中的权重越来越突出，这也带来了一系列问题。

校科研奖励的评价机制应激发教师从事科学研究的积极性，鼓励教师在科研、教学、人才培养、学科建设、学术交流等活动上进行积极创造，进而从中评选出“学术卡里斯玛”式的人物。① 由于科研奖励制度的偏颇，往往将焦点过度集中在项目的立项和资金规模上，造成了科研活动的某些盲区被放大。具体而言，高校和研究机构在科研奖励分配上，常常将重心放在项目立项的瞬间，造成有些研究活动还没着手，高校就迫不及待地给予了奖励。例如，以国家自然科学基金项目的立项为例，学校可能在项目刚刚获得批准的阶段，就迫不及待地给予项目主持者极高额度的奖励。这种奖励机制被形象地称为“学术卡里斯玛”式的奖励，旨在通过高额奖金来激励和表彰获奖者。然而，这种做法存在显著问题。②

从学术研究本质而言，科研基金资助就是一种对相关学术研究项目的资

---

① 参见韦伯《经济与社会：第二卷·下册》，阎克文译，上海人民出版社，2010，第 1265—1269 页。

② 参见赵梦雷《批判与纠偏：高校科研成果奖励的规约性及影响》，《科技管理研究》2021 年第 8 期。

助，只是表明该项研究具有可资助的价值，研究人员具有与之相应的能力，研究价值应该与资助项目的经费相吻合而已，并没有与之相匹配的学术等级奖励或荣誉等级授予；此项目做得好不好，成果能不能真正服务于人民、社会、国家，还未经过实践的检验，高校就已经为时过早地赋予其学术奖励的符号。①

由于科研项目立项的重要性和难度，获得立项的研究项目往往被认为具有较高的学术价值和潜力。在这种背景下，一些院校特别是地方院校在国家级项目立项获得者方面，倾向给予高额的奖励。科研基金资助仅仅是对研究项目的一种认可，并不代表项目已经取得了学术成果。研究项目的优劣、成果的实际效用需要经过实践检验和时间的考验。因此，在高校过早地给予研究项目学术奖励可能存在问题，其主要表现在以下几个方面。

第一，科研基金资助仅仅是项目开始阶段的支持，项目的实际成果和影响力需要通过后续的研究实践和应用来验证。有些项目虽然在立项阶段获得了高额资助，但在实际研究过程中可能面临各种困难和挑战。有的甚至无法达到结项要求，如果该项目无法取得预期成果，那么过早地给予其学术奖励就显得有些盲目。

第二，高校过早地赋予研究项目学术奖励的符号可能会导致研究人员过分追求项目申报，而忽视了研究本身的深度。这导致科研人员重立项、轻结项，极大地浪费了资源。为了获取科研奖励，一些研究人员可能会频繁地进行项目立项，而忽略了对已有项目的深入研究和成果输出。这种行为导致科研资源的浪费，也让真正有潜力的研究项目难以获得足够的支持和关注。

第三，容易导致科研资源的集中化和分配不均，一些研究方向和学科领域可能会被忽视，影响科学研究的全面发展。科研奖励过度依赖科研项目，尤其是国家级基金项目，已经成为当前科研领域的一大挑战。在这种制度下，资源和奖励往往集中流向国家级基金项目，导致其他研究方向和学科领域可能被忽视。科研资源的高度集中，使得一些潜在的、可能带来突破性进展的领域难以获得应有的支持。这种集中化的现象不仅影响了科技创新的全面发展，还限制

① 参见赵梦雷《批判与纠偏：高校科研成果奖励的规约性及影响》，《科技管理研究》2021 年第 8 期。

了科研活动的多样性和长远性。

科研奖励唯项目论的倾向，使得科研人员和机构更加关注短期内能够获得国家级立项支持的研究领域。这种趋势不仅可能导致基础研究和探索性研究的忽视，也影响了解决长期性和复杂性科学问题的能力，从而影响了科研领域的健康发展。

随着高校科研奖励的类型化、等级化现象日益凸显，把不同科研成果进行“明码标价”，论文、项目等不同类别的成果，给到一定奖励，在职称评定、项目考核、津贴发放、福利绩效等方面提供相应的厚待。① 为了获得高级别奖励符号所赋予的利益，前有被迫写论文、立项目、出著作、评职称、争奖项、拿基金等科研活动环节，后有积极主动找关系、跑项目、寻中介、贿赂评审、填表验收等应对要素。这样异化的学术动机成为高校科研人员人生的“终极使命”，迷惘了其应有的纯粹的学术追求。② 随着科研人员不断注重凸显其奖励符号的魅力，学术领域的宁静、自由、自治、自律的研究氛围逐渐被奖励桎梏，使得科研在学人趋之若鹜地追求科研奖励中成为奖励的附庸品。

如我国学者陈先哲认为，学术奖励的盛行，会诱使高校教师利益分化，在学术生产中产生功利化的行为：

首先，学术奖励的竞争激烈性可能会导致教师将更多精力和时间投入与奖励相关的活动上，从而难以在教学和育人方面投入足够的时间与精力。这使得他们更加关注论文、项目等与个人利益紧密相关的竞争，而忽视了人才培养。这样的现象直接损害了学生的切身利益，因为高校教师的主要职责之一是提供优质的教学并关心学生的成长，这对学生的学习成果和未来发展有着深远的影响。③ 教师在日常工作中需要进行大量的备课、授课、答疑等一系列教学活动，以帮助学生全面理解和掌握知识。除此之外，教师还需花费相当的时间与

---

① 参见赵梦雷《批判与纠偏：高校科研成果奖励的规约性及影响》，《科技管理研究》2021 年第 8 期。

② 参见赵梦雷《批判与纠偏：高校科研成果奖励的规约性及影响》，《科技管理研究》2021 年第 8 期。

③ 参见陈先哲《评估、排名激励异化，学术不是锦标赛》，http：//www.jsgjxh.cn/newsview/25821.html. 访问日期：2020-06-20。

学生进行沟通交流，提供个性化的学术指导，确保每位学生都能够在学习上得到有效支持和帮助。然而，如果教师过于专注于与奖励相关的科研活动，例如，追求发表论文或争取科研项目，他们可能会面临资源和时间分配上的挑战，会感到时间上的紧张和压力。这可能导致他们无法充分投入教学工作中，无法为学生提供足够的关注和支持，从而影响教学质量和学生的学习效果。

其次，不少教师是为了获得制度利益而被迫进行学术研究，他们会依据奖励制度的变化选择符合奖励条件的“短、小、平、快”的研究领域来投机取巧，无法形成学术研究的内在驱动力，当然很难感到学术研究创新能给自己带来多大的人生价值。① 教师可能会对学术研究失去兴趣，仅仅是出于利益考虑而从事。这种功利化的行为不利于学术研究的长远发展，也无法为教师自身带来深远的人生价值，对整个学术界的健康发展也产生了负面影响。

对于一些教师来说，学术研究可能成了一种“逐利”的手段，而非根据自己的学术兴趣和专长进行深入研究。教师可能会选择一些“短、小、平、快”的研究课题，以迅速获得符合奖励要求的研究成果，从而获取奖励。同时，这种功利化的学术研究行为很难形成学术研究的内在驱动力。

真正有价值的学术研究需要教师具备对学科领域的深刻理解和持续的探索精神。如果教师在学术研究中缺乏内在的追求和动力，就很难取得突破性的研究成果，更谈不上对学科领域的深度贡献。此外，优秀的学术研究不仅仅是为了获取奖励和荣誉，更重要的是通过对学术问题的深入探讨和解决，为人类知识的进步和社会发展做出贡献。因此，如果科研人员只是为了追求眼前的利益，他们就难以真正体会到学术研究所带来的满足感和成就感，也将错失学术研究所能带来深远的人生意义和价值。这种功利化的行为不仅无法激发教师的学术研究激情，也难以产生真正有价值的学术成果，严重影响了学术研究的深度和广度。

最后，容易催生学术造假行为。不合理的科研奖励机制也可能使得学者们过度关注表面的荣誉和奖项，而忽视了学者本身对学术研究的责任。在追求奖

① 参见陈先哲《评估、排名激励异化，学术不是锦标赛》，http：//www.jsgjxh.cn/newsview/25821.html. 访问日期：2020-06-20。

励的过程中，一些学者可能出现对学术道德和原则的忽视和偏离，甚至出现剽窃、造假等不端行为，以获取更多的奖励和认可。这种现象在学术界并不罕见，不仅损害了学术界的声誉，还可能导致学术研究的信任危机，影响整个学术领域的健康发展。一旦学术界存在剽窃、造假等不端行为，学术研究的结果就难以得到他人的信任和认可，学术界的声誉和权威性也会受到严重损害。这不仅会影响学者个人的职业发展和声誉，也会阻碍学术研究的持续进步和发展。

学术成果的真假常常纠缠于学术水平的真实性与虚假性当中。科研奖励作为科研成果评价的一种机制，可能会嵌入虚假的学术问题，使得真假辨别变得复杂。通常情况下，高等级期刊论文、高级别科研项目、权威出版社出版的著作等被视为符号化的权威证据，获得科研奖励，足能说明学者的真实水准。然而，剽窃、抄袭、篡改、伪造等违反学术道德的行为，以及成果质量问题，这些非真实的学术问题仍然存在。事实上，有些获得国家级奖项、发表在高级别期刊上或由权威出版社出版的著作，在获奖后被曝光存在剽窃他人成果等问题。例如，西安交通大学李连生教授因学术造假被撤销国家科技进步奖二等奖的称号，这一事件在全国引起了轰动。这些案例显示出科研奖励机制中存在严重的漏洞和问题。

奖励机制可能过于依赖形式化的指标和符号，而忽视了对学术成果真实性和质量的深入评估。这种现象在学术界并不罕见。形式化的指标如 SCI、SSCI 等高影响因子期刊发表文章、国家级科研项目获批等，往往成为评价学者学术水平和赢得奖励的主要依据。然而，这些指标并不能全面反映学者的真实学术能力和研究水平，容易造成一些问题，导致学术不端行为的产生。一些学者为了达到形式化指标，可能采取剽窃、抄袭、篡改数据等不端手段，以获取奖励和认可。这种违反学术道德的行为不仅损害了学术界的诚信和声誉，也扭曲了学术研究的价值导向，影响学术发展的健康和可持续性。

二、缺乏针对科研管理人员的激励机制

高校科研管理队伍包括学校科研管理部门人员及各基层单位从事科研管理

工作人员，这二者的结合构成服务于高校科研发展工作的主要力量。科研管理有别于其他类型的管理，它存在着众多变量关系，是一种动态管理，兼具策划、协调和服务等众多功能的动态管理活动。科研管理人员在高校科研中发挥了重要作用，他们的职责远超行政管理范畴，涉及资源协调、团队管理和推动项目进展等多个方面。此外，他们还需要具备科研项目管理的专业知识和技能，对科研项目的策划、组织、执行和评估等方面有深入的理解和经验。高校科研工作能否实现创新，科研管理工作能否不断上水平、上台阶，与科研管理队伍水平的高低，能否建立有效的科研激励机制，能否调动广大高校科研管理队伍的工作积极性密不可分的。①

然而，目前高校的科研激励机制存在一个明显的缺失，即主要集中在科研人员身上，而对科研管理人员的考核往往参照一般行政管理人员的执行标准，这导致了科研管理人员的贡献度不能得到充分的体现。普遍缺乏有效的激励机制，其工作积极性与动力可能遭受负面影响，从而影响整体科研氛围和科研成果的转化效率。

1. 缺乏职业发展的清晰路径

大多数高校的科研管理岗位的薪酬水平偏低，尤其是一些地方高校，科研管理人员的薪资待遇往往处于较低的水平。而且，由于大多数高校的科研管理岗位结构相对僵化，科研管理岗位的晋升空间有限，许多管理人员的职业发展前景显得模糊不清，科研管理人员在长期的工作中难以看到职业成长的希望。例如，部分高校科研管理人员尽管在岗位上服务多年，但由于岗位结构的限制，他们难以实现职位晋升和职级的提升。这种状况导致科研管理人员的工作积极性下降，也使得优秀的管理人才难以得到有效的激励和留任。这种局面对科研项目的长期管理和发展构成了隐性障碍，科研管理人员往往将更多精力转向职称评审等其他领域，从而忽视了科研管理工作的核心价值。

2. 激励措施单一，缺乏多元化评价标准

在高校科研管理中，普遍采用传统的“年终考核”机制来评估科研管理人

---

① 参见陈春英《高校基层科研管理队伍激励机制研究——基于需要层次论视角》，《华中人文论丛》2012 年第 2 期。

员的工作绩效。该机制的评价标准较为单一，主要侧重于工作量和任务完成度，却往往忽略了创新性、团队协作能力和长期的学术影响力等关键因素。这种评价方式容易导致科研管理人员将精力集中在确保任务完成和应付日常工作上，而忽视了对创新性思维、管理方法的改进和团队协作能力的提升。科研管理的核心价值不仅体现在执行层面，更在于如何通过改进管理方式、提高效率、优化资源配置等手段，推动科研工作的发展。例如，科研管理人员可以在项目的实施过程中通过分析数据、总结经验、反馈问题来调整管理策略，减少资源浪费，缩短项目周期，提高团队的工作效率。在传统考核机制中，这些“幕后”的创新和调整往往得不到应有的重视，管理者的工作更多被看作“完成任务”的表现，而非对科研工作的实际推动。传统的考核机制往往过于关注“硬性指标”，如，任务完成情况、预算执行率、项目进度等，而对于“软性能力”如沟通协调能力、团队领导力、跨学科协作等则关注不足。这些软性能力，正是决定科研项目能否顺利推进、科研团队是否能高效协作的重要因素。科研管理人员如果缺乏这些能力，往往会影响项目的顺利推进，甚至会导致团队成员之间沟通障碍或资源分配不合理，最终影响科研成果的质量和数量。

3. 科研管理人员的成就感不足

科研项目的成功与否，不仅仅依赖于科研人员的学术水平和研究成果，科研管理人员在项目的规划、执行、监督过程中亦发挥着不可或缺的作用。科研管理工作具有独特的性质，其工作量大、责任重且具有高度的复杂性。以科研项目为例，科研管理者的职责通常涵盖从项目立项、资金预算到进度跟踪、成果汇报等各个环节，贯穿整个科研项目的生命周期。尽管这些工作对于项目的顺利实施至关重要，但科研管理人员的努力往往难以单独量化或彰显，很多时候他们的贡献会被忽视或未得到充分认可。科研管理工作者的成果通常不直接体现为具体的科研成果，而是体现在项目整体的顺利推进、团队之间的高效协作、跨部门的有效沟通等方面。与科研人员通过发表论文、申请项目等方式能够获得直接的学术认可不同，科研管理人员的价值通常表现为“隐性的贡献”。例如，在一个大型科研项目中，科研管理者负责协调多方资源、保证项目按时完成、处理突发问题，这些工作对于项目的成功至关重要，但很少能够直接与荣誉挂钩。因此，科研管理人员的工作成果难以体现个人化，往往是团队共同努力的结果，他们所获得的荣誉通常以集体形式呈现。这种“无名英雄”的角色常常让科研管理者感到自己的价值未得到应有的认可，可能让科研管理人员产生失望情绪，认为自己在项目中的努力和成就无法得到足够的认可，进而影响他们的工作积极性和创新动力。

第四章　新时代高校科研管理工作高质量发展的优化路径

第一节　建立健全合理的评价体系

科研评价是科技活动的重要一部分，担任着科学研究“指挥棒”的角色，对于促进科研事业的蓬勃发展发挥着重要作用。① 高校科研活动是一项非常复杂、充满未知、主要基于专业兴趣驱动的学术研究工作，高校科研评价体系的目的是促进科研工作的发展和提高科研能力，科研评价机制改革应逐步建立起更加符合学术研究秩序的、更具弹性的、充满活力的、更能激发科研人员创造潜能的学术文化和研究氛围。② 高校科研评价体系应该包括全面、客观和科学的评价指标，涵盖科研项目的数量、质量和影响力，科研成果的创新性和实用性等各个方面。评价指标的选择应当兼顾不同学科领域的特点和需求，避免“一刀切”的情况发生，根据不同的目标和需求设置不同的层次。

“职称科研”“绩效科研”，说到底都是“功利科研”，在科研管理的功利性考核与评价机制下，难有静心求积累，难有“十年磨一剑”，更难有世界影响

① 参见新华社《用好“指挥棒”，破除“唯论文”和“SCI 至上”——科技部部长王志刚谈〈关于完善科技成果评价机制的指导意见〉看点》，http：//www. xinhuanet. com/2021-08/03/c _ 1127726473. htm. 访问日期：2023-04-25。

② 参见高耀《完善高校科研评价机制释放创新活力》，《中国教育报》2022 年 12 月 22 日第 2 版。

的重大理论创新成果。功利性不除，科研难兴，创新驱动战略亦将搁浅。要消弭功利性，就必须回归大学治理的学术本原，坚守学术理念。学术性，是高校的特有属性，赖于此才得以构建学术型校园文化，激发科研人才按照科研活动规律自由探索，潜心研究，勇攀学术高峰，才得以使高校成为社会的引领者，成为推动经济社会发展进步的引擎。主观上的抽离或客观上的湮没，都将使高校失去独立于社会的引领价值，沦为社会的附庸。高校科研管理，原应坚守学术理念的最前沿，却成了最先丢失阵地的部分，导致评价激励机制沾染上了功利主义的霉菌，在一定程度上变异为负诱导触发器。必须从学术逻辑出发，回归学术秩序，重构评价激励机制，尽快完成正负激励功能的转换。①

为了解决这些问题，我们需要建立一个更加完善的科技评价体系。首先，我们应该建立一套更加全面的科研评价指标体系，既要考虑短期效应，也要充分考虑长期效应。其次，我们应该延长科技评价的周期，以确保那些需要较长时间才能看到效果的研究项目能够得到充分的评价。此外，我们还需要建立一套公正、客观、透明的评价机制，以确保科研评价的公正性和可信度，同时避免评价机制对科研人员产生误导和影响。

高校科研活动的复杂性和充满未知性使得科研评价体系的建立具有重要意义。科研评价的目的是促进科研工作的发展和提高科研能力，而科研评价机制的改革需要逐步建立起更加符合学术研究秩序的、更具弹性的、充满活力的、更能激发科研人员创造潜能的学术文化和研究氛围。

一、科研评价体系应当与学术研究的特点及规律相契合

科研活动是一项基于专业兴趣的探索性工作，不同领域的科研工作具有各自的特点和发展模式。因此，评价体系应该根据不同领域的特点设定相应的指标和标准，避免过度统一和简单化评价，以充分发掘各个学科的优势和特色。“使用单一指标无法衡量科研和学术价值的多元性，分类评价、同行评价、代表作制度是体现定量与定性相结合的三种评价原则，要根据不同学科、不同领

① 参见毛颖《高校科研管理理念与机制问题研究》，《盐城师范学院学报（人文社会科学版）》2023年第5期。

域进行分类科研评价，结合代表作制度，区分论文在基础研究、应用研究、技术开发等不同领域的评价使用标准，同时还要强调解决基础研究重大问题、国家重大需求和产业重大应用问题，并根据可及性、体现区分度的原则分别在职称晋升等长期评价和绩效核算等短期评价中应用。现有的同行专家评价，也应根据可跟踪、可追责的原则进行完善细化。

1. 以分类评价取代“一把尺子”评价

分类评价是一种以学科为基础的评价方式，它旨在更加全面、客观地评价高校的科研水平和学术贡献。相对于传统的综合评价方式，分类评价更加注重对不同学科领域的差异性和特殊性的考虑，有助于进一步激发各个学科领域的创新活力和竞争力。

对不同性质的科研人员、科研项目或科研成果，实行同一把尺子、同一标准的考核，本身就是极不科学的，是粗放式、“懒政式”科研管理的产物。科学的考核必然指向分类考核。早在 2014 年，教育部发布的《高等学校科技分类评价指标体系及评价要点》就提出，要“对科研人员、科研项目、科研创新团队及平台等进行分类评价”①。近十年来，国家出台的科学管理文件更是不断强调这一点。②

在实施分类评价时，我们可以从多个维度出发，确保评价的全面性和科学性。

首先，针对不同的岗位和学科差异，制定相应的评价标准。分类考核首先要区分不同岗位、不同学科的教师，科学制定各有侧重的科研任务承担规则，分别设计出考核标准及其实施机制。例如，针对教学主导型科研人员，评价重点在于其教学研究任务的承担和完成情况，包括论文、教材、调研报告、教改课题或方案等成果。对于以科研为主的科研人员，重点评价其科研能力和水平，包括科研成果，如发表论文、参与科研项目、专利申请等。对于社会服务型科研人员，则侧重考核其服务内容与形式、广度与深度、社会效益或经济效

① 参见王海燕、张昕妍《我国科技评价体系改革的困境与对策》，《中国软科学》2018 年第 4 期。

② 参见毛颖《高校科研管理理念与机制问题研究》，《盐城师范学院学报（人文社会科学版）》2023 年第 5 期。

益等方面。这样的分类评价机制有助于激发各类人才在科研领域发挥所长，共同汇聚成为科研创新的强大动能。① 为了保证对不同学科的特殊贡献给予应有认可，科研管理体制需要考虑采用针对性的评价标准，以充分体现各个学科的特点和发展需求。只有这样，才能促进学科间的均衡发展，推动科学研究的多样化和协同创新。

其次，要区分不同科研项目类型，实施不同标准的考核。基础性研究与应用性研究各有其规律和特点，研究方式和成果形式各异。一般情况下，前者以“慢研究”“深研究”和“冷研究”为主，产出相对不确定。前者通常具有长周期和见效缓慢的特点，而应用性研究旨在实现某一特定领域的技术突破，或解决生产和管理实践中的实际问题，有明确的结果导向，需要与时间赛跑。往往迅速产生结果。基础性研究的创新成果主要体现在方法和理论上，其社会效益和经济效益往往需要一定时间才能显现，而应用性研究的创新成果则可以直接转化为经济效益。因此，我们不应以基础性研究的标准来衡量应用性研究的创新深度，也不应要求基础性研究每年都产生成果。相反，应该根据它们各自的特点和规律进行评估和考核，创造出一个充满自由竞争的科研环境。②

最后，评价科研工作时，必须充分尊重不同科研领域的规律和特点，拓宽观察维度，针对不同学科设置差异化的评价指标。例如，对于基础理论研究，可以更加注重论文的引用率、学术影响力等；而对于应用技术研究，则更应关注其实际应用效果、技术转化能力等。除了关注高水平论文外，还应该关注其他形式的成果，如发明专利、工程方案、行业标准、规范、专著、教材、工具书、提案、专报、政策文本、媒体文章、创意设计等。这些成果形式在不同领域具有重要意义，对于促进学术研究、推动技术创新和解决实际问题都起着不可或缺的作用。因此，在科研评价过程中应当综合考量这些不同形式的成果，以全面、客观的方式评价科研人员的工作表现。③ 评价体系应该考虑到学科差

---

① 参见毛颖《高校科研管理理念与机制问题研究》，《盐城师范学院学报（人文社会科学版）》2023年第5期。

② 参见毛颖《高校科研管理理念与机制问题研究》，《盐城师范学院学报（人文社会科学版）》2023年第5期。

③

异，为不同领域的科研人员提供公平公正的评价标准。例如，在理工科领域，可以考虑引入专利申请和技术转化情况作为评价指标；在社会科学领域，则需要更多关注学术影响力和社会影响等因素。此外，科研评价应该充分考虑多个因素，如论文质量、学术影响力、科研项目的实际成果、专利申请、科研团队的合作与交流等。只有综合考量这些因素，才能更准确、全面地评价科研的质量和价值。这样才能更好地激励科研人员在各自领域做出创新性成果，推动科技进步和社会发展。

建立和完善以分类评价改革为导向的科研评价机制是一个新的努力方向。分类评价是一种以学科为基础的评价方式，它旨在更加全面、客观地评价高校的科研水平和学术贡献。相对于传统的综合评价方式，分类评价更加注重对不同学科领域的差异性和特殊性的考虑，有助于进一步激发各个学科领域的创新活力和提高竞争力。分类评价意味着高校应打破科研评价中的科层制管理体系，将学术评价的权力回归学术共同体。[①] 分类评价方式不仅可以更精准地反映每个学科领域的特点和发展水平，也可以促进学科之间的交流与合作，提高整体学术水平。分类评价的实施需要采用科学、客观、公正的方式，同时也需要注意评价结果的透明度和公开性。高校科研管理部门需要充分考虑学科领域的差异性和特殊性，制定相应的评价指标和方法，并不断完善和优化评价体系，以促进各个学科领域的健康发展。

2. 引入同行评议机制

在期刊论文发表领域，同行评议是目前国际上使用最广泛的科技论文评审方法，[②] 作为历史最悠久的科技论文评价方法，经久不衰，是期刊和会议遴选论文的主要方式。[③] 不仅是科技论文，社科学术期刊也同样大多采用同行评议制度来保证文章的质量与可信度。对于投稿的论文，编辑部一般会邀请二至三位该领域的专家进行同行评审，评审人员将对该篇文章进行全面、客观的评

① 参见高耀《完善高校科研评价机制释放创新活力》，《中国教育报》2022 年 12 月 22 日第 2 版。

② 参见程结晶、李秀霞《学术期刊影响力评价指标及改进方案》，《情报理论与实践》2020 年第 6 期。

③ 参见刘春丽、臧东宇、张连生《开放同行评议期刊论文的引文与社会关注度优势研究》，《图书情报工作》2021 年第 1 期。

价，并提出修改意见或建议。在评审完成后，编辑部会综合各位评审人员的意见和建议，决定是否接受该篇文章发表。同行评议被学界公认为是确保公正、合理、有效地评价科技论文的重要制度。①

同行评议作为学术界一个至关重要的环节，同样适用于高校科研评价。相比于客观性指标，同行评议对科研成果的内容质量评价更为直接和全面，是保证科研成果质量和学术诚信的关键环节。该评价方式通过同领域专家、学者对研究成果的系统性、全面性、客观性进行评价，提高了研究成果的可信度和学术水平，进而促进科研工作的发展。

华北电力大学科学技术研究院院长杜小泽认为，现代科学的专业性越来越强，专业方向的细分日益明显。对绝大多数研究人员而言，他们的工作和成果很可能仅对本专业领域有意义。因此，实行同行评议是建立科学客观评价机制的前提和基础。

同行评议的实施需要建立相应的评审体系和规范流程。

首先，建立回避、匿名制度。为了确保评审的公正性和客观性，可以建立回避和匿名制度。专家回避制度能够避免人情、权威因素的干扰，确保评价起点的公平；匿名评审制度则保证了评审流程的公正性。在选择评审人员时，应该考虑其具备的学术经验、知识和判断力，并能够进行全面、客观、准确的评价。评审人员应该遵守学术诚信原则，不因个人情感或偏见而影响评审结果。同时，评审人员应该坚持独立思考，不受他人干扰，以确保评审结果的公正性和客观性。此外，评审人员应该遵守保密原则，不泄露评审内容和结果，以保护申请人的隐私权和知识产权。同时，评审人员也应该接受监督和检查，确保评审过程的公正性和透明度。

其次，评审过程应该规范化、公正、透明。为避免出现过度或不足评价的情况，以确保评审结果的准确性和可信度。评审过程的规范化、公正性和透明度是确保评审质量和公信力的关键因素。为了达到这一目标，评审流程应当遵循一套明确的标准和程序，确保每一环节都有明确的指导原则和操作指南。同

① 参见彭芳、金建华、董燕萍《同行评议造假原因分析及防范措施》，《编辑学报》2018 年第 3 期。

时，评审过程中的决策应当基于客观事实和数据，避免任何形式的偏见和不公，确保所有参与者都能在平等的基础上接受评价。评审的各个环节，包括评审标准的制定、评审人员的选择、评审结果的公布等，都应当向公众开放，接受社会监督。通过公开透明的评审流程，可以增强评审的公信力，确保评审结果的公正性和权威性。杜小泽认为，落实同行评议，应大力营造健康向上的科学文化，在科学共同体中杜绝人情社会、关系社会的不良风气的侵蚀，将通行的双盲评议与公开评审有机结合，建立研究者的个人信用制度。

最后，建立申诉保障制度。为被评审人提供了一个机会，让他们对不合理的评审结果进行申诉。被评审人可以通过书面形式或其他适当方式向相关机构提出申诉，说明对评审结果的异议和理由。科研管理机构应该设立专门的申诉处理机构，负责受理和处理申诉事项。同时，在申诉处理过程中，应该确保申诉人的权益和隐私不受侵犯。申诉与反馈制度应该是一个开放、公开、透明的机制，可以对不合理评审结果及时纠偏，并保证整个过程公开透明。建立申诉保障制度和反馈制度可以确保评审过程的公开透明和公正性。申诉制度为被评审人提供了一个申诉的渠道，让他们能够对不合理的评审结果进行申诉，并得到及时的纠正和处理。同时，反馈制度可以促进评审机构改进评审制度和流程，提高评审的质量和公正性。

同行评议的主要作用之一是减少科研成果造假和学术不端行为的发生。在同行评议的过程中，专家学者们会仔细审查研究成果的论证过程、实验数据和分析方法等方面，发现问题并提出批评和建议。这就可以有效减少科研成果造假和学术不端行为的发生，提高学术诚信度。另一个作用是提高科研成果的可信度和学术水平。同行评议的专家学者都是来自同一领域的权威人士，他们具有坚实的理论基础和丰富的实践经验，能够全面评估研究成果的质量和可靠性。如果研究成果通过了同行评议，那么就意味着其质量和可信度得到了认可，这对于研究成果的发表和推广有着至关重要的作用。

综上所述，同行评议作为科研管理的评价手段之一，在科研管理中的作用十分重要。一方面，它可以帮助筛选出高质量的研究成果，提高科研成果的可信度和学术水平；另一方面，它也可以促进学术交流和合作，增强学者之间的互动和合作意识，对推动科研事业的发展具有积极作用。

3. 推行代表作制度

一套良性的评价机制，其设计初衷应是阶段性总结经验教训，及时发现不足及薄弱环节，并有针对性地采取改进措施，引导科研人才进一步凝练科研方向，焕发科研精神，激发创新动能。显然，这一初衷仅凭单纯的量化考核是无法实现的，必须加上质量考核，且以质量考核为主。不少人提出“代表作考核制”。① 这种考核制度的核心思想是通过评估个人在其职业生涯中所完成的具有代表性的科研成果来衡量其专业能力和成就。代表作考核制能够更加公正地评价一个人的贡献和能力，因为它关注的是科研的质量和影响力，而不是数量。这种制度鼓励创新和卓越，因为它要求个人专注于创作出真正有价值和意义的科研。此外，它还有助于减少学术不端行为，例如，抄袭和论文工厂现象，因为个人的声誉和职业发展将直接与他们的代表作质量挂钩。

从 2006 年开始，党和国家有关管理部门逐渐强调建立以质量为导向的科研评价标准，推行标志性成果和代表作评价制度。② 在评价形势变化与评价制度改革的双重推动下，众多高校和科研管理机构不断探索、实施科研代表作评价制度。与以传统量化评价为主要方式的评价制度相比，科研代表作评价制度充分体现了回归质量的理念，可以有效推动“重量不重质”“SCI 至上”“五唯”等问题的解决，并在政策与实践的良性互动中建章立制。③

科研代表作评价制度的出现体现了回归质量的理念。传统的评价制度往往过分强调数量指标，容易造成科研人员追求发表学术论文数量、项目获批数量而忽视科学研究的质量。科研代表作评价制度则将重点放在科研成果的质量和影响力上，推动科研人员关注研究的深度和创新性，引导他们在研究中追求卓越质量。通过引入相关评估指标，如学术影响力、学术声誉、成果应用价值

---

① 参见王涛《高校人文社会科学科研管理创新的路径选择》，《中共济南市委党校学报》2020 年第 2 期。

② 参见教育部《关于大力提高高等学校哲学社会科学研究质量的意见》，《中华人民共和国教育部公报》2007 年第 3 期。

③ 参见董克、鲍远瑾、吴佳纯等《我国科研代表作评价制度的发展历程与场景研究》，《情报理论与实践》2023 年第 2 期。

等，能够更全面地评估科研人员的学术贡献和影响力，减少对单一指标的片面追求。

代表作评价制度作为一种可以付诸实践的、全新的、回归质量本质的评价应用，逐步扩展到科研管理的众多评价场景中。对“代表作”这种显性科研成果的考核，重在考核成果的创新度、社会贡献度及学界影响度。①

切实改变唯论文、唯项目等评价现状，将评价重点转移到科学探索的创新性上。在量化研究体系内，要真正彻底改变以论文和项目作为评价基准的难度较高，而且转变需要较长时间。可以首先将数量的重要性降下来，例如，同一级别期刊每年最多只有两篇文章纳入考核之中，这样便能够有效降低科研人员对论文数量的渴求度，并在一定程度上降低科研氛围的浮躁程度。同时，要逐步将论文质量作为考核的主要标准，鼓励科研人员从事高水平研究，而非进行低水平重复，或者为了多发文章而频繁更换研究内容的游击式科研方式。

首先，成果创新度是评价科研代表作的核心指标之一。为了确保评价的客观性和公正性，可以采取匿名制或盲审制。这种制度可以有效减少评审者对作者身份的偏见，使评价过程更加专注于成果的创新性和质量。通过匿名制或盲审制，评审专家可以更加客观地评估成果的独创性、前沿性和突破性，鼓励科研人员开展高水平创新研究。

其次，学界影响力是评价科研代表作的另一个重要指标。在传统的量化评价中，引用率是衡量影响力的重要指标之一。引用率可以反映出研究成果在学术界的认可和应用程度。然而，为了避免人为操纵引用数据，排除自引和小圈子间的互相引用是必要的。同时，还可以采用其他评价指标，如国际合作情况、研究成果的政策影响力、实际应用和技术转化等来综合评估学界影响度。

最后，除了创新度和影响度，社会贡献度也是评价科研代表作的关键要素之一。科研成果应该能够为社会带来实际应用或解决重大问题。可以通过评估科研成果在产业升级、社会发展、环境保护等方面的贡献来进行评价。这包括将研究成果转化为实际产品、技术或政策，促进经济增长、社会进步和环境可

① 参见毛颖《高校科研管理理念与机制问题研究》，《盐城师范学院学报（人文社会科学版）》2023年第5期。

持续发展。

在实施科研代表作评价制度时，需要建立科学、公正、可行的评价体系，并保证评价过程的透明性和可验证性。同时，为了确保评价结果的准确性和公正性，可以引入多位评审专家进行评价，并根据不同领域的特点制定相应的评价标准和指标。

科研管理代表作评价制度在科研管理中具有重要作用，可以激励科研人员的积极性和创造性，提高科研成果的质量和学术水平，并为科研项目的资助和奖励提供依据。科研代表作评价制度能够体现创新质量与价值导向，更正单一量化评价的不良倾向。科研代表作评价制度体现了质量导向，对突破当前评价困境，引导科学研究的健康发展具有重要意义，逐渐成为国家科技创新体系的重要保障制度。

4. 引入定性评价机制

当前，高校和科研单位普遍采用量化评价机制，通过指标和权重对被评价者的表现进行量化评价。量化评价机制具有客观性强、避免主观偏见等优点，可以作为一种基准来激励科研人员。然而，随着量化评价机制的推行，也出现了一些问题，如重视数量而轻视质量、论文发表内卷化等。这些问题使得科研人员过度追求数量指标，而忽视了科研项目的真正质量和持久关注。

在这种情况下，定性评价机制的优势变得尤为突出。定性评价直接关注被评价者的水平、学术贡献和项目创新性，以及项目的进展情况等核心要素，避免了评价指标与评价目的之间的错位。定性评价机制可以更准确地评估科研人员的实际能力和项目的质量，引导科研人员关注科学研究的深度和广度。

因此，在条件允许的单位，可以考虑实施定性评价机制，并将其与量化评价机制相结合，以发挥两种评价机制的优点。定性评价机制能够纠正量化评价机制的偏差，并更全面地评估科研人员的综合素质和科研项目的质量。通过综合使用两种评价方式，可以更好地提高科研人员的专业能力和科研项目的质量，推动科学研究的持续发展。①

---

① 参见曾宪奎《新发展格局下高校和科研机构人才激励问题研究》，《中国劳动关系学院学报》2022年第2期。

定性评价机制的实施需要注意以下三个方面。

第一，在科研评价中，评价组织的成员是至关重要的因素之一。为确保评价的公正性和客观性，评价组织的成员应当具备学术水平高、熟悉被评价者所从事的研究领域以及公正、客观、中立等品质。首先，评价组织的成员应当具备较高的学术水平和专业素养。只有具备丰富的学术经验和深厚的学术造诣的专家才能对被评价者的学术水平、研究质量、创新思想等方面进行权威的评价。此外，评价组织的成员还需要熟悉被评价者所从事的研究领域，了解该领域的研究方向、前沿进展以及研究方法等，以便更准确、全面地评估被评价者的研究成果和贡献。其次，评价组织的成员必须遵循公正、客观、中立的原则。评价组织成员不能因个人好恶或者利益关联等问题影响评价的公正性。评价组织应当遵守相关规定和标准，确保评价过程的公正性和透明性。在评价过程中，评价组织成员应当严格遵守相关道德规范，不得利用评价权力谋取个人或团体的利益。

第二，定性评价机制必须遵循严格的程序。评价体系应当包括多种评价指标，如论文数量、质量、学术声誉、科研项目成果等方面的评价，并且这些评价指标应当是全面、客观、科学的。此外，评价过程应当具备透明、公开和可追溯的特点，被评价者应当知晓评价过程的每一个环节和结果。其中要特别强调评价过程中评价者和被评价者交流的充分性。定性评价的基础在于评价者要充分了解被评价者的想法，因此交流的质量十分重要。在评价结果出台之后，要及时反馈给被评价者，以便对被评价者形成激励。如果被评价者对评价结果不满意，还可以对此结果提出不同意见，二者可以就此问题进行进一步沟通，这样既可以避免因评价者没有充分了解被评价者的想法而产生的误解，又能让被评价者真正了解自身的水平并提高他们对评价结果的接受度。① 在评价体系的建设和实施中，应当充分考虑被评价者的实际情况和需求，尊重被评价者的权益，以便真正做到既能激励科研人员的积极性，又能为科研事业的发展提供有力支撑。

---

① 参见曾宪奎《新发展格局下高校和科研机构人才激励问题研究》，《中国劳动关系学院学报》2022 年第 2 期。

第三，在引入定性评价机制时，还应当注重实践探索和总结经验。不同的高校和科研机构可以根据自身的特点和需求，灵活地设计评价程序和指标体系。同时，评价过程应当具备透明、公开和可追溯的特点，以确保评价的公正性和客观性。在当前实际情况下，建议具备相应条件的单位首先试行定性评价与量化评价相结合的机制。定性评价机制对评价组织的构建、评价程序都有较高的要求，很多单位可能不具备实行这一机制的条件，例如，仅就评价专家委员会情况看，许多单位便缺乏符合条件的专家。同时，定性评价机制需要在现实中探索具体实施机制，因而在短期内无法完全替代量化评价机制。在这种情况下，学术实力雄厚、高水平专家云集的部分高校和科研机构，可以首先将定性评价机制引入现有量化评价体系中。这些高校和科研机构可以设立专门的评价委员会，由具备丰富学术经验和高水平的专家组成，负责对科研人员进行定性评价。评价委员会可以依据科研人员的学术成果、创新能力、学术声誉等方面，进行全面综合的评价，并结合定量指标进行权衡和比较，在实践中探索二者融合的合适途径。①

此外，在当前的情况下，定性评价也面临着一些实际的困境。定性评价机制在构建评价组织、确定评价程序等方面具有较高的要求，许多单位可能不具备实施这一机制的条件。例如，在评价专家委员会的情况下，很多单位可能缺乏符合条件的专家。然而，我们也应该认识到定性评价机制相对于量化评价机制具有许多优势。定性评价能够更全面地评价科研人员的学术水平、贡献和创新能力，既能够看到数量指标背后的实质，又能够捕捉到科研成果的独特性和影响力。因此，在短期内完全替代量化评价机制可能并不切实际，但我们可以通过在现有量化评价体系中引入定性评价机制来逐步改进。

综上所述，定性评价机制可以弥补量化评价机制的不足，量化评价机制容易被过分追求数字化和结果导向所限制，可能导致教师过度关注指标达成，而忽视了科研本质和自身的全面发展。定性评价机制的引入可以提醒教师关注科研的整体过程，使评价更加全面和真实。在当前的评价体系建设中，建议采取

---

① 参见曾宪奎《新发展格局下高校和科研机构人才激励问题研究》，《中国劳动关系学院学报》2022年第2期。

定性评价与量化评价相结合的机制。尽管定性评价机制存在一定的挑战和限制，但它能够更全面地评价科研人员的学术水平和贡献。通过在学术实力雄厚的高校和科研机构中先行尝试，可以积累经验并逐步推广应用。同时，我们也应当注重实践探索，灵活地设计评价程序和指标体系，以不断完善评价体系，促进科研人员的发展和科学事业的进步。

二、科研评价需要具有一定的弹性

科研工作的进展往往受到多种因素的影响，如项目的难度、周期、资金等，不同科研类别和科研人员的工作条件和资源可能存在差异。因此，评价机制应该允许灵活性，考虑到科研过程中的困难和挑战，给予科研人员一定的容错空间，同时也要充分考虑科研成果的质量和影响力。

1. 推行长期的评价机制

在现行的科研评价体系中，近三五年的研究成果被广泛认为是衡量科研人员研究水平的关键指标，这一时间节点在评价过程中占据了极其重要的地位。但是科研创新本质上是一个长期而复杂的过程，高水平的成果往往需要研究者投入大量的时间和精力。因此，如果评价体系能够更多关注研究者在较长周期内的代表性成果，可以更准确地反映他们的科研水平和贡献。这种评价方式对于促进高校科研水平的提升、激励科研人员的积极性和推动科研成果的转化具有重要意义。科研评价应当根据不同的学科特性和研究内容，对现有的科技评价指标体系进行改革，适度延长评价周期，以提高评价的准确性和公正性。这样的改革将鼓励科研人员更加注重科研工作的质量和创新性，而不是仅仅追求短期的成果发表。通过这种方式，科研人员将能够更加专注于长期的研究项目，从而有望产生更多具有深远影响的科研成果。①

传统的职称评审和人才称号等各种评选往往侧重于近几年的研究成果，这种方式只能反映研究者在短期内的科研创新活跃程度，无法充分体现他们在科研领域的深度和广度。因此，我们应该引入长周期代表作的概念，将其作为科

① 参见曾宪奎《新发展格局下高校和科研机构人才激励问题研究》，《中国劳动关系学院学报》2022 年 第 2 期。

研评价的重要指标之一。杜小泽认为，科技创新活动有其固有的周期性和规律，高水平成果的产出，往往与研究者在时间、专注度上的投入成正比。成果的产出是一个螺旋上升的积累过程。最终代表一个研究者水平的，应该是他的长周期代表作。职称评审、人才称号的评选所要求的最近几年的研究成果，大部分情况下反映的仅是研究者科研创新活跃程度的情况。

长周期代表作是指研究者在科研过程中所取得的具有重要影响力和持久价值的成果，如学术专著、学术论文等。这些代表作通常需要经历较长时间的积累和深入思考，具有更高的科学价值和学术影响力。通过强调长周期代表作，科研评价可以更加客观地评估研究者在学术研究方面的能力和贡献。

当然，要推行长周期代表作制度，并不意味着完全忽视短期成果的重要性。短期成果，如论文发表和项目管理仍然是科技评价中的重要参考指标，但它们应该被视为长周期代表作的补充和佐证。同时，长周期代表作评价也需要针对不同学科领域的特点和实际情况进行具体细化和量化，避免评价过程中的主观性和歧义性。

在引入长周期代表作制度的过程中，需要建立科学合理的评价机制和标准，确保评价的公正性和准确性。科研既需要追求学术水平和学术声誉，又需要关注实际应用和社会效益，因此，在评价指标的选择和权衡上需要进行适度的取舍。评审专家应该具备较高的学术水平和宽阔的学科视野，能够全面评估研究者的科研绩效。需要建立健全的数据统计和信息管理系统，以确保评价的客观性和准确性。此外，长期评价机制需要与激励机制相衔接，需要加强对研究者的培养和支持，鼓励他们进行深入的科学研究，培养长期积累的科研思维和能力。通过合理的激励措施来调动科研人员的积极性和提高他们的创新能力。

推行长周期评价制度是科研评价改革的一个重要方向。对于促进科研水平的提升、激励科研人员的积极性和推动科研成果的转化具有重要作用。通过更加全面地评价研究者的科研能力和贡献，可以激发科研人员的创造力和潜力，促进科技创新的持续发展。这将有助于构建更加公正、准确和科学的科技评价体系，推动科研事业向着更高水平迈进。

2. 以弹性考核取代刚性考核

高校科研考核多为对照硬性指标、缺乏伸缩性的刚性考核，既没有充分考虑青年教师的成长周期，也未顾及科学研究所固有的探索的风险性和结论的不可预测性，忽略了人的发展规律和科学研究规律，因此，引入弹性考核机制可以更好地遵循人的发展规律和科学研究规律，促进科研人员的全面成长和创新能力的发挥。

一方面，弹性考核机制应该充分考虑青年教师的成长周期。青年教师刚进入科研领域时，往往需要相对较长的时间来积累经验、建立研究团队和获取资金支持等。因此，在考核指标上应给予他们更多的宽容和支持，注重评价其研究潜力和发展势头，而不仅仅以论文数量和项目数量作为唯一标准。这样可以鼓励青年教师勇于探索、大胆创新，避免因过度追求短期成果而牺牲长期发展。

另一方面，弹性考核机制应该考虑科学研究的风险性和结论的不可预测性。首先，需要弹性考量重大项目、前沿项目或特殊项目的完成周期。并非所有项目都能在聘任周期内完成，即使原来能在预设周期内完成，也有可能因政策的变动、环境的变迁、关键条件的突变等不可控因素而迟滞研究进程。因此，在考核中不宜采取一刀切的方式，只要考评理由成立，就应该适度延长期限，等待项目完成后再进行“补考”。其次，需要弹性考量成果指数。科学探索活动本应允许失败，但我们却难以接受失败，总是以数据指标规定最终成果的定时定量产出。然而，对于无法一蹴而就的科学研究，发现新方法、新途径，或排除了错误的方法与途径，或向最终目标推进了一大步，这也应被视为另一种成果或阶段性成果。因此，高校科研考核应科学设定项目成果指数，并赋予成果考核以弹性空间，这是必要且可行的。① 科学研究是一个具有风险和不确定性的过程，难以用简单的指标来全面衡量其质量和影响力。弹性考核机制应该注重对科研过程的评价，包括课题的创新性、研究方法的科学性、结果的可靠性等方面。同时，还应充分考虑科研成果的长期影响和社会价值，鼓励

① 参见毛颖《高校科研管理理念与机制问题研究》，《盐城师范学院学报（人文社会科学版）》2023 年第 5 期。

开展具有挑战性和前瞻性的基础研究。

此外，弹性考核机制可以借鉴一些国际先进经验。例如，美国的“终身教授”制度注重对教师的全面评价，包括教学、科研、服务等多个方面。这种机制鼓励教师在科研中保持独立思考和创新精神，为他们提供更多的自主权和空间。在评价科研成果时，除了数量指标，也注重质量、影响力和开拓性等方面的评估。

弹性考核是预留一定伸缩空间的、留有余地的考核，是全面考虑各种可能合理合规、实事求是的考核。“弹性”不同于“柔性”，该柔则柔，该刚则刚，刚柔并济，具有灵活变通的适度区间。① 总之，弹性考核机制应该更加关注青年教师的成长周期和科学研究的风险性与不可预测性。通过给予青年教师更多的支持和宽容，激励他们的创新能力和发展潜力，可以培养更多优秀的科研人才。

3. 业绩指标的可替换性

在高校科研评价中，常见的指标包括论文发表数量、科研经费项目获批情况、专利申请数量、成果获奖情况等。但是这些指标各自具有一定的局限性和缺陷，如立项数量是衡量科研水平的重要指标之一，但它并不能完全反映科研能力和创新性。某些领域的研究可能更注重专利申请和技术转化，而不是项目立项。

教师科研业绩考评机制设置似乎没有厘清科研资源与科研成果之间的关系。一些教师，特别是人文社会科学领域的教师，如果没有取得科研项目立项（即没有耗费一定的公共资源），但产出了高质量的科研论文或著作，难道不更值得嘉奖吗？回答当然是肯定的。而当下研究型大学教师科研业绩考评机制设置往往“反其道而行之”，即教师要通过科研业绩考评必须要同时具备论文与科研项目业绩，如果只具备论文或著作业绩，而不具备科研项目业绩，则考评不合格。其言外之意是，教师一定要取得科研项目立项，在获取国家科研经费

---

① 参见毛颖《高校科研管理理念与机制问题研究》，《盐城师范学院学报（人文社会科学版）》2023 年第 5 期。

的支持下进行科研后所做出的成绩，方能得到认可。① 眼下，许多大学引进人才留任的一个基本条件是要求其主持一项国家级项目，这一现状显然存在明显的矛盾和现实困境。

对科研人员的评价过度依赖硬指标，如论文、项目等往往缺一不可，缺乏灵活性。一般认为，在专业领域，能“干出来”就一定能“写出来”，能“干好”的，就一定能“写好”。但事实往往并非如此，很多术业的实践过程本来就比较抽象和复杂，难以高度概括和模式化表述。特别是艺术领域，一个善于绘画的教师不一定是一个善于学术研究的学者，抑或说这些专业的实践过程就是其学术或科研的过程，两者融为一体。对于不善于进行理论总结的艺术实践家，我们不应因此否认他所具有的科研能力。②

破解这一窘境的一个有效手段就是设置灵活多样的可替换科研业绩指标来替代科研项目指标，从而在根本上打破将科研项目作为一个必备考评指标的僵化规定。例如，以著作来替代论文、以科研获奖来替代科研项目、以科研项目经费来替代项目的等级、以专业获奖作品来替代科研项目或论文等做法都是这一理念在实践中的具体体现。③

在实际应用中，不同学科领域可能存在差异，针对不同的科研特点和目标，可以灵活选取合适的指标进行评价，并结合定性分析来综合考量科研绩效。同时，需要建立科学的评价体系和相应的权重分配方法，确保评价过程的公正性和准确性。例如，可制定年度考核只考核教学工作，不考核科研工作，科研工作量待到聘期结束时再考核，给教师以宽松的时间，鼓励教师产出更高质量的成果；设定不同类型不同层级教师不同的教学、科研工作量；设定不同类型教师不同的考核周期；设定“师德＋能力＋业绩＋贡献”为标准的教师聘期考核办法；等等。具体到教师聘期科研工作量考核评价，可将论文、项目、

① 参见方宝《厦门大学研究型大学教师科研业绩考评机制设置研究》，博士学位论文，厦门大学教育经济与管理，2017，第 5 页。

② 参见方宝《厦门大学研究型大学教师科研业绩考评机制设置研究》，博士学位论文，厦门大学教育经济与管理，2017，第 8 页。

③ 参见方宝《厦门大学研究型大学教师科研业绩考评机制设置研究》，博士学位论文，厦门大学教育经济与管理，2017，第 12 页。

专利、智库成果等各类科研业绩成体系全部折算为数值化的科研工作量，再累计综合计分，降低科研业绩管理的片面化要求，突出综合考核和标志性成果贡献，不唯论文数量，不把论文作为主要的评价依据和考核指标。在核定教师聘期超额科研工作量时，针对个人专利、论文数量泛滥的现象，采取折算平抑处理，鼓励教师产出原创性、高水平的代表性科研成果。①

总而言之，高校科研评价业绩指标具有一定的可替代性。当下的科研业绩考评弹性机制设计应该进一步加大弹性设置步伐，大胆探索与尝试不同类别指标之间的可替代性设计问题，积极探求不同类型业绩指标之间所包含的科研业绩值的对等性和可测量性问题，进而明确两者的关联，提高科研业绩考评的灵活性和业绩覆盖面。② 通过综合考虑多个指标和学科特点，可以更全面和客观地评价科研绩效，避免单一指标的局限性，并为科研人员提供更有价值的评价结果。

三、行政权力和学术权力的平衡

我国大学行政化的积弊已引起人们越来越多的关注和思考。一方面，大学行政在大学内部治理中的“强势”可能远远超出了它应有的边界或范畴，甚至正在挤占作为大学核心价值的学术地位或学术权力空间，在许多层面上学术性被行政性所代替，学术事务被行政权力干预过多，而学者对学术事务的管理却被冷落；学术活动过多地受到行政权力的干预或制约，行政权力在很大程度上影响学术资源的配置，造成学术缺少独立发挥作用的空间，行政已然成为超出其应有“权限”边界与“作用”的不合理存在；另一方面，在“强势”行政的背后，则形成学术在大学中的“弱势”或边缘化的怪象，学术的核心价值地位被挤占，学术权力受制于行政权力。③

行政权力追求效率优先，强调效益最大化，讲究的是时效性和整体性，为

---

① 参见刘培军《“破五唯”后高校科研评价如何落地》，《中国教育报》2021 年 9 月 6 日第 6 版。

② 参见方宝《厦门大学研究型大学教师科研业绩考评机制设置研究》，博士学位论文，厦门大学教育经济与管理，2017，第 15 页。

③ 参见刘春花《行政去“化”与学术惟“尊”的共存之思——大学内部治理的必要与可能》，《教育发展研究》2011 年第 19 期。

履行与利益相关者的“契约”，行政权力更加奉行工具理性思想，注重以统计学、测量学等知识为工具，将成果进行量化，以求不断提升组织效益；与行政权力的文化氛围不同，学术权力更追求学术自由的文化氛围，认可“十年磨一剑”的成果，主要是将知识创新的“质”作为其评价标准，[①] 学术权力是为了保障学术的独立性，提高组织的学术水平和学术影响力；行政权力一方面为学术权力提供支持和服务，另一方面提高组织的整体性和有效性。可见，两者的存在都是为了实现大学组织的目标，提升组织的适应力和竞争力。[②]

在高校科研管理中，行政权力与学术权力的平衡是一个复杂而微妙的问题。行政权力往往与资源分配、政策制定和管理决策紧密相关，而学术权力则更多体现在科研活动的自主性、创新性和学术自由上。如何平衡这两者之间的关系，既能保障科研的独立性，又能确保资源的合理利用，是高校管理者面临的一个重要挑战。为了实现两者的平衡，高校在管理过程中需要灵活调整策略，并不断优化管理机制。

第一，明确角色与责任。确保行政管理与学术研究的独立性，明确各自的职责与界限。学术研究需与高校整体发展战略和目标保持一致。行政管理部门应担当支持和保障的角色，提供资源保障，确保科研环境规范运作，并制定公平透明的资源分配机制，而不是对具体科研内容和学术自由进行过度干预。科研人员应致力于科学问题的探索与创新，管理部门需尊重科研人员的学术自由，应尽量避免通过行政手段对科研方向进行过多干预，确保学术自由得到尊重。

第二，建立清晰的资源分配机制。通过建立明确的科研资助标准，确保资源分配依据科研的实际需要和项目的可行性，而不是基于行政的偏好或关系的亲疏。可以设置专项资金、建立科研绩效评价体系等，确保资金的使用符合学术发展目标。同时，通过周期性的科研成果评估和绩效审查，为行政管理提供

---

① 参见查永军《冲突视野中的大学学术权力与行政权力》，《扬州大学学报（高教研究版）》2011 年第 6 期。

② 参见刘春花《行政去“化”与学术惟“尊”的共存之思——大学内部治理的必要与可能》，《教育发展研究》2011 年第 19 期。

资源分配的依据，实现资金使用与研究成果之间的正向循环。

第三，增强学术与行政之间的沟通与协调。高校应鼓励学术权力在科研评价和资源分配中发挥更大的作用，通过设立学术委员会或专家咨询小组，将学术领域的声音纳入行政决策中，从而减少行政管理的单向决策。委员会可以帮助校方了解学术界的需求和变化，优化资源配置。通过定期组织学术研讨会、行政管理座谈会等活动，促进学术与行政之间的理解与合作，避免双方因对资源的不同需求而造成冲突。

第四，科学规划资源的长远利用。为了实现科学规划资源的长远利用，必须加强科研资源的规划和管理。高效的资源配置能够避免行政部门和科研人员在短期资源争夺中的冲突。例如，通过长期的科研方向规划，提前布局重大科研项目和资金配置，避免短期内资源过于集中或分配不均。这种前瞻性的规划不仅有助于科研工作的稳定进行，而且能够确保科研资源得到合理和高效的利用，为科研创新和科技进步提供坚实的基础。

第五，鼓励科研人员参与管理。鼓励科研人员积极参与到管理工作中来。通过赋予科研人员一定的管理决策参与权，让他们在科研管理中拥有更多的话语权，例如，让他们参与科研项目的评审过程，可以有效地提升他们对资源分配的认同感和归属感。这样做不仅能够减轻行政干预所带来的不必要的压力，而且还能确保学术研究的独立性和自主性，从而为科研人员创造一个更加宽松和自由的学术环境，促进科研工作的深入发展和创新。

此外，科研评价是高校科研管理的核心内容之一，它不仅直接影响教师的个人利益，还成为学术权力与行政权力博弈的关键环节。高校科研评价是考核高校教师学术能力、科研水平和评价成果质量的重要手段。在实践中，高校科研评价往往涉及行政权力和学术权力的平衡问题，这也是高校科研评价的重要挑战之一。高校科研评价改革的难点既在于如何平衡好校级层面行政权力与学术权力的各自边界，也在于如何平衡和约束好院系层面行政权力和学术权力的边界。前者的平衡依赖于大学建立良好的内部治理结构，而后者的平衡和约束则依赖于建立良好的学术共同体和学术文化环境。① 以学校为单位进行的“大一统”的科研业绩考评机制设置实际上是一种“集权”的做法。从机制设计理论视角而言，这种做法所具有的信息效率相对低下。真正建立起以质量和贡献为导向的科研评价机制是一个新的努力方向，对质量和贡献的鉴别则是一项非常复杂也非常专业的智力活动，必须建立在成熟的学术共同体与良好的学术科研文化基础之上。避免政治化和官僚化的干扰，充分尊重学术自由和学者的创新思维。②

在具体的实践中，高校可以从三个方面加以实施。

第一，评价标准应该兼顾行政权力和学术权力的需求。行政权力关心的是教师的工作量、效率和质量，而学术权力则更加关注教师的学术能力、创新能力和成果质量。因此，在评价标准的制定中，应当综合考虑双方的需求，避免过于强调某一方面的指标和标准。在评价过程中，需要平衡学术权力和行政权力的关系，确保评价的科学性、客观性和公正性。评价工作应该由专业的学术机构或评审委员会负责，确保评价的客观性和公正性。行政部门可以提供必要的支持和资源，但不应对评价结果进行干预或操控，以避免权力滥用和评价失去公信力。

大学可以采取将考评机制设置权下放到各个二级院（系）或部门的“分权”做法来尽可能地提高机制设计的信息效率。相对于整个学校而言，各二级院（系）或部门内部教师的差异会比较小，而且二级部门对教师科研信息的掌握相对更为全面。因此，对科研业绩考评机制设置采取“分权”的方式可以较大程度地减少机制对教师个人相关信息的依赖，不仅可以减少考评机制设计所产生的信息成本，减少人力、物力和财力等方面的损耗，而且还可以提高机制运行的成效，提高科研管理工作的效率，促进大学教师科研业绩考评机制设计的科学合理性和针对性。③

---

① 参见高耀《完善高校科研评价机制释放创新活力》，《中国教育报》2022年12月22日第2版。

② 参见高耀《完善高校科研评价机制释放创新活力》，《中国教育报》2022年12月22日第2版。

③ 参见方宝《厦门大学研究型大学教师科研业绩考评机制设置研究》，博士学位论文，厦门大学教育经济与管理，2017，第18页。

学校作为总体的统筹和指导，只对教师科研业绩考评机制的设置制定总体的原则与基本要求，教师科研业绩考评机制设计的具体工作主要由各二级院（系）或部门来完成，学校只负责进行最终的审核与过程指导。各二级院系与部门可以根据自身具体情况，制定适合本院系、部门教师科研情况的业绩考评机制，使考评机制的设计具有针对性与体现专业特色。各二级院（系）或部门的科研业绩考评机制设置只要相对合理，并通过学校评定委员会的评估，即可生效。①

第二，评价程序应该保证公正、透明和反馈。在评价过程中，应当尽可能地消除行政权力对评价结果的干扰，保证评价的公正性和客观性。同时，评价程序应当充分考虑老师们的意见和建议，通过反馈机制及时修正评价标准和程序，保证评价的透明性和有效性。

各二级院（系）与部门在制定具体的考评机制的时候必须充分让教师参与其中，听取教师的合理建议。这也是“放权”所具有的另一层含义。考评机制能否取得教师的认可与忠诚，其最重要的一点就是在制定的过程中是否有效采取了“自下而上”的做法，是否在较大程度上反映和体现了教师群体的意愿。在当下的科研业绩考评机制设置中，教师的参与度是比较低的，教师的很多建议也没有得到较好地采纳。因此，提高教师的参与率是进一步提高机制设计科学性的根本要求。② 近年来，越来越多的高校不断探索二级管理改革方向，高校内部权力不断由顶部向中部甚至底部放权，这应该是一个积极的信号，这些改革尝试也有助于高校内部逐步建立起更加符合学科秩序、学术秩序和科研秩序的分类评价体系。高校应在不断总结经验、多方听取不同学科教师意见的基础上继续推进和完善分类评价改革。③

第三，评价结果应该为教师提供有益的指导和激励。国内高校现行的考核制度引起了青年学者的普遍不满。例如，2021 年，复旦大学的姜文华事件。

① 参见方宝《厦门大学研究型大学教师科研业绩考评机制设置研究》，博士学位论文，厦门大学教育经济与管理，2017，第 25 页。

② 参见方宝《厦门大学研究型大学教师科研业绩考评机制设置研究》，博士学位论文，厦门大学教育经济与管理，2017，第 26 页。

③ 参见高耀《完善高校科研评价机制释放创新活力》，《中国教育报》2022 年 12 月 22 日第 2 版。

在被复旦大学解聘的前五年期间，姜文华发表了四篇 SCI 论文，包括一篇数学一区论文、两篇数学三区论文，以及一篇数学四区论文。基础科学研究需要长期的耐心和坚持不懈。在科技迅速发展的今天，若缺乏持之以恒的决心，要在基础科学领域取得重大突破无疑是非常艰难的。评价结果不仅仅是对教师绩效的量化表现，更应该为教师提供具体的建议和指导，帮助他们改进工作和提高能力。评价过程应该基于客观的标准和指标，充分考虑教师在学术研究、教学质量、学生评价等方面的表现。评价结果应该通过合理的评估方法和数据分析得出，避免个人主观偏见的干扰，确保评价的公正性和准确性。在评价过程中，应该对教师的优势和不足进行全面分析，找出问题所在，并给予有针对性的建议和指导。这些建议和指导应该具有可操作性和实用性，帮助教师改进工作、提高能力和水平。同时，评价结果也应该为教师提供适当的激励和奖励，鼓励他们在学术研究和教学工作中取得更好的成绩。优秀的教师应该得到应有的认可和回报，以鼓励他们在学术研究和教学工作中取得更好的成绩。这可能包括晋升职称、加薪或其他形式的奖励，以及提供更好的发展机会和资源支持。

尊重学术自由，尊重学术研究工作的自发秩序，积极营造自由开放、兼容并包、宽松容错和追求卓越的学术氛围。但是也不能一味推崇自由而忽视了科研秩序。行政权力的最终目标是确保大学整体高效有序地运转，追求组织效率；而学术权力的最终目标是实现知识创造，追求学术创新。从大学本质上看，行政权力的目标是达成与利益相关者的“契约”，而学术权力的目标则是崇尚学术自由。[①] 正是学术权力崇尚的“学术自由”确保了大学的存在价值。同时也是行政权力的履行“契约”过程为学术权力提供了支持和保障。在推崇学术自由的同时，确保科研秩序不被忽视是平衡的关键。只有在科研秩序的保障下，学术自由才能更好地发挥作用，推动科学研究的进步和创新。学术唯“尊”是大学的内在核心价值和理想追求，而以服务学术为核心的大学行政之

---

① 参见张凤都、曹方方《中国高校内部行政权力与学术权力的博弈与融合—基于大学本质的视角》，《沈阳大学学报（社会科学版）》2016 年第 5 期。

道，是大学行政的核心理念与价值。[①]

高校科研评价行政权力和学术权力的平衡是一个复杂而具有挑战性的问题，高校科研评价体系的改革应当建立在充分理解科研活动的复杂性和特点的基础上。通过建立更加符合学术研究秩序的、更具弹性的、充满活力的科研评价机制，可以进一步激发科研人员的创造潜能，促进科研工作的发展和提高科研能力。确保行政权力和学术权力之间的相互促进和协调，推动高校科研评价的健康发展，这样的改革将有助于形成良好的学术文化和研究氛围，推动高校科研事业的蓬勃发展。

在行政管理和学术研究之间建立更加合理和高效的协作机制至关重要。这种平衡不仅能够确保行政资源的有效配置，避免资源浪费，还能为科研人员提供更加宽松和灵活的研究环境。通过优化资源分配和支持体系，科研人员可以更加专注于学术探索，减少行政事务对其研究的干扰，从而提升创新的产出和科研成果的质量。此外，还可以促进学校整体科研水平的提升。行政管理部门的作用在于为科研提供稳定的支持，而学术研究的自由性和独立性则是创新和突破的源泉。两者相辅相成，在共同发展的框架下形成互相促进的良性循环，推动学校在学术领域的竞争力。当学术自由与行政管理达到和谐统一时，学校能够形成一个充满活力的科研生态。这不仅有助于提升学术声誉和科研产出，也有助于培养更多科研人才，推动高校科研的高质量发展。

第二节　根植科研管理服务意识

科研管理的核心任务是协助科研人员顺利完成科研目标。科研管理人员应该时刻与科研人员站在一起，理解他们的需求，关注他们的困难，并提供相应

① 参见刘春花《行政去“化”与学术惟“尊”的共存之思——大学内部治理的必要与可能》，《教育发展研究》2011年第19期。

的支持和帮助。科研管理具有特殊性，它不同于一般的行政管理，而是一项集策划、协调和服务于一体的业务管理工作。科研管理的核心职责是引领、支撑和服务科研活动。①

高校是组织开展高水平基础研究和应用研究、聚集和培养高层次科技人才、开展学术交流的重要基地，在科学研究、学科建设、人才培养、科技成果转化和地方社会经济建设等方面发挥着重要的作用。高校科研管理人员在科研管理发展中负责提供政策引导、后勤保障服务，对科研的发展起到保驾护航的作用。科研管理是服务工作，目的是为科研人员提供尽可能多的帮助，为科研工作的顺利开展创造条件。因此，高校科研管理人员要明确自身定位，变被动管理为主动服务，积极进行政策解读，结合学校定位、学校发展特色、学科发展需要和地方经济文化发展需要规划科研的发展方向，在高校科研发展中起到“大管家”的作用。高校职能部门科研管理人员负责与上级主管部门进行沟通与联系，深入研究和解读主管部门相关管理办法与政策法规，上情下达，真正起到强有力的桥梁作用，同时根据相关管理办法对不同等级、类别的科研进行分类、分级支持和管理；二级学院专职科研管理人员负责与科研管理部门沟通联系，应紧密配合科研管理部门的部署，结合科研发展实际，深入透彻理解上级政策，为科研的发展适时采取动态发展策略。②

科研创新需要的是人力、财力、物力的全方位、全过程支持与服务，唯“服务”才是整个科研管理的核心职能，唯“服务”才能产生科研管理驱动创新的强大动力。因此，必须牢固确立服务理念，将“服务”二字落实到科研管理过程的始终，落细到科研管理的所有环节，由此才能从科研规律而非行政指令出发，构建起有利于驱动创新、渗透服务理念的组织协调机制。③

高校作为国家科研创新体系的主要组成部分之一，科研管理工作就成了科研创新不可或缺的一部分。此时，需要建立高校科研“精准”服务能力新思

---

① 参见赵园《浅谈高校科研管理队伍建设路径》，《中国高新科技》2022 年第 23 期。

② 参见范丽琴《高校科研平台管理队伍管理水平提升路径研究》，《北京印刷学院学报》2021 年第 12 期。

③ 参见毛颖《高校科研管理理念与机制问题研究》，《盐城师范学院学报（人文社会科学版）》2023 年第 5 期。

路，使传承与创新在科研管理服务工作中相辅相成。在信息化的基础上，迎接了新的挑战，建立高校科研管理“一站式”服务平台，消除科研管理信息孤岛和业务孤岛，最大限度地提高管理的效率与质量，促进科研管理的可持续发展。①

孙东西等通过对哈佛大学科研机构设置情况、科研管理运行机制、哈佛模式的特点和优势进行分析，推理出我国高校行政化的传统科研管理模式已无法紧跟高校科研发展的新形势新要求，亟待向服务型的现代高校科研管理模式转变。科研管理过程的顺利实施离不开管理者与科研人员的良性沟通，也离不开管理人员对项目每一个环节的跟进。以申报项目为例，通常是接到多个科研人员提出的问题后才会滞后性地发现共性问题，因此主动发现、服务并解决科研人员遇到的难题是需要管理人员转变工作思路的一个关键点。

科研管理工作和科研服务工作在我国科研机构中具有十分重要的地位。优质的科研管理和服务可以提升科研水平和创新能力，促进学术发展。因此，科研机构应当注重科研管理工作的提升和创新，加强科研管理服务的质量和效率，推动科研管理理念的创新，为科研工作提供更好的支持和保障。为此，我们需要从以下方面进行优化。

一、协调疏通机制

在当今科研管理领域，精细化管理已经成为一种普遍的管理方式，这种管理方式本身并无不妥之处，关键在于管理的出发点和背后的服务理念。如果精细化管理是以方便科研人员为出发点，真正关注于为他们提供便利和支持，那么这种管理方式就能够发挥出积极的作用，帮助科研人员更好地专注于他们的研究工作，提高科研效率和质量。然而，如果精细化管理的立足点是等级制度，将科研人员视为需要严格监管的对象，那么这种管理方式可能会变得僵化和烦琐。在这种情况下，科研人员可能会被过多的规章制度所束缚，导致他们在进行科研活动时感到束手束脚，无法充分发挥他们的创造力和主动性。例

① 参见张晓锋、周昕宇《基于服务创新理念的高校科研管理方法探究》，《大众标准化》2021 年第 10 期。

如，过于烦琐的审批流程可能会使得科研人员在申请项目、使用资源时耗费大量时间，从而分散了他们的注意力，影响了科研工作的连贯性和深度。

因此，精细化管理在科研领域的应用，应当以服务科研人员为核心，旨在为他们创造一个自由、灵活的研究环境，同时确保管理的高效性和透明度。只有这样，精细化管理才能真正成为推动科研进步的有力工具，而不是阻碍科研发展的绊脚石。

在实施精细化管理时，需要解决部门之间协调不力和渠道堵塞、流程不畅的问题。协调和疏通是科研管理部门的基本职能，它们需要主动协调各相关部门，包括财务部门、人事部门、国际合作部门等，建立协调疏通机制，并搭建信息共享平台。这样一来，科研人员可以通过这个平台进入各关联系统，按照简化的办事模板操作，从而简化相关事务、减少审批程序、优化管理流程，提高办事效率。此外，还需要注重对外协调。科研活动常常涉及多个部门和单位之间的合作与交流，需要有良好的协调机制和畅通的沟通渠道。管理部门可以发挥协调作用，促进不同部门或单位之间的合作与配合，确保科研项目顺利进行。对外，一方面，是与政府及相关职能部门协调，目的是为学校科研人才争取更多的政策支持和营造适宜的科研生态环境；另一方面，则是与产学研合作机构、企业之间的协调，目的是疏通跨界合作协同创新的渠道，让各创新要素和创新资源无障碍流通，方便校内科研人员共享创新资源。①

通过建立跨部门的合作平台，管理部门能够有效地整合资源，优化科研环境，促进不同学科、不同领域之间的交流与合作。立足于科研人员的需求，通过协调和疏通机制，为他们提供便利和支持，以便更好地开展科研工作。这些措施有助于营造一个更为开放、高效、协同的科研环境，使科研人员得以充分发挥其才华与潜力，为科技进步和社会发展做出更大贡献。②

---

①　参见毛颖《高校科研管理理念与机制问题研究》，《盐城师范学院学报（人文社会科学版）》2023 年第 5 期。

②　参见毛颖《高校科研管理理念与机制问题研究》，《盐城师范学院学报（人文社会科学版）》2023 年第 5 期。

二、优化工作流程和简化手续

为了提高科研人员的工作效率，可以通过精简申报流程和减少烦琐的材料提交要求等方式来节省他们的时间和精力。高校管理部门在提升科研管理服务的过程中，可以采取以下措施对科研管理流程进行全面审视和优化。

1. 优化管理流程

高校科研管理部门应该从服务科研人员的角度出发，优化管理流程，提供更加高效、便捷的服务。对科研管理流程进行全面审视和分析，以找出烦琐、重复和冗余的环节和步骤，并进行优化和简化，尽量减少不必要的环节和手续。具体措施包括合并多个环节，减少审批层级，避免重复填写相同信息等，从而提高工作效率。同时，可以简化材料提交要求，只保留必要的材料和信息。例如，可以采用在线申报系统，让科研人员随时在线提交相关材料，避免传统纸质材料提交和传递过程中的麻烦。在优化流程的同时，也要注重流程的合理性和科学性，确保必要的环节和步骤不会被省略。注重流程的合理布局和科学管理，确保科研活动的顺利进行。

通过这些措施，高校管理部门能够为科研人员提供一个更加高效、顺畅的科研环境，从而激发科研人员的创新活力，推动高校科研工作的持续发展和进步。

2. 推进系统化管理

高校可以建立科研管理信息共享平台，将科研相关的信息整合在一起，方便科研人员查询和使用。这个平台可以包括科研项目、经费管理系统、科研成果等内容，使科研人员能够更加便捷地进行科研工作。一些高校已经建立起了科研管理信息化平台，实现了流程的数字化和自动化管理，推进科研管理的数字化和智能化。通过科技手段，将申报、审批、监测等环节纳入统一的信息系统中，减少人工操作和纸质文件的流转。科研人员可以在线提交申请、查询进度，管理部门可以实时查看和监控项目情况，提高管理效率和信息透明度。通过积极引入先进技术，可以提升教职员工的信息化素养，促进科研管理工作的数字化和智能化进程。同时，建立科研管理信息系统的标准化和规范化体系，加强跨部门协作和信息共享，有助于推动系统的全面普及，从而提升高校科研管理整体服务水平。

3. 建立标准化规范

高校管理部门可以制定统一的科研项目管理标准和规范，明确各个环节和步骤的要求和流程。通过标准化，可以避免因不同项目而导致的管理差异和混乱，提高工作的一致性和效率。同时，可以建立科研管理的指导性文件和参考资料，为科研人员提供明确的指导和帮助。例如，可以提供模板和范例，帮助科研人员更好地准备申报材料；或者提供专业的咨询和指导，解决科研人员在申报和管理过程中遇到的问题和困难。这样可以避免不同科研项目之间的差异和混乱，节省科研人员在申报过程中所花费的时间和精力，帮助他们更加顺利地完成科研项目的申报和管理工作。

高校科研管理是一个需要不断改进的过程，需要不断地总结经验教训，吸纳意见建议，并进行相应的调整和改进。为科研人员节省时间和精力，提高他们的工作效率。管理部门可以定期对管理流程和制度进行评估和审查，及时发现问题和不足，并进行相应的改革和创新。提高科研管理的效率和质量，减少科研人员在管理过程中的时间和精力消耗。

三、加强沟通与联系

科研管理部门与科研人员之间的沟通和联系非常重要，这有助于建立一个良好的工作关系，提高科研服务的质量和效率。

1. 促进交流：定期组织会议与座谈

定期组织会议、座谈会等形式是非常重要的。这些会议可以为科研人员提供一个交流的平台，让他们能够表达自己的意见和建议。同时，管理部门也需要认真听取并记录这些反馈信息，并加以分析和处理。例如，定期组织“科研论坛”，邀请国内外专家与科研人员进行交流和讲座，促进了不同领域的交叉与合作。此外，还会定期召开学术委员会会议，听取委员们对科研管理的意见和建议，为科研管理提供指导性意见。

2. 建立联络机制：促进科研部门与科研人员的沟通

建立科研管理部门与科研人员之间的联络机制，以便及时解决问题和提供帮助。例如，可以建立科研管理部门和科研人员之间的微信群或钉钉工作群，为科研人员提供及时的技术支持和咨询服务，方便双方的快速沟通和交流。

3. 强化培训与指导：支持科研人员

科研管理部门可以定期开展相关的培训和指导工作，帮助科研人员了解科研管理的政策和规定，掌握相关的技能和方法。例如，可以开展科研管理制度和政策的解读、提供申请书写作指导等培训活动。同时，还可以为新入职的科研人员提供一对一的辅导和指导，以帮助他们更快地融入科研团队。

4. 持续改进：倾听科研人员的声音

要根据科研人员的反馈信息不断改进和完善科研管理工作，科研管理部门应该认真分析科研人员提供的反馈信息，将其作为改进和完善科研管理工作的重要依据。通过细致梳理反馈信息，深入了解科研人员在实际操作中遇到的问题和困难，找出问题的根源。随后，管理部门应该直接回应科研人员的需求和意见，采取有效措施加以解决。这可能涉及优化流程、更新系统、提供更多培训机会或改进沟通渠道等方面。通过持续的改进措施，不断提升科研管理工作的质量和效率，为科研人员提供更好的支持和服务。

综上所述，科研管理部门应该以加强与科研人员的沟通和联系为重点，建立良好的工作关系，以此为基础提高科研管理的质量和效率。通过定期组织会议、座谈会等形式，促进交流，深入了解科研人员的需求和意见，及时解决问题，提供帮助。同时，持续改进科研管理工作，根据科研人员的反馈信息调整和优化管理标准和规范，不断提升管理水平和服务质量。建立联络机制，确保科研管理部门与科研人员之间的沟通畅通，共同推动科研工作的顺利开展，为科研成果的取得提供有力支持。

四、谋划拓展性服务

拓展性服务是指在科研管理中超越一般服务的深度和广度，旨在更好地满足科研人员的需求并为其提供精准的支持。既是科研管理的深度耕耘，又是遵循科研规律、深入回应科研人员内心需求的精准服务。意味着管理部门需要更深入地了解科研人员的工作需求、困难和挑战，以便能够提供更具针对性的支持和服务。科研人员在进行研究时可能面临各种压力和挑战，管理部门可以通过提供相关技术培训、学术交流平台、资源共享等方式，为科研人员提供有针对性的支持，帮助他们更好地应对问题并取得更好的研究成果。

拓展性服务的目标是在科研管理中实现更高水平的服务质量，促进科研人员的创新能力和研究成果的提升。通过深入了解科研人员的需求，并根据科研规律提供精准的支持，推动科研工作的发展。

做好拓展性服务，学校科研管理部门应该从以下方面努力。

1. 创新项目的培育

学校科研发展战略的前瞻性可以增强对未来科学发展的预判能力，使学校能够更好地把握大环境和社会发展趋势。在制定科研发展战略时，可以参考国家级项目申报指南，以确定研究方向和范围。这样的前瞻性分析和指导将有助于提升学校在面对学术前沿重大问题时的议题设置能力。

结合学校的科研人才和其他资源情况，科研管理部门可以设立若干起点高、潜力大、针对性强的培育性项目，以建成一个动态的、开放的科研项目储备库或培育场。这个储备库或培育场的设立应是顶层设计与量身打造的结合体，充分利用学校的科研存量资源，激发科研人员的科研热情和内在动力，让他们积极参与培育项目的完善、生发和研究中，进入科研管理深度服务的理想场域。[①] 具体而言，在制定科研项目储备库或培育场的策略时，需要充分考虑以下因素。

（1）顶层设计：建设储备库或培育场需要进行全面规划和设计，明确既定目标、任务和各项指标。在策略制定过程中，必须充分考虑学校科研人才、优势学科和社会需求等多重因素。

在构建科研项目储备库或培育场的过程中，必须进行详尽的规划与设计，对学校的科研人才团队进行评估，掌握其专业领域、研究方向及潜力，并依据

---

① 参见毛颖《高校科研管理理念与机制问题研究》，《盐城师范学院学报（人文社会科学版）》2023 年第 5 期。

其特长与优势，确定项目储备库或培育场的主要研究方向，制定相应的目标与任务。同时，分析学校的学科布局与特色，明确优势学科在科研项目储备库或培育场中的核心地位与发展路径，以增强其专业性和竞争力。调研社会对科学研究的需求和关注点，了解国家、地区或行业的重大科技需求，根据社会需求确定项目储备库或培育场的研究方向，更好地满足社会需求。建立科研项目储备库或培育场的指标评估体系，包括科研成果产出、科研人才培养、科研项目引领力等方面的指标，以评估和监测其发展水平和质量。根据学校资源情况和预算，合理配置项目储备库或培育场所需的人力、物力和财力资源，确保其顺利运行，并为科研人员提供充分的支持和条件。

总之，在制定科研项目储备库或培育场的策略时，需要全面考虑学校和社会的需求，以及科研人才和优势学科的特点。通过系统规划和设计，确立明确的目标、任务和指标，能够更好地推动科学研究的发展，提升学校的科研实力和竞争力。

(2) 项目储备：将学校科研项目进行分类，按照国家级项目、省部级项目、厅局级项目等。对每一类项目进行评估，确定其在学校科研体系中的地位和作用，并据此制定相应的储备库管理策略。

及时收集、整理和更新学校科研项目的相关信息，包括项目名称、负责人、主要内容、研究目标、预期成果、经费来源和使用情况等。同时，也需要及时更新项目的进展情况和成果，以便更好地监测和评估项目的质量和效果。除了收集和整理学校科研人员的项目外，储备库还可以吸引外部科研资源，如企业合作项目、政府科研项目等。这些外部项目能够为学校带来新的科研思路、技术和资源，促进学校科研的创新和发展。建立科研项目资源共享和交流平台，为科研人员提供更好的合作机会和交流渠道。通过共享资源、交流经验，可以促进各学科之间的融合和创新，提高学校整体科研水平。通过对项目数据的分析和应用，为学校科研管理和决策提供有力的支持。比如，可以通过项目数据分析，了解各学科研究方向的变化趋势和热点，为学校科研规划和布局提供参考。

综上所述，储备库的收集、整理和管理工作是学校科研管理中非常重要的一环。通过完善的数据收集和管理，可以为学校科研的规划、管理和决策提供有力的支持，提高学校科研的水平和影响力。

（3）资金支持：为了激励科研人员积极投入科研工作，学校可以设立科研项目基金，资助优秀的科研项目，从而提高科学研究的质量和水平。设立专项资金，为科研人员提供项目启动资金，尤其是青年博士，可以有效地缓解他们在科研初期所面临的经济压力，激励他们更加积极地投入科研工作。青年博士是科研工作中的重要力量，他们通常具备较高的学术水平和创新能力，但由于经验不足和资源匮乏，他们在科研项目的开展过程中可能会遇到诸多困难和挑战。提供项目启动资金可以帮助青年博士更快地开展科研工作，降低科研门槛，缓解经济压力，同时也有助于激发他们的科研热情和创新意识。此外，积极寻求政府、企事业单位合作和赞助，通过与其合作开展研究项目，获取资金和技术支持。这样可以加强科研与产业的结合，推动科研成果的转化和应用。为科研项目提供相应的资金支持，不仅可以激励科研人员的积极性和创新意识，还有助于加强高校科研管理的深度服务，促进科研工作的顺利进行。同时，也有助于提高科研人员的积极性和创新意识，推动科研的发展和学校的科研实力。

以某地方高校为例，立足时代和实践需要，实施“文科登峰计划”，加大项目培育支持力度，加快推进哲学社会科学高质量发展，取得了突破。该学校深入实施培育项目，打造科研人才的“蓄水池”。自 2019 年起，每年投入 400 余万元专项经费培育社科项目，分别对尚未获得省级科研项目资助的年轻教师和有潜力申报国家级项目的教师进行资助支持。这极大地激发了教师的科研积极性，为高层次基金项目的拓展和深化注入了强大动力，成为该校培育高层次基金项目的重要增长点。

通过建立这样的科研项目储备库或项目培育场，可以充分调动学校科研人员的积极性和创造力，在科研管理方面提供更全面的支持和服务，从而形成良好的科研氛围和生态系统。通过加强高校科研管理深度服务，可以提高科研项目的质量和效率，促进科研成果的转化和应用。同时，也有助于优化高校科研资源的配置，提升高校的科研实力和影响力。通过与科研人员密切合作，高校可以更好地了解科研需求和问题，为科研人员提供有针对性的支持和指导，推动科研工作的顺利进行。这样不仅有助于科研人员的成长和发展，还能有效整合和利用科研资源，从而提升高校整体的科研水平。

2. 组织整合能力

科学研究需要解决社会热点和重点问题，然而面对个体化、自发性和“单兵作战式”的高校科研方式，由于缺乏合作平台，很多情况下科研无法进行有效行动。为此，高校科研管理部门需要加强整合能力，以促进多学科合作，组织科研资源和力量，以应对这一挑战。“组织”也是一种“整合”，是对人力、财力、物力等科研资源的整合。整合是为了一个目标，就是为了创新成果的产出。为此，首先需要深入了解国家和区域经济社会发展的重大战略需求，高校各学科专业的优势和特色，以及科研人员的能力和特长。通过对接国家战略需求和学校优势，找准主攻目标，提升响应国家、区域战略需求的能力。在此基础上，建立学校层面的开放跨学科研究平台，设立基础数据共享窗口和跨学科研究种子基金，引导科研人员以平台为依托、以问题为导向、以目标为焦点，相互吸引聚合，灵活组建跨学科研究团队，促进不同学科的资源整合，发挥智力资本和财务资本的集聚效应，实现学科间的协同创新。①

在组织整合机制中，不仅仅涉及团队合作，也需要考虑到那些习惯于独立开展研究的个人。对长期习惯于根据个人学术兴趣开展研究的，或一个人即可承担的课题，对于这样的人，同样需要引导他们将个人的学术兴趣与学校优势学科、特色学科相结合，以更好地服务于学校的发展目标。为了实现这一目标，科研管理部门需要引导他们把握世情、国情、校情，以不断校准、凝练自身的学术方向。同时，科研管理部门也可以为他们提供“助推器”，即整合相关资源条件，帮助他们更好地发挥个人优势，实现学术上的腾飞。② 通过这种方式，能够充分发挥个人的潜力，促进个人与学校、学科之间的有机结合，推

① 参见韩启飞、鲍锦涛《高校科研管理工作现状及创新发展思考》，《高教学刊》2022 年第 32 期。

② 参见毛颖《高校科研管理理念与机制问题研究》，《盐城师范学院学报（人文社会科学版）》2023 年第 5 期。

动学术研究的深入发展，为学校整体实力贡献力量。

五、融合管理意识，变“科研管理”为“科研服务”

高校科研管理中长期存在的“工具观”“功利性”和“行政化”等问题，直接造成科研管理机制的扭曲和变异，导致“职称科研”“绩效科研”和“考核科研”等被动性、短期化科研行为的泛滥，影响了教师的科研精神和科技创新的积极性，已不适应国家和区域经济社会发展的需求，亟待解决。问题解决的根本在于理念的转变，必须把“三位一体”的人本理念、学术理念和服务理念作为科研管理的核心理念，贯穿整个管理过程，渗透各个管理环节。①

在面对日益复杂和多样的科研环境时，科研管理人员要有融合的管理意识，打破传统的科研管理思维方式，向融合、创新和服务的管理思维转变，把“科研管理”变为“科研服务”，② 这样做能更好地满足科研人员的需求，推动科研工作的顺利进行。通过这种转变，学校才能从人的发展出发去创新考核监督机制，从学术逻辑出发去重构评价激励机制，从科研规律出发去构建组织协调机制。由此才能真正激发教师的科研动力，将其汇聚成学校巨大的科技创新力量，成功融入国家加速实施创新驱动战略的浪潮中。③

在这一核心理念的指导下，科研管理应当从人的发展出发去创新考核监督机制。这意味着不仅要注重对教师科研成果的量化评价，更要关注教师个人的成长与发展，为其提供良好的科研环境和发展机会，激发其科研潜能。同时，从学术逻辑出发去重构评价激励机制也至关重要。这意味着评价体系应当更加注重对科研项目的学术价值和创新性的评估，而不仅仅是项目成果的数量和质量。通过激励教师进行高水平的学术研究，推动学校科研水平的提升。最后，从科研规律出发去构建组织协调机制是确保科研管理高效运转的关键。这意味着要充分理解科研活动的规律性，建立灵活、高效的组织管理机制，促进科研

① 参见毛颖《高校科研管理理念与机制问题研究》，《盐城师范学院学报（人文社会科学版）》2023 年第 5 期。

② 参见李炜《大数据环境下高职院校科研管理的困境与出路》，《教育与职业》2020 年第 6 期。

③ 参见毛颖《高校科研管理理念与机制问题研究》，《盐城师范学院学报（人文社会科学版）》2023 年第 5 期。

团队之间的合作与协调，实现科研资源的最大化利用。通过将“三位一体”的核心理念贯穿整个科研管理过程，学校可以激发教师的科研动力，汇聚科技创新动能，为国家加快实施创新驱动战略提供有力支持，推动学校科研工作取得更加显著的成效。

在融合的管理意识下，科研管理人员应当意识到科研管理不是单纯地规范和监督，而是围绕科研人员的需求进行服务和支持。他们需要与科研人员密切合作，了解并满足他们的科研需求，提供相关资源和支持，帮助他们克服科研难题，提高科研水平。

1. 从“被动服务”向“主动服务”转变

摒弃了以往的被动等待姿态，采取积极主动的策略，与各院系及教师群体主动建立联系并进行深入沟通。主动了解科研人员的实际需求以及科研项目的进展情况，协助科研人员策划科研项目，同时提供全方位的支持与建议。这种积极主动的工作方式，不仅能够显著提升工作效率，还能够使科研管理流程更加流畅和高效。通过主动服务，能够更好地发现问题、解决问题，从而促进科研成果质量与数量的双重提升。这种转变不仅为学校的科研工作注入了新的活力与动力，还能够进一步提升学校的整体科研水平和竞争力。

2. 将“二线服务”转变为“一线服务”

科研管理人员主动深入基层单位，积极前往各个院系，为教师们提供指导和经验交流的机会。通过这种方式，可以将政策信息直接送到各个院（部）中心，确保每一位教师都能够及时了解并充分利用这些政策资源。通过面对面的交流，可以解答教师们的疑惑，提供个性化的指导和支持。这样的做法可以显著增强科研人员对政策的理解和信任，从而使得政策的执行过程更为顺畅。通过这种一线服务的方式，可以真正实现为科研人员服务的目标，确保他们能够充分利用政策资源，提升科研工作的效率和质量。从“局部服务”到“全程服务”的转变。这意味着科研管理不再局限于项目的申报阶段，而是将服务延伸到项目的整个过程，包括中期检查和结项管理。通过全程参与项目的各个阶段，科研管理部门可以更好地了解科研人员的需求，及时提供必要的支持和帮助，确保项目的顺利进行和高质量完成。这样的全程服务不仅能够提升项目的整体水平，还能够增强科研人员对科研管理部门的信任和满意度。

3. 创新的管理思维也是必不可少

科研管理人员应当鼓励科研人员勇于创新，并为其提供良好的创新环境和机会，推动科研项目的创新性、前沿性和实用性。最重要的是，科研管理人员要以服务为导向，将科研管理转变为科研服务。他们应当积极主动地倾听科研人员的声音，关注他们的需求和问题，并提供相应的支持和帮助。科研管理人员可以建立科研咨询机制，提供专业的咨询服务；搭建科研资源共享平台，促进科研人员之间的合作和交流。

通过融合的管理意识，科研管理人员可以更好地服务于科研人员，打破传统的科研管理思维方式，推动科研工作朝着更加开放、创新和协同的方向发展。这将有助于提高科研成果的数量和质量，推动科技创新的发展，为学校和国家的发展做出更大的贡献。

第三节　加强高校科研管理信息安全管理

随着信息化时代的到来，科研信息的安全性问题变得越来越突出。高校作为重要的科研场所之一，其涉及的科研信息非常丰富且具有极高的价值。然而，随着科学研究的不断发展和进步，科研信息的安全性问题也变得越来越突出，高校在科研管理信息安全方面亟须加强和改进。为了确保科研信息的安全，高校必须采取一系列有效的措施，包括提高科研人员的安全意识、建立健全的信息安全管理制度、提高信息安全能力等。只有这样，才能在信息化时代保障科研信息的安全，推动高校科学研究的健康发展。

科研信息的安全性和可靠性也直接关系到高校科研工作的质量和效率。如果科研数据出现错误或被篡改，将会对研究结果和结论产生严重影响，甚至导致科研成果无法复制或推广。科研信息的泄露或窃取也可能影响高校的研究方向和战略规划，损害高校利益和形象。因此，高校应该把科研信息安全作为一项重要任务，建立科研信息安全管理制度，并采取适当的安全措施来保护科研信息。这不仅可以提高科研信息的安全性和可靠性，也有助于推进高校科研工作的健康发展，提升高校的学术声誉和国际竞争力。

一、提高安全认知，增强安全意识

在现代信息技术环境中，网络安全威胁不断增加，因此高校需要不断增强师生的安全意识，以提高信息安全防护系统的有效性。为此，高校应制定一个以师生为中心的安全培训计划，着重提高师生对潜在网络安全威胁的识别能力和防范意识。同时，高校还需加强对师生信息安全知识的考核和培训，以提升他们在信息安全领域的技能水平。这包括针对不同职责和岗位的人员提供具体的安全培训和指导，确保整个校园社区的安全意识得到全面提升。

首先，针对参与科研工作不同的职责和岗位进行具体的培训和指导。高校应构建宣传安全意识的渠道，在教师入职和学生入学时，要加强信息安全教育，提高对信息安全重要性的认识。开展有针对性的网络安全知识普及课程、安全操作规程培训、信息安全风险意识培训等。培训内容注重实践操作与常识分享，提供交互式案例分析，使师生能够有效地理解安全规则和法规并将其付诸实践。① 例如，对于科研人员，应该开展有关科研信息安全的会议和培训，对科研过程中信息安全的重要性、安全措施的实施、信息安全事件的处理等方面进行深入探讨，以提高他们的安全意识。科研管理人员需要了解科研信息的安全性要求，并能够制定和执行相应的安全管理措施。后勤保障人员主要从事设备维护、网络管理、数据备份等后勤保障工作，他们需要了解科研信息的安全管理要求，并能够采取相应的技术手段来确保信息的安全。高校中的学生参与科研工作的情况较为普遍，他们需要了解科研信息的安全意识，并能够采取相应的措施来保护自己的科研成果和个人信息。

其次，高校还应该注重培养科研人员的自我保护意识。例如，提醒科研人员保护自己的工作账号和密码，科研人员在工作中使用各种平台和系统进行通

① 参见杨晓婷《自媒体环境下的大学生网络安全风险及防范研究》，硕士学位论文，天津理工大学思想政治教育，2016，第 18 页。

信、存储和处理数据，因此保护个人账号和密码的安全至关重要。可以通过定期提醒科研人员更改密码、不随意泄露密码、使用强密码等方式提高他们对个人账号安全的意识。不要随意泄露个人信息和科研数据，科研人员需要意识到个人信息和科研数据的价值和敏感性，不应随意将其泄露给未经授权的人员或机构。高校可以通过组织宣传活动、发放宣传资料等方式向科研人员普及信息保护的重要性。注意电脑和移动设备的防盗、防丢等措施。科研人员经常携带和使用电脑、手机等移动设备进行工作，这些设备中可能存储着重要的科研数据。高校可以提醒科研人员定期备份数据，安装防盗软件，以及在公共场所时注意设备的安全。这些措施可以有效地增强科研人员的安全防范能力，减少信息泄露和被滥用的风险。

高校在推行安全意识培养方案时需要采取多方面、多层次的措施，以确保全面、有针对性地开展工作。加强个人信息和科研数据的保护意识，能够有效地增强科研人员的安全防范能力，减少信息泄露和滥用的风险。通过科学合理的安全意识教育，这将有助于保护科研成果和个人隐私，够有效地防范科研信息的泄露和滥用，维护高校科研信息的安全性，促进高校科研工作的健康发展。

二、加强安全管理，建立完善的制度

高校应该建立完善的科研信息安全管理制度，明确科研信息的分类和保密级别，并对不同级别的信息采取相应的安全措施。可以保护科研成果的知识产权，也能有效地保障个人隐私和敏感信息的安全，提高科研信息的安全性和可靠性。

首先，科研信息应该按照其敏感程度和保密级别进行分类。可以将科研信息分为公开、内部和机密等级，并制定相应的管理规定。公开信息可以供广大师生和研究人员共享和访问，而内部和机密信息则需要严格限制访问权限，仅授权人员才能查看和使用。

其次，对于不同级别的科研信息，高校可以采取一系列安全措施。例如，对于内部和机密信息，可以要求科研人员签署保密协议，防止信息泄露和非法获取。同时，可以对科研数据进行加密存储和传输，以确保数据的机密性和完整性。

此外，高校还应该建立科研信息的访问控制机制和审计机制。访问控制机制可以限制科研人员对敏感信息的访问权限，确保只有授权人员才能查看和使用。审计机制可以监控科研人员对信息的操作，发现异常行为和潜在的信息安全风险。例如，某高校的科研项目涉及军工领域的敏感信息，这些信息属于机密。高校可以根据保密要求，指定专门的存储设备和服务器，对这些信息进行加密存储和传输，确保信息的机密性。

科研信息的安全性和可靠性是高校科研工作的重要保障，对防范外部攻击和内部泄露等潜在威胁至关重要。为高校的科研活动提供稳定的信息保障环境，进而促进科研成果的有效传播和利用。同时，这也是高校走向世界一流大学的必要条件。通过加强科研信息的安全管理，可以实现对科研信息的访问控制、传输加密和备份恢复等方面的有效管理，从而提高科研信息的安全性和可靠性。这种做法有助于有效防范信息泄露、盗窃和篡改等风险，保护知识产权和学术声誉，进而增强高校在国内外的影响力和竞争力。

三、深化技术应用，提高信息安全能力

高校网络与信息安全的核心在于计算机技术的应用，为此，高校应利用专业技术手段推动网络防护体系的完善与健全。科研部门应该配备专业的信息安全人员或团队，以确保科研信息的安全运行和保障工作顺利进行。通过专业技术的支持，可以有效防范对外信息数据的威胁，实现网络与信息安全防护体系的全面发展。这样的举措不仅能够保证防护力度符合预期目标，也能够有效保护科研信息的安全。

1. 加强防火墙技术的应用

防火墙技术是一种通过限制网络通信流量和数据包传输来保护网络安全的技术手段。它可以实现外部访问权限的限制和内部访问权限的管理，从而有效杜绝网络病毒和黑客攻击的侵袭。其是当下网络防护的基础技术手段，也是常规技术手段之一，可以有效对网络信息和资源内容进行保护，从而避免不必要

的网络攻击和信息泄露。由于高校教育资源信息化发展是对科研信息等内容的挖掘，一旦受到外部网络攻击就会导致科研内容丢失或损坏，影响整体科研效率。因此，高校应结合发展需求进行防火墙技术升级优化，对校园网络环境进行全面管控，通过防火墙技术可以实现外部访问权限的限制和内部访问权限的管理，从根本上杜绝网络病毒的侵袭，提高高校网络与信息安全防护体系的防护力度。①

防火墙技术在高校保护信息安全中扮演着至关重要的角色。它不仅能够有效监控和过滤网络流量，还可以对数据包传输进行管控，从而保障学校科研信息的稳定运行和安全防护。随着网络威胁的不断演变和高校科研活动的不断发展，防火墙技术也需要与时俱进，不断进行升级和优化。高校应该结合自身的发展需求，对防火墙技术进行定期评估，并采取相应的措施进行升级和优化，以应对日益复杂的网络安全威胁。通过不断提升防火墙技术的能力和水平，高校可以更加有效地应对各类网络攻击和威胁，确保科研信息的安全性和可靠性。

2. 深化网络访问控制技术

高校应高度重视网络访问控制技术，并设计适合科研资源应用的网络访问控制体系，作为确保信息安全的重要手段。加强网络访问控制技术可以有效降低信息数据在传输过程中的风险，避免受到外部数据入侵。定期检测路由器信息可以及时发现异常访问行为，包括外部和内部访问记录，有效排查和处理可能存在的安全隐患。同时，针对不同的网络访问角色和权限，高校可以制定明确的访问条件和权限管理规定，以确保涉密信息得到妥善保护。保证外部和内部访问记录的安全性，制定明确的访问条件，并利用防火墙对访问 IP 进行深度识别，可以更加精准地识别访问者的身份和权限，从而有效加强对网络访问者身份的判断和管控。这样可以确保只有经过授权的用户才能够访问特定的科研信息资源，以确保网络信息的安全性和稳定性。

高校应当加强对网络访问控制技术的重视，设计出符合高校科研资源应用

① 参见李建伟《高校网络与信息安全的问题和策略分析》，《数字技术与应用》2023 年第 12 期。

的网络访问控制体系，以降低信息数据在传输过程中的风险，并避免受到外部数据入侵，为科研人员提供一个安全可靠的网络工作环境。①

3. 使用计算机网络加密技术

网络加密技术在保障高校网络、信息安全方面扮演着重要的角色，高校可以通过应用提高信息数据破解难度，降低数据丢失风险。主要是利用终端加密技术提高网络保密力度，使用对称加密技术、数字签名加密技术和安全信息摘要等方法完成信息加密处理，以此实现对高校校园网络环境的净化，确保高校网络与信息安全防护体系的稳定性与全面性。② 网络加密技术是保障高校网络、信息安全的重要手段，通过应用这些加密技术，高校可以确保数据在传输和存储过程中的机密性、完整性和真实性，有效保护敏感信息和个人隐私。同时，高校还应建立完善的加密策略和管理体系，定期评估和更新加密算法，以适应不断变化的网络安全威胁。只有通过加强网络加密技术的应用，高校才能够建立稳定、安全的网络环境，为科研人员提供一个可靠的工作平台。

4. 建立科研信息的备份和恢复机制

科研数据的可靠性和完整性对于高校的科研工作至关重要。定期备份科研数据并将备份数据存储在安全可靠的地方是一项必不可少的措施，可以有效避免因数据丢失或损坏而导致的科研工作中断或信息丢失。当发生数据丢失或损坏的情况时，高校可以利用备份数据进行恢复，减少损失，保障科研成果和研究进展的持续性和可靠性。

首先，定期备份科研数据是一项基础且关键的工作。高校科研团队需要建立科学合理的数据备份计划，包括确定备份频率、备份内容、备份方式等。通过定期备份科研数据，可以确保数据的实时性和完整性，降低数据丢失的风险。同时，备份数据应该涵盖各类科研数据，包括实验数据、文献资料、研究报告等，以保证整个科研过程的连贯性和可追溯性。

其次，选择安全可靠的地方存储备份数据也至关重要。高校可以考虑建立专门的数据备份中心或采用云存储服务来存储备份数据。这些存储设备应该具

① 参见洪亚玲《高校网络安全问题分析与防范策略》，《电脑知识与技术》2021 年第 8 期。

② 参见李建伟《高校网络与信息安全的问题和策略分析》，《数字技术与应用》2023 年第 12 期。

有高度的安全性和稳定性，能够抵御各类数据风险，如病毒攻击、硬件故障、自然灾害等。同时，备份数据的存储地点应该考虑地理位置分布，以防止因单点故障造成数据丢失。

再次，高校还应建立健全的数据恢复机制。当出现数据丢失或损坏的情况时，科研团队应能够迅速、有效地调取备份数据进行恢复。为此，高校可以制定详细的数据恢复流程和应急预案，明确责任人和操作步骤，以提高数据恢复的效率和成功率。

最后，高校还可以结合数据加密技术来保护备份数据的安全性。通过对备份数据进行加密处理，可以有效防止未经授权的访问和篡改，确保备份数据的机密性和完整性。同时，高校还可以定期检查备份数据的可用性和完整性，及时发现并处理数据异常，以保证备份数据的有效性和可靠性。通过定期备份科研数据并将备份数据存储在安全可靠的地方，可以有效避免因数据丢失或损坏而导致的科研工作中断或信息丢失。这不仅有助于保障科研成果和研究进展的可靠性，也为科研团队提供了重要的保障和支持，促进科研工作的顺利开展和成果的持续积累。

5. 加强数据治理能力

高校科研数据治理能力不足和数据安全保护措施不到位是一个严重的问题，需要采取一系列对策来提升数据治理和保护水平。

首先，建立健全的数据管理体系和流程。要建立起科研数据治理的组织架构，明确责任和权限，并配备专业的数据管理人员。高校可以制定统一的数据管理规范和标准，明确数据的采集、存储、传输、共享、使用和销毁等各个环节的要求和责任。建立科研数据的生命周期管理流程，包括数据获取、整理、存储、分析和共享等各个环节的操作规范和责任分工。同时，建立数据分类和分级管理机制，根据数据的敏感程度进行合理的权限控制，确保数据只被授权人员访问和使用。

其次，建立严格的权限管理机制，确保只有经过授权的人员才可以访问和处理敏感数据。这包括访问控制、身份验证、角色和权限分配等措施，以确保只有合法用户能够获取相关数据，并限制其操作权限。

最后，还需要建立完善的监控和审计机制，对数据的处理和访问进行实时监控和记录。加强对数据安全的监督和评估。建立定期的数据安全审计机制，对数据治理工作进行监督和检查，这样可以及时发现异常行为，以便追溯和调查，并及时进行整改。

通过以上措施的综合实施，高校可以有效加强科研管理数据治理能力，这将有助于高校更好地管理和保护科研数据，确保数据的安全性、可靠性和可持续发展。提升数据的安全性、可用性，为科研工作提供良好的支撑和保障。

综上所述，通过采用这些安全技术手段和管理措施，高校可以提高科研信息的安全性和可靠性，保护知识产权和学术声誉，为高校的科研工作提供重要支持。这些措施不仅可以减少科研信息泄露和损坏的风险，也可以提高高校的信息安全水平，从多个角度入手，全面提升高校科研信息安全意识和保护能力。这也是建立高校科研信息安全保护体系的关键所在。只有坚持不懈地加强科研信息管理和保护，才能够更好地促进高校科研的持续发展和创新。

第四节　调整组织结构、优化部门配置

组织结构是组织的框架体系，它是特定组织内部的部门组合及其相互间的权责关系的反映，管理活动中各种职能的横向分工与层次划分的项目。在实施中能起到 1+1 > 2 的放大作用。通过分工，利用每一个项目成员的专业优势，结合各部门的通力合作，实现组织资源要素的最佳配置，提高工作效率。有效的组织可以为项目活动提供明确的指令，保证政令统一、指挥有序，通过建立有效的组织结构和责权对等的责任制度，有利于调动各方面的积极性和良好的协作配合。①

有效的科研管理需要立足于高校整体的组织结构，并通过严格执行科研管

① 参见谢敏《高校科研管理组织结构创新研究》，硕士学位论文，青岛大学教育经济与管理，2019，第 20 页。

理的规章制度来提高效率。只有这样，组织的运转才能达到最佳状态。组织的整体结构往往被看成是具有明确目标的相对封闭的系统，具有高度的确定性和可预见性，是不需要重新认识与有意建构的。所以，有效的科研管理工作便依赖于管理者对自身结构的敏感度①和对组织内部运作机制的深刻理解。管理者需要明确自己的职责和权限，同时也要清楚地了解下属的职责和权限，确保每个成员都能在其岗位上发挥最大的效能。此外，科研管理的规章制度必须与高校的科研目标和战略紧密结合，以确保科研活动的顺利进行和科研成果的有效产出。通过这样的管理方式，可以有效提升科研管理的效率和质量，为高校科研工作的持续发展提供有力支持。

一、明确职责和权限

随着信息技术的迅速发展、全球化趋势和知识经济时代的来临，科研管理部门面临着更大的挑战和机遇。面对信息的指数级增长和科技创新的迫切要求，需要加强科研管理创新，以支持高校的科技创新。高校科研管理部门的主要职责在于加强科研管理创新，从组织体制上保护和鼓励高校的科技创新。

为解决这些问题，积极应对挑战，高校科研管理部门需要进行管理体制改革。需要明确划分科研管理部门、科研单位和其他职能部门的职责和权限，并建立有效的协调机制。通过科研管理组织结构的创新，充分发挥其科研人才、学科等多方面优势，使高校科学研究成为知识经济时代快速、稳步发展的动力源。②

1. 组织结构与制度的优化与创新

在高校科研管理中，不可避免地涉及众多学科领域，导致组织结构的复杂性和多样性。对于这种情况，学校应该不断审视现有的科研组织结构，紧跟管理制度的发展步伐，并根据当前科研项目的实际需要进行调整，以适应新形势

---

①　参见于惠芳《服务·学习·研究：高校科研管理的三个维度》，《清华大学教育研究》2007 年第 2 期。

②　参见张超、邹英永《基于创新要求的高校科研管理组织结构》，《中外企业家》2014 年第 27 期。

下的需求。建立适度分权、科学合理的管理制度，以期激发科研人员的创新活力。同时，要创新管理方式，打破传统学院体系的限制，促进跨学院、跨学科的科研项目合作。

引入平行式科研管理结构，平行式科研管理结构是一种相对于传统的单一领导者或主管部门的组织形式，其特点在于多个平行的、相互协作的团队承担科研项目的不同任务，每个团队都拥有一定的自主权。平行式科研管理结构可以帮助解决责任模糊的问题。在平行式科研管理结构下，不同团队承担不同任务，分工明确，避免了责任的重叠和冲突。每个团队都有自己的任务和目标，各自为政，而不会相互干扰或者造成混乱。虽然各个团队独立运作，但是平行式科研管理结构也注重协调性，通过加强沟通和协作，保持各个团队之间的联系和信息共享，使得整个项目能够协调有序地进行。

平行式科研管理结构比较适合大规模、跨学科的科研项目，因为这种项目需要多个团队协作才能完成。例如，在一个涉及多个学院和学科的大型项目中，由于涉及不同的学科领域和不同的研究方向，各个子项目之间的协调和管理显得尤为重要。此时，学校可以通过重新审视现有的组织结构，并根据实际需要进行调整，建立科学合理的管理制度，以解决各个子系统之间的协调问题。可以设立专门的科研管理部门或者项目管理办公室，负责协调和管理各个子项目之间的关系，以达到整个科研项目的最佳效果。在这个过程中，需要考虑多种因素，如子项目之间的交流方式、思维方式、个人意见等，不同学科领域的专业术语、理论体系等，以及各个子系统之间的相互作用和影响等。科研管理者需要通过深入的分析和研究，在设计组织架构时，应考虑各个团队的任务和职责，避免重叠和冲突。同时，应设立一个协调机构，以促进团队间的关系和信息共享，制定最佳解决方案。平行式科研管理结构能够激发团队的创新意识，促进不同团队之间的合作和交流，推动科研成果的不断突破和创新。

高校科研管理的组织结构复杂性和多样性是不可避免的，但我们可以通过重新审视现有的组织结构，并根据实际需要进行调整，建立适度分权、科学合理的管理制度，激发创新活力。同时，也需要培养专业素质过硬的科研管理人才，提高其综合能力和沟通协调能力。只有在健全的组织机构和高素质的人才支持下，高校科研管理才能更好地发挥效应，为科技创新和学校发展提供坚实保障。

2. 明确职责与权限

高校科研管理中职责和权限缺乏明确划分是一个突出的问题。为解决这个问题，需要重新审视高校科研管理的组织结构，强化各管理职能之间的协调机制，明确各部门的职责范围和权限，建立高效的沟通机制和决策流程，以提升科研管理的效率和透明度，推动项目的顺利开展和高校科研工作的顺利进行。

必须制定明确的组织架构和职责分工方案，明确不同部门的职责和权限边界，避免重复劳动和责任不清，确保每个部门在科研管理中有明确的职责和权限。科研管理部门需要与其他相关部门进行充分的沟通和协调，明确各自的职责范围，并加强项目管理和协调，这将有助于确保科研工作能够有序进行，从而提高科研工作的整体效率和质量。特别是在涉及科研人员切身利益的职称评审等问题时，各个部门更应该明确职责划分。科研管理部门应该制定明确的科研评价标准，并向科研人员提供详细解释和指导。与此同时，人事部门应该提供清晰的法规和政策解释，以及对职称评审中科研评价的相关指导。科研管理部门负责科研评价的审核认定工作，而人事部门则负责提供相关法规和政策的解释和指导，以及最终的解释权。这样可以减少科研人员在不同部门之间的碰壁，使他们能够更清楚地了解自己的评价标准和考核方法。

3. 协同合作与加强监督

为解决责任模糊所带来的问题，各个部门应建立起相互配合、协同合作的机制，建立健全的监督评估机制也是至关重要。通过对责任的追踪和考核，可以促使各个部门切实履行自身的职责，避免责任推诿现象的发生，从而确保科研管理工作的顺利进行。

科研管理部门应明确项目主管单位、项目负责人和相关参与人员的责任，并建立相应的责任体系，包括制定科研项目管理规范、指导文件等，明确各个角色的责任和协作关系。同时，建立科研项目的监督和评估机制，确保责任的履行和结果的达成。各个相关部门之间应加强沟通和协作，明确彼此的职责和工作目标，避免因信息不畅通和沟通不足导致责任模糊。可以通过定期召开会议、建立沟通渠道等方式，促进不同部门之间的有效沟通和信息共享，提高协作效率。另外，应建立健全科研管理监督和问责机制，对于责任模糊问题要及时进行整改和追责。建立科研评估机制，对责任落实情况进行评估，并对未按规定履行职责的部门或个人进行问责，以确保责任的明确和履行。

二、人性化管理

科研管理体制应该倡导一种开放、包容和灵活的精神，为科技创新提供更多的空间，让科研人员能够发挥他们最大的潜力。应该是基于科学方法和理性管理的，既要保证科研人员充分发挥自由探索的权利，也要在保障公共利益的基础上，合理规范科研活动，促进科技创新的快速发展。

为了解决这个问题，高校科研管理部门可以考虑改革现有的科研资源管理机制。

第一，应该倡导科研自主权，给予科研人员更多的自由空间和选择权，鼓励他们充分发挥创造力。科研自主权是指科研人员在科研活动中享有的自由进行研究的权利，是保证科学研究的独立性和创新性的前提。为了保证科研自主权，高校科研管理部门需要鼓励开放、包容的科研文化，尊重科研人员的主动性和专业判断力，给予他们更多的自主权和独立权。

（1）应该构建开放、包容的科研管理文化。科研管理文化应该注重开放和包容，鼓励跨部门合作与协同创新，打破垂直管理的壁垒，鼓励不同科研团队、学科之间的合作与交流，这样可以营造开放、包容的科研氛围，促进跨学科、跨领域的协同创新，激发科研人员的创造性和探索精神，促进科技创新。

（2）应该尊重科研人员的专业判断力和主动性。科研人员是科技创新的主力军，他们具有丰富的实践经验和专业知识，应该得到充分的尊重和信任。应该给予科研人员更多的自主权和独立权，让他们在科研中发挥自己的专业能力和判断力，促进科技创新。

（3）应该鼓励创新精神和学术自由。创新是科技发展的重要驱动力，应该鼓励科研人员在科研过程中充分发挥创造性，提倡创新精神，推动科技创新的发展。此外，学术自由也是保障科研自主权的重要保障，应该为科研人员提供充分的知识资源和学术交流的平台，让他们有更广阔的视野和更多的思想碰撞，促进科技创新的发展。

第二，优化科研管理流程。高校科研管理是关系科研创新的关键环节，它的效率直接影响着科研成果的产出和实际效益。然而，在现有科研管理中，仍然存在着很多问题，如烦琐的报批程序、行政干预偏大等问题。这些问题已经严重制约了科研人员的创新激情和工作积极性。因此，加强科研管理制度建设，优化科研管理流程是至关重要的。

（1）在科研管理中应该平衡规范性和灵活性的关系。优化科研管理流程，简化行政程序并减少烦琐的报批环节，有助于减轻科研人员的负担。科研管理人员应设计并采用简化和优化的管理流程，以提高工作效率。同时，建立灵活的管理机制，允许科研人员在一定范围内自主决策和调整研究方向，鼓励创新思维。此外，为科研人员提供更多的自主权和决策空间，创建包容性的管理环境，鼓励团队合作和知识共享，有助于促进科研成果的产生和转化。此外，科研管理人员也应积极与行政管理部门进行沟通和协调，共同制定科研管理政策和流程，确保科研工作与行政管理有机结合，实现高效科研管理的目标。只有在平衡规范与灵活性的基础上，才能有效提高科研管理的效率，激发科研人员的工作积极性。科研管理才能更好地促进创新，推动科研事业的发展。

（2）科研管理应该注重与科研人员的合作和共同参与，建立科研团队的共治机制。通过加强与科研人员的沟通和交流，加强信息沟通和反馈，建立快速、畅通的信息传递渠道，形成科研管理的共识和合力。在科研项目的决策过程中，充分听取科研人员的意见和建议，让他们参与到项目的规划和决策中来。这有助于激发科研人员的积极性和主动性，增强他们对项目的认同感和责任感。

科研管理制度的建设需要全面深入地推进，必须根据科研人员的实际需求和工作特点，制定出符合科研实际的科研管理流程。通过不断优化科研管理流程，建立灵活的管理机制，建立科研团队的共治机制，可以有效提高科研管理的效率和科研人员的工作积极性，从而推动科技创新。

第三，强化科研管理的专业性和科学性。科研管理的专业性和科学性是促进科研活动高效运行、提升科研成果质量的关键。

(1) 科研管理应当遵循科学方法和标准进行。科研管理涉及多个关键环节，包括项目管理、经费管理、团队组建和成果评价等，每一个环节都必须严格按照科学规范和程序操作。为了提高科研管理的规范性和科学性，应建立系统的科研管理指导性文件和标准流程，如经费管理办法、科研团队管理办法等。这些文件和流程应涵盖科研管理的各个方面，从项目立项、执行到结题验收，每一个环节都应有明确的规定和操作指南。通过制度化、标准化的管理，可以减少人为因素的干扰，提高科研管理的透明度和公正性。此外，科研管理还应注重信息化建设，利用现代信息技术手段，提高科研管理的效率和水平。例如，可以建立科研管理信息系统，实现科研项目、经费、人员等信息的实时共享和动态管理，从而提高科研管理的科学性和决策的准确性。通过科学、规范的管理方法和标准流程，科研管理可以实现对科研活动的全面、系统、高效管理，确保科研资源的合理配置和高效使用，推动科研事业的可持续发展。

(2) 科研管理人员应具备丰富的科研经验和专业知识。如前文所述，科研管理人员在科研活动中扮演着至关重要的角色，他们不仅需要具备优秀的管理能力，还需深入了解科研领域的前沿动态和技术发展趋势。只有这样，他们才能为科研团队提供高质量的专业支持和指导，确保科研项目顺利进行并取得预期成果。因此，加强对科研管理人员的培训和素质提升显得尤为重要。首先，科研管理人员应接受系统的专业培训，如前文所述，包括最新的科研方法、数据分析技术、项目管理工具等方面的知识。这些培训有助于他们掌握当前科研领域的最新进展和技术革新，从而更好地理解和支持科研团队的需求。此外，应鼓励科研管理人员参加学术会议、研讨会和行业交流活动，及时获取最前沿的科研信息和动态，开阔视野，提升专业水平。其次，还应注重科研管理人员的综合素质培养。除了专业知识外，科研管理工作还需要强大的沟通协调能力、问题解决能力和创新思维。因此，应开展相关的软技能培训，如跨部门沟通技巧、冲突管理等，以全面提升科研管理人员的综合素质。此外，科研管理人员还应具备一定的政策法规知识，了解相关法律法规和科研伦理规范。这不仅有助于避免科研过程中的法律风险，还能确保科研活动的合规性和道德性。

通过加强对科研管理人员的培训和素质提升，可以显著提高他们的专业水平和综合素质，使其更好地服务于科研活动的开展，推动科研事业的持续健康发展。

综上所述，高校科研管理体制改革是一个复杂而长期的过程。科研管理需要在保持一定规范性和程序性的前提下，建立更加服务型的科研管理机制。只有通过不断提升科研管理人员的素质，加强科研管理的规范化和科学化建设，才能实现这一目标。建立开放、包容、灵活的科研管理文化，打破部门间的壁垒，促进横向协作和交流，以实现资源共享和合作创新。同时，可以探索建立灵活的管理机制和流程，使科研管理更加贴近实际需求，充分发挥科研人员的主体作用。加强科研人才培养和引进，提高科研人员的综合素质和专业水平，为科研工作提供更好的支持和服务，是推动科技创新与经济社会发展相互融合，实现高质量发展的重要举措。这是一个持续不断的过程，需要各方共同努力，为高校科研的持续发展和创新能力的提升提供坚实支撑。只有这样，才能更好地支撑科研活动的健康发展，推动科技创新不断迈上新台阶。

三、完善科研管理人员配置

高校科研管理工作是提高高校科研水平和实现其持续发展的关键。高校科研工作的有序开展必须以科研管理者的全面推进为前提，也就是说学校的科研工作和这些管理人员的水平有密切联系。① 管理工作做得好，可以使学校现有科技资源得到合理配置、充分运用，较好地协调科技活动中的各种关系，最大限度地发挥广大科技人员的积极性与创造性，保证以较少的科研投入取得较多的、质量较高的科技成果。高校的科技管理人员担负着全校的科技管理工作，其工作的绩效在很大程度上取决于管理者的能力和水平。② 因此，提高高校科研管理人员的综合素质，建设一支高水平的科研管理队伍已成为高校的一项重

① 参见毛献峰《高校科研管理人员专业发展策略研究——基于知识管理的视角》，《管理观察》2019 年第 28 期。

② 参见周倩《高校科技管理人员专业化建设研究》，博士学位论文，华东师范大学高等教育学，2006，第 9 页。

要工作。

(一) 扩展科研管理人员边界：解决科研管理人员不足的问题

很多高校都存在着科研管理人员不足的问题，这是一个普遍存在的现象，这给高校的科研工作和管理带来了很大的挑战。科研管理人员是高校科研管理中非常重要的一环，他们承担着项目、经费、平台管理等多项工作，对于保障科研工作的顺利开展有着至关重要的作用。然而，在现实中，高校科研管理人员存在数量不足的问题，尤其是在一些普通高校中更为突出。这导致了科研管理人员的工作压力和数量不匹配，使得科研管理工作难以精准地开展，也影响了高校的整体科研水平和竞争力。

为了解决这个问题，高校需要采取有效的措施来解决这一问题。

首先，应该加大对科研管理人员的培训和选拔力度，提高他们的专业素质和能力水平。高校可以通过改进招聘机制，吸引更多有才华和经验的科研管理人员加入。

学校层面，要着力于打造一支稳定的高素质科研管理队伍，一方面根据科学管理对人员学历要求较高的特点，严把管理队伍的入口关，积极吸纳优秀人才，构建知识结构多样化、年龄结构合理的科研管理人才队伍，满足不同学科科研管理与服务的要求；另一方面，为现有的科研管理人员提供培训和发展机会，提升他们的管理能力和专业素养，帮助他们更好地应对科研管理的挑战。加强科研管理队伍内部的经验交流，定期组织经验交流会、研讨会，科研管理人员之间相互学习与借鉴，使管理人员能全面了解学校科研状况及不同岗位的科研管理流程。

学院层面，要设立专职科研秘书岗，安排固定的行政人员长期从事本学院的科研管理工作，并尽量避免出现科研人员兼任科研秘书的现象。另外，针对重大科研平台的数量和发展需求，每个二级学院可以设置一至两个专职科研平台管理岗位，配备优秀的复合型人才专职管理人员，主要负责二级学院科研平台的建设发展服务与管理工作。这些管理人员的主要职责包括协助二级学院主管科研的院长做好全院的科研平台管理工作，协助各科研平台负责人做好科研平台发展规划、建设方案实施等工作；负责与学校有关部门沟通联系，及时收集有关科研平台建设管理文件，获取各种政策信息，及时向二级学院主管科研的院长和科研平台负责人汇报，以便科研平台负责人适时安排和调整工作方向。这样既解决了科研秘书等平台兼职管理人员频繁更换的问题，又稳定了高校科研平台管理队伍，有利于管理人才梯队的形成和专业化水平的提高。同时，这也有利于鼓励更多优秀人才专注科学研究，推动高校科研平台的内涵建设。①

其次，为了弥补科研管理人员的不足，高校可以通过引进外部专家或建立科研管理合作机制，将更多的人力资源和智力资源引入科研管理工作中。具体来说，可以加强国内外合作与交流，与国内外知名高校、科研机构建立合作关系，通过人才交流、项目合作等方式引进优秀的科研管理人员。这样的举措不仅可以弥补科研管理人员的不足，还可以带来前沿的管理理念和经验，为高校的科研管理工作注入新的活力和创新元素。

同时，高校还可以采用信息化手段，提高科研管理的效率和水平。建立科研信息化平台，实现科研信息数据整合和共享，可以有效减轻科研管理人员的工作压力，提高工作效率。通过建立科研项目管理系统、科研成果数据库等工具，可以方便科研管理人员进行科研项目的跟踪管理、成果的统计和评价等工作。此外，可以借鉴其他高校的成功经验，积极探索和采用有效的科研管理模式和方法，以促进科研管理工作的规范化和标准化。可以进行案例分析和经验交流，学习其他高校在科研管理方面的先进做法，并根据本校的实际情况进行适当的调整和改进。

总之，高校科研管理部门人员编制不足的问题是一个普遍存在的问题，是需要高校重视和解决。通过加强科研管理团队的建设和采取有效措施可以促进高校科研管理人员队伍的建设和发展，提高科研管理的质量和效率，推动高校科研工作的蓬勃发展。只有确保科研管理人员与科研项目和科研成果的增长相适应，才能更好地支持高校科技创新的发展，为高校的发展和建设注入新的动力，推动科研事业的进步和创新。

---

①　参见范丽琴《高校科研平台管理队伍管理水平提升路径研究》，《北京印刷学院学报》2021年第12期。

(二) 提升科研管理人员的专业化水平

高校科研管理不同于一般的行政管理，它是一项复杂而多样化的工作，涵盖项目管理、经费管理、团队建设、成果评价等众多环节。科研管理旨在集策划、协调和服务于一体，对科研活动起到引领、支撑和服务的重要作用。与一般行政管理相比，科研管理人员须具备较高的科研思维能力和过硬的科研素质。[①] 他们需要了解科研项目的特点和要求，具备科学研究的方法和技巧，具备良好的组织能力和沟通协调能力，以便有效地协调不同团队之间的工作，促进信息共享和协作。科研管理人员还需要具备较强的经费管理能力，确保科研项目的经费使用合理、高效。此外，他们还应具备团队建设和人才培养的能力，以提高科研团队的凝聚力和创新能力。

为发挥科研管理顶层设计作用，科研管理人员应拥有较强的专业技术技能和科学素养，学习和掌握科学研究方面的专业知识，关注国家相关政策、科技前沿、产业动态及市场前景，结合单位自身研究优势和特色，在组织策划科研项目时，保证技术的先进性、新颖性，保证科研项目能够快速、有效地实施，保证科研成果的经济效益和社会效益，从而在科研活动各个阶段充分发挥科研管理的引领和指导作用。要具备更多的现代化管理知识，如项目全过程管理、经费使用、知识产权保护、档案管理、统计学、计算机软件应用以及信息化管理等知识。科研管理部门是科学研究的重要组成部分，管理人员要利用自己丰富的管理知识优化业务流程，将复杂烦琐的科研管理工作标准化、规范化，提高科研管理效率，以便更好地服务于科研活动。[②]

随着科技的飞速发展，传统的高校科研管理模式已经跟不上时代的步伐。在新的科技环境下，高校科研管理需要更加灵活、开放、创新和高效的方式。这种转变的关键在于推进科技与管理的深度融合，打造适应新时代要求的科研管理体系。高校科研管理部门要转变管理理念，由单兵作战向协同作战转变，

---

① 参见葛蕾《浅析科研管理队伍的建设》，《科研管理》2019 年第 6 期。

② 参见那宏壮《科研管理人员素质建设研究》，《黑龙江科学》2021 年第 6 期。

由单纯完成任务向创造性开展工作转变，由事务型向专家型转变。① 高校科研管理人员需要从单纯完成任务向创造性开展工作转变，这种转变的关键在于鼓励科研管理人员在工作中发挥主动性和创造性，提升高校科研管理人员的专业化水平，积极探索新的管理模式和方法，为科研事业的发展注入更多的活力和创新力。

第一，提供必要的培训和学习机会，帮助科研管理人员不断更新知识和提升技能，以适应科研管理领域的变革和需求。高校可以建立科研管理人员的专业培训课程和培训计划，涵盖科研管理理论知识、项目管理技能、科研政策等方面的内容，为科研管理人员提供必要的学习机会。举例来说，在科研管理中，对项目管理这一重要领域，科研管理人员承担着对项目成功开展的关键责任。通过专业化的培训和学习，科研管理人员可以全面分析和评估项目目标、研究内容和预期成果，协助科研人员制订科学合理的研究计划。他们还会了解国家和地区的科研政策和发展趋势，以及产业界的需求和市场前景，从而确保项目的科学性和创新性，保障项目的顺利进行。此外，这些专业培训和学习机会将有助于提升科研管理人员的整体素质和能力，提高高校科研管理的水平和效率，推动科研工作的顺利进行，为高校的科研事业发展注入新的活力。

第二，高校科研管理人员应及时关注科研管理行业的最新发展动态和前沿技术，不断更新专业知识和技能。由事务型向专家型转变，提升自身的专业素养和管理能力，使其具备更强的专业技能和学术背景，能够更好地应对复杂的科研管理工作，为科研项目的顺利进行提供更有力的支持和保障。科研管理人员要加强学习，“自我完善”，提高自学能力，广泛涉猎交叉学科的知识，成为兼具“通才”“专才”的复合型人才。② 提升自身的学习能力和专业素养，以适应科技发展的快速变化和科研管理行业的需求。参与行业内的研讨会、会议，了解最新的科研管理理念、政策和实践经验，拓宽视野，学习他人的成功

---

① NCURA, “National council of university research administrators”, http://www. ncura. edu/AboutUs. aspx.

② 参见李楠、于亚辉、潘月卓等《浅析科研管理工作在农业科研院所中存在的问题及其对策——以辽宁省盐碱地利用研究所为例》,《园艺与种苗》2021 年第 6 期。

经验和教训；阅读权威的专业书籍，可以及时获取科研管理领域的最新研究成果和前沿技术，了解国内外科研管理的发展趋势和最佳实践，为自己的工作提供思路和灵感。不断更新专业知识和技能，以适应科技发展的快速变化和科研管理行业的需求，不断提升自身的管理水平和决策能力，为高校科研管理工作注入更多活力和创新力。

第三，高校可以为科研管理人员提供参与科研项目实践的机会，鼓励科研管理人员参与科研项目的申报，让他们亲身参与到科研项目的具体实践中。这种实践能够帮助他们更好地理解科研项目管理的流程和要求，深入了解科研工作的实际需求和挑战，从而积累宝贵的实践经验。这种实践经验有助于他们总结和提炼出科研管理的最佳实践和标准，为后续的工作提供宝贵的参考和借鉴。更重要的是，通过这种深度参与，科研管理人员可以建立起对科研人员需求的全面了解，形成有效的沟通桥梁，能够给予科研人员更精准的支持。同时，这种实践机会还能够激发科研管理人员的创新思维，使他们在日常管理工作中运用更灵活和科学的方法，进一步提升高校整体科研管理的水平与质量，推动科研工作的顺利开展和持续进步。通过不断实践和总结，科研管理人员不仅提升了自身的专业能力，也为高校科研管理体系注入了新的活力和动力，推动高校科研管理工作的不断发展和创新，提升整个科研管理团队的水平和能力，促进了整个科研环境的优化。

第四，引进既具备优秀管理才能，又熟悉科研业务的综合型专业人才，对高校科研管理至关重要。这些人才不仅在管理领域拥有丰富的经验和卓越的领导能力，同时对科研领域有深入的理解和熟悉，能够把握科研项目的本质和特点。这种综合型人才不仅具备跨学科协调和沟通的能力，还能够有效整合不同学科背景下的科研团队，推动跨学科合作与创新。此外，他们还具有丰富的科研项目管理经验，能够处理科研项目中的技术和方法问题，确保项目顺利进行并高质量完成。通过引进这样的专业人才，高校科研管理部门可以更好地应对科研管理工作的复杂性和特殊性。这些人才将为科研管理团队注入新的活力和思维，带来全新的管理理念和方法，有助于促进科研管理与科研业务之间的有效对接与协同，提升科研管理部门的整体绩效和效率，推动科研事业蓬勃发展，使科研管理工作更加高效、专业化和科学化。

通过以上措施，高校可以提升科研管理人员的专业化水平，推动科研管理工作的规范化和标准化进程。科研管理团队将能够从单纯的任务执行者转变为积极主动的创新者和推动者，为科研事业的发展注入更多的活力和创新力。这将有助于推动整个科研管理工作向着更高效、更具创造性的方向发展，进一步促进科研创新和学术发展。

（三）建立科研管理队伍的培训体系

新形势下，科研院所必须重视科研管理队伍建设。要“走出去”，加强科研管理人员的培训力度，建立相应的培训制度，采取定期集中培训、学术交流活动等方式，在培训内容上可以涵盖政策法规、制度文件、科研管理知识、业务知识、办公自动化知识等，使科研管理人员的培训制度化、系统化、常态化。① 高校必须有计划、有目的地逐步推进科研管理人员的业务培训工作，来帮助科研管理人员更好地适应科研管理工作。

高校可以通过提供培训和学习机会来帮助科研管理人员不断提升自身的专业能力和知识水平，这些机会可以促使科研管理人员持续学习和成长，并在工作中不断创新和改进，为他们的职业发展提供支持。科研管理人员在高校的科研工作中发挥着重要的作用，他们不仅需要具备扎实的学科知识，还需要掌握科研项目管理、团队协作、资源调配等方面的技能。因此，通过针对性的培训和提升，可以帮助科研管理人员更好地应对工作挑战，提升工作效率和质量。培训应以科研管理人员的实际需求为导向，高校可以根据科研管理人员的职责和工作特点，组织专业技能培训、管理能力提升课程等，帮助科研管理人员了解最新的管理理念和方法，并提升其工作技能。此外，还可以鼓励科研管理人员参与学术交流和行业研讨会，拓宽其眼界，提升其专业水平。这些培训和学习机会将有助于科研管理人员在工作中不断创新和改进，为其职业发展奠定坚实的基础。

---

① 参见葛蕾《浅析科研管理队伍的建设》，《科研管理》2019 年第 6 期。

1. 健全培训制度

为了提升科研管理人员的素质和能力，高校应该建立健全科研管理人员培训制度。这个制度需要明确培训的内容、形式、频次等方面的要求。目前，大多数高校根据学科性质将科研管理分成社科条线和科技条线两个部门，并根据业务内容设置项目科、成果科、平台基地科、综合管理科等科室。每个科室的工作对科研管理人员的专业技能和职业素养都有极高的要求。因此，高校必须有计划、有目的地逐步推进科研管理人员的业务培训工作。①

首先，高校可以开展岗前培训，不仅包括学校层面的培训，还应组织涵盖各个科室业务内容的岗前培训，并对培训效果进行考核。这样可以确保新任科研管理人员在上岗前具备必要的知识和技能。

其次，高校可以建立科研管理人员的培训体系，为不同层次和职位的科研管理人员提供相应的培训和指导。如校级科研管理部门工作人员的培训，学院二级层面科研管理人员，如科研秘书的培训。

最后，制度化的培训方案能够确保培训工作的连续性和稳定性，使培训成为科研管理工作中的常态化环节。高校可以定期评估和调整培训计划，根据科研管理领域的发展和需求，不断更新培训内容，确保科研管理人员始终掌握最新的管理理念和方法。

通过建立健全科研管理人员培训制度，高校能够提升科研管理队伍的整体素质和能力，为科研管理工作的开展提供有力保障。这样的培训制度能够帮助科研管理人员适应新形势下的科研管理工作需求，推动科研工作更好地服务国家发展战略。

2. 明确培训内容

科研管理人员是高校科研事业的重要支撑力量，他们的能力和素质直接关系到科研工作的顺利开展。为此，高校应该明确科研管理人员的培训内容，通过集中培训、业务培训、数字化办公培训等多种方式，提高科研管理人员的职业素养和专业技能。②

---

① 参见葛蕾《浅析科研管理队伍的建设》，《科研管理》2019 年第 6 期。

② 参见葛蕾《浅析科研管理队伍的建设》，《科研管理》2019 年第 6 期。

首先，高校可以定期举办科研管理人员培训班。这样的集中培训活动可以集中资源，提供统一的培训内容，帮助科研管理人员全面提升自身的管理知识和技能。培训内容应该涵盖政策法规、制度文件、科研管理知识和业务知识等方面。此外，还可以邀请行业专家和领导进行授课，提供权威的知识和经验。

其次，高校可以组织科研管理人员参加具体业务工作的培训。例如，可以参加一些行业学会、上级主管部门组织的科研项目申报、科研经费管理、科研成果认定及转化等方面的专业培训。通过这样的业务培训，科研管理人员可以深入了解具体业务领域的知识和技能，提高自身的业务水平。

最后，在培训中应该注重办公自动化工具的使用培训，如科研管理系统、数据分析工具等。通过培训科研管理人员使用现代科技手段进行工作，可以提高工作效率和质量。这样的综合性培训可以帮助科研管理人员全面了解和掌握与科研管理相关的各个方面的知识和技能。

建立健全科研管理人员培训制度对于高校科研事业的发展至关重要。集中培训、业务培训、办公自动化工具使用培训等多种方式可以提高科研管理人员的专业素养和职业技能，为高校科研事业的顺利开展提供有力保障。

3. 组织学术交流活动

为促进科研管理人员之间的交流与合作，高校应定期组织丰富多样的学术交流活动，如研讨会、论坛、讲座等。定期组织兄弟院校之间、校内各二级学院的调研与交流，学习与分享先进经验。这些活动旨在为科研管理人员提供一个平台，不仅可以让科研管理人员了解最新的科研动态和管理经验，还能够促进科研管理人员之间、不同院校之间、校内各二级学院之间的交流与合作，以便学习和分享先进经验，促进相互学习和成长，提高整体管理水平。①

通过组织这样的学术交流活动，高校能够为科研管理人员搭建一个广泛的学习和交流平台，使他们紧跟科研前沿，了解最新的管理方法，并与同行建立紧密的联系。这将有助于提升整体的科研管理水平，推动科研工作的创新和发展。

---

① 参见葛蕾《浅析科研管理队伍的建设》，《科研管理》2019 年第 6 期。

4. 积极为科研管理人员谋求挂职锻炼的机会

随着高校科研的不断发展，科研管理人员的角色变得愈发重要。他们不仅需要具备扎实的业务知识，还需要具备较高的管理能力和领导素质。为了提升管理人员的整体水平，积极推荐他们到上级主管部门对口岗位挂职锻炼是一个非常有效的途径。①

首先，对于科研管理人员而言，挂职锻炼可以帮助他们了解上级主管部门的运作方式和工作流程，学习更为丰富的行政管理知识和业务知识。通过挂职锻炼，管理工作人员可以深入了解更为宏观的工作实践，学习到各种管理技巧和方法，并将其运用到自己的工作中，管理工作人员的知识面和技能水平就能够得到有效拓展和提升。

其次，挂职锻炼还可以帮助管理人员开阔视野。在日常工作中，管理工作人员往往只接触到自己所负责的领域和范围，难以全面了解整个机构的运作和发展情况。通过挂职锻炼，管理工作人员可以亲身体验和参与上级部门的工作，深入了解整个机构的运行机制。这不仅可以拓宽他们的工作视野，还可以让他们更好地理解和协调各个部门之间的关系，提高跨部门协作和整体协同的能力。

最后，挂职锻炼还有助于提高管理人员的科学决策能力和管理水平。在实际工作中，科研管理人员需要面对各种复杂的问题和挑战，需要做出准确的决策并进行科学的管理。通过挂职锻炼，管理人员可以接触到更多的实际情况和复杂情境，锻炼自己的分析、判断和决策能力。同时，他们还可以学习上级部门的优秀管理经验和做法，借鉴并应用到自己的工作中，从而提高整体的管理水平。挂职锻炼可以有效提升科研管理人员的综合素质。这不仅有助于为管理人员个人的成长和进步创造更加良好的条件和机会，也能够为科研管理部门的长远发展提供有力支持。

在新形势下，高校需要积极适应科研管理工作的需求，不断推动科研管理工作的创新和发展，以满足科研工作者的需求，提升高校科研管理的整体水

① 参见葛蕾《浅析科研管理队伍的建设》，《科研管理》2019 年第 6 期。

平。加强科研管理人员的培训是高校提升科研管理队伍素质和能力的关键步骤。通过培训，可以提高科研管理人员的专业知识和技能，增强他们在科研管理方面的应对能力和水平。

加强对科研管理人员的培训和提升是高校为其提供职业发展支持的重要举措。通过有针对性的培训和提升，可以提高科研管理人员的专业素养和管理能力，帮助他们更好地履行职责，推动科研工作的发展。高校应该将培训和提升纳入科研管理人员的日常工作中，形成良好的学习氛围和机制，这样可以有效提升高校科研管理工作的质量和效率，为科研工作更好地服务国家发展战略提供有力保障。

（四）完善科研管理队伍的支持网络

科研管理人员是高校科研工作中至关重要的一支力量。他们承担着项目管理、经费管理、成果转化等重要职责，为科研工作的顺利进行和取得优异成果提供了坚实的支持。然而，科研管理工作的特殊性使其工作量大、责任重，往往需要付出较多的努力和精力。但是现阶段很多高校受到传统观念的影响，对科研管理人员的重视程度明显不足，有些高校甚至出现只重视科研人员、轻视科研管理人员的现象，导致科研管理工作存在诸多不足和问题，从而影响高校整体科研水平的提高。

只有当科研管理人员认同自身职业价值，并能够从中获得自我成就感时，才能激发其工作的积极性和创造力，避免人员流动。高校和科研机构应该加强对科研管理人员的重视和支持。如建立健全人才培养机制，提供持续的培训和发展机会，激励管理人员留在岗位并持续提升自身素质；制定合理的激励政策，包括薪酬福利、晋升机制等，吸引和留住优秀的科研管理人员。

1. 给予科研管理人员更好的职业发展规划，明确晋升路径和标准

通过制定明确的岗位职责和能力要求，以及明确各个职务级别的职责范围和晋升条件，可以为科研管理人员提供清晰的职业发展方向。这有助于科研管理人员了解自己当前所处的职业阶段，以及需要具备哪些能力和技能，从而更好地规划自己的职业生涯。针对不同职务级别，可以设置不同的学历、工作经验和专业技能等方面的要求。例如，科级及以下科研管理人员可以设定较低的

学历和工作经验要求，但需要掌握基本的科研管理知识和技能；而处级科研管理人员则需要有丰富的项目管理经验和较高的专业技能水平，同时还需要具备一定的团队管理能力和领导能力。这样的职业发展规划体系既能够体现科研管理人员的实际工作水平，也能够为他们提供明确可行的职业发展路径。

同时，为了确保晋升过程公正公平，高校还需要制定晋升评审标准和程序，并建立公平公正的晋升机制。严格按照评审标准和程序进行评审，确保科研管理人员的晋升过程公开透明、公正客观。在评审过程中，还应该充分考虑科研管理人员的实际工作表现、成果贡献、专业技能水平等方面的因素，从而更好地激励和奖励优秀的科研管理人员。

建立完善的职业发展规划体系对高校科研管理人员的职业发展至关重要。通过明确的职业发展路径和标准，科研管理人员可以更好地规划自己的职业生涯，同时也可以促进科研管理工作的开展和管理水平的提升。高校应该注重科研管理人员的职业发展，为其提供更多的支持和帮助，从而推动高校科研事业的蓬勃发展。

2. 建立合理的评价与资助体系

科研管理人员只有认同自身职业价值，从中获得成就感，才能激发工作的积极性与创造力，因此，制定合理的人才考评与激励机制尤为重要。鉴于科研管理工作的复杂性和集体性，个人工作难以用单一标准衡量，因此对科研管理人员的考核需要采用定性与定量相结合、物质奖励与精神鼓励相结合的原则。科研管理部门应根据岗位职责制定考核细则和激励政策，明确对突出表现的人员将通过工资报酬、个人职业发展、精神奖励等方式得到认可和奖励；而在出现重大工作失误或工作态度问题导致不能胜任岗位职责的情况下，应考虑是否留任或降级降薪。建立目标清晰、职责明确、奖惩分明的评价机制有利于营造积极正向的科研工作氛围，提升科研管理人员的职业素质，从而提高工作效率。①

这些激励措施能够有效减少科研管理人员的流动性，保持管理队伍的稳定

① 参见范兆娟、王建立《“双一流”建设背景下高校科研管理人员专业化发展路径研究》，《重庆电子工程职业学院学报》2021年第3期。

性。这更能提高他们的工作积极性和创造力，为科研管理人员的职业发展提供了更多的机会和资源支持。在获得成长和发展的同时，科研管理人员也能更好地推动高校科研事业的发展，形成一个相互促进的良性循环。通过这种系统性的支持与激励，高校将能够培养出一支高素质、专业化的科研管理队伍，为未来的科研创新和成果转化奠定坚实基础。

3. 完善管理制度以应对科研管理中的人员流动

由于人员流动不可避免，为了解决人员流动和岗位变动带来的职责和权限划分模糊问题，高校可以采取多项措施来确保科研管理工作的顺畅进行。

（1）为了保障科研管理工作的高效运作，高校需要健全管理制度和档案记录。建立科研管理的相关制度和规章是基础，明确各个岗位的职责、权限及具体工作内容。通过清晰地定义每个岗位的职责和权限，可以避免因职责不清而造成的工作混乱。同时，建立健全的岗位档案记录非常重要，其中包括详细的职责分工和权限范围。这些档案记录可以在人员流动时为新任人员提供明确的指引，帮助他们快速了解岗位要求并融入工作。另外，通过建立系统化的管理体系，可以使新旧员工在交接过程中有据可循，降低因信息不对称导致的工作中断的风险。

（2）为了保证科研管理工作的连续性和稳定性，高校需要在新科研管理人员到岗时提供及时的培训和指导。这样可以帮助他们迅速掌握岗位所需技能和知识，尽快适应新的职责和工作环境，是保证工作连续性的关键措施。提供全面的培训计划，包括介绍相关制度和规章、解释工作流程和要求，以及培养沟通与协作能力等方面的内容，可以帮助新任管理人员更好地胜任工作。同时，在人员流动或岗位变动时，必须做好经验的传递工作，组织离职人员与接替人员之间的交接会议或培训，进行经验分享和问题解答，有助于平稳过渡。这可以确保重要经验和信息不会因人员离职而流失，从而保证科研管理工作的连续性和稳定性。通过这些措施，可以确保新任科研管理人员能够快速适应工作，关键的经验和知识得以传承，从而保护科研管理工作的连续性和稳定性。这样可以确保科研管理工作的高效运作。

（3）优化岗位调整和评估机制。通过定期进行工作绩效评估，可以及时发现问题并进行调整，从而有效提升团队的整体水平。同时，建立科学合理的岗位轮换制度，通过适度轮岗让员工在不同岗位之间积累经验，增强管理团队的灵活性和适应能力，将有助于提升团队的整体效率。

总之，认同自身职业价值和从中获得自我成就感是激发科研管理人员工作积极性与创造力的关键因素。高校应该认可和尊重科研管理人员的劳动价值，改变对高校科研管理工作的认知，提高其在高校中的地位，为科研管理人员提供更广阔的上升空间和晋升机会。只有科研管理人员真正认同自身的价值并从中获得成就感，才能充分发挥他们的潜力，进一步提升科研管理工作的质量和效率，推动高校科研工作的蓬勃发展。

第五节　探索经费管理新模式

在新的时代背景下，高校科研工作的重要性进一步凸显，其创新能力直接影响到国家的科技竞争力和经济发展水平。高校作为我国科研的前沿阵地，肩负着知识创新与科学研究的关键使命。科学研究在我国经济发展中占据重要地位，高校科研创新能力与经济发展密切相关。

随着国家对科技创新的日益重视，国家出台了一系列政策措施，旨在优化科研资源配置，提升科研效率和提高成果转化率。这些政策为高校科研工作提供了更多的支持和便利，但同时也要求高校在科研管理方面进行相应的调整和创新。在新的科研体制下，高校科研活动的管理方式和运行方式正在发生深刻变化。高校需要重视政策衔接和创新机制，特别是规范科研经费的使用，以激发科研工作者的创新活力。科研经费的合理使用和管理是提升高校科研创新能力的重要环节。科研经费是支持科研活动顺利开展的基本保障，其使用是否规范和高效，直接关系到科研工作的质量和水平。然而，目前一些高校在科研经费管理上存在着程序烦琐、使用效率低下等问题，这不仅影响了科研人员的积极性，也浪费了宝贵的科研资源。因此，规范科研经费使用，加强财务管理和监督，是高校提升科研创新能力的重要任务。

一、精简财务流程：优化高校科研经费管理

近年来，尽管国家一直在改革财务制度，试图减少对科研人员精力的影响，但高校和科研机构仍然采用行政机关单位的财务制度，这导致改革的预期效果没有完全实现。政府虽然频繁出台各项政策，要求优化财务制度以更好地支持科研人才，减少烦琐流程对科研人员的干扰，然而当前高校和科研机构的财务报销程序却日益复杂，经费监管力度也在日益加强。这些机构的财务制度大多借鉴了政府管理部门的相关规定，但是，高校和科研机构作为从事科学研究的机构，其性质与政府管理机构有着本质区别。从财务角度看，政府部门属于财政性支出单位，由于其资金来自公共财产，工作人员并无动力严格监控开支。因此，实施严格的财务制度有助于提高资金利用效率，有效避免浪费和腐败问题。但对于高校和科研机构来说，科研经费不仅支持研究需求，还承载着对科研人员的资助责任。尤其是在社会科学领域，科研人员的人力付出通常占据主导地位，理应获得一定程度的回报。在这种情况下，若过度约束资金使用，可能导致“为花钱而乱花钱”的情况，既降低了资金利用效率，也影响了科研人员的积极性。①

为解决审批流程烦琐带来的问题，高校可以采取一系列措施优化审批流程、提高审批效率，提高科研经费的使用效率，促进科研工作的顺利开展。

第一，简化管理流程。高校应当采取措施减少不必要的预算填报和报销程序，制定统一的审批标准和流程。明确责任和权限，对审批流程进行系统梳理和规范化，简化程序，优化审核机制，减少科研人员在项目经费管理和报销方面的精力消耗。随时调整和改进审批标准和流程，确保其与实际需求相匹配，提高工作效率，使科研人员能更专注于科学研究工作本身。

第二，推行电子审批系统。相较于传统的手工审批方式，电子系统能够在保证准确性的前提下快速处理审批流程，避免人为因素导致的错误和延误，节

① 参见曾宪奎《新发展格局下高校和科研机构人才激励问题研究》，《中国劳动关系学院学报》2022年第2期。

约人力资源，提高工作效率。通过引入电子审批系统可以实现科研经费审批流程的信息化和自动化，有效减少纸质文档传递和审核时间，提升审批效率。此外，电子审批系统可以建立科研经费审批的全程记录和跟踪，能够提供审批进度实时查询和监控功能，为管理人员和科研人员提供更直观的审批情况反馈，有利于及时发现和解决审批流程中的问题，进而优化科研经费的管理流程，提高管理效率和质量。

第三，高校需要改变对财务部门的绩效考核方式。目前存在一些单位鼓励财务部门过严监管的倾向，这导致了科研工作中出现过多的限制和束缚。相反，应该将整个单位财务服务科研的状况作为考核的重要标准。这样可以引导财务人员在合乎法律和财务规定的情况下，更灵活地管理预算和报销等方面，从而更有效地支持科研工作的开展。① 通过将财务服务科研的效率和质量纳入绩效评估的核心内容，高校可以建立起一个更加开放和支持性的财务管理环境。这不仅能够减少不必要的行政手续和审批时间，还能提升财务部门与科研人员之间沟通与协作。

同时，加强相关部门之间的沟通与协调也是解决审批流程烦琐问题的关键步骤。学校应当建立起涵盖科研、财务、人事、审计等跨部门协作机制，通过促进各部门之间的信息共享和协同作战，可以有效减少重复劳动，避免信息孤岛和审批环节交叉干扰，从而优化整体审批流程。建立高效的跨部门协作机制，不仅有助于加快审批流程，还能提升工作效率和准确性。例如，财务部门可以与科研项目管理团队紧密合作，及时了解项目资金使用情况和支出预算，从而更精确地进行预算管理和审批流程控制。审计部门的参与可以有效监督资金使用过程中的合规性和效率性，为整体的财务管理提供保障。通过建立良好的沟通渠道和协作机制，科研管理部门可以在保证合规性的前提下，更加灵活地应对各种审批和财务管理挑战，为科研工作的顺利进行提供有力支持。

通过以上措施的实施，可以有效简化科研经费审批流程，提高审批效率，缩短审批周期，促进科研工作的顺利进行，推动科研项目的有效实施，为科研

① 参见曾宪奎《新发展格局下高校和科研机构人才激励问题研究》，《中国劳动关系学院学报》2022 年第 2 期。

机构的科研活动提供更加便捷、高效的支持和保障。

二、完善项目经费包干制的运行机制

部分科研项目经费包干制度是新时代减轻科研人员程序性负担的重要举措，但同时也为高校管理层带来了巨大挑战。他们一方面希望通过包干制度解放科研生产力，激发创新活力；另一方面，必须确保所有支出经得起严格审计的审核，以避免因财务记录不完整或不规范而受到处罚。

为了解决这一问题，高校需要在灵活性和规范性之间找到平衡点。为确保措施有效实施，不仅需要激活高校的体制机制，同时也需要相关单位进一步推进具体措施的落实：一是高校内部要针对包干制的项目出台相关的政策措施，对包干制的报销流程进行优化，甚至可以“特事特办”，同时必须制定相关的政策文件，以便各部门协调执行，确保制度顺畅实施和运行；二是针对项目经费总额的确定，高校内部相关财务、科研人员应根据历史同类项目的经费支出情况给相关科技人员提供参考及项目管理部门应结合行业特点、历史同类项目的资金拨付和实际使用情况加以权衡，制定相关标准，为项目立项金额的确定提供可靠的依据；三是高校在实施包干制度时，需要在保持内部控制和审计要求与提高科研经费使用效率之间找到平衡点。这可能需要通过制定更为灵活但依然合规的财务管理办法，加强各部门之间的沟通与合作，提高财务人员对科研活动的理解，并采取信息化手段提升管理效率。引入更加先进的信息化管理系统，通过数字化手段记录和追踪资金使用痕迹，确保即使在简化程序的情况下，仍能提供足够的审计证据。四是相关纪检、巡视、审计部门应该改革相关纪检、巡视审计措施，提供有针对性的监察、巡视审计方式，不能按常规方式审计监察包干制项目，主要监察有无谋取个人私利、套取科研资金、规避监管等重大事项，对于项目单位有内部政策依据的不同于常规的报销程序应予以认可。①

---

① 参见吕丽娜、陈琳琳、侍文蕾等《新形势下高校科研经费管理模式探析》，《经济师》2023 年第 8 期。

三、完善监管机制

高校作为科研创新的重要阵地，科研经费的监管和管理至关重要。为了确保经费使用的合规性和透明度，高校需要建立健全经费使用制度和内部控制机制，同时加强对科研人员的自觉性和规范性管理。科研经费的管理不仅仅是对财务资金的管理，更是对科研活动的引导和监督。高校科研经费的管理应注重结果导向，加强对项目成果和效益的评估。规范监管流程，提升项目执行能力，减少经费浪费，推动科研工作的高质量发展。

第一，建立健全经费使用制度是高校科研经费管理的基础。涵盖了科研经费的全过程管理，这包括科研经费的申请、审批、使用和结算等方面的规定，明确各环节的责任和权限，规范经费使用的流程和程序。例如，在经费使用方面，高校需要建立详细的使用规定和管理制度，包括经费使用范围、使用期限、使用方式等细则，确保经费的合理利用和有效支出。同时，还需要建立经费监督审计等方面的管理制度，可以通过独立审计、内部审查等方式，对经费使用过程中可能存在的风险和问题及时发现和纠正，确保经费使用的合法性和合规性。

第二，内部控制机制的建立对于科研经费管理至关重要。高校应当建立完善的内部审计，加强对经费使用过程的监控和评估。内部审计是确保经费使用合规性和提高效率的重要手段。通过定期的审计活动，可以对项目经费的拨付、使用情况进行全面跟踪和核查，验证资金是否按照预算和规定用于科研活动。审计不仅仅是对账目的简单核对，更重要的是通过深入的审核和分析，发现可能存在的错误、滥用或浪费，及时发现和纠正可能存在的问题和风险。能够有效地规范经费的使用行为，防范潜在的风险和错误，确保经费使用的合法性和合规性，为科研活动的持续发展和学术成果的真实性提供坚实的保障。

第三，高校需要加强跨部门的协同监管机制，以应对科研经费管理中存在的碎片化和烦琐化问题。通过统一的管理平台和流程，不仅能够有效整合各部门间的资源和信息，还能够提升对科研经费使用的全面监督和管理能力。这种机制能够确保经费使用的合规性和透明度，防止资金滥用和浪费。解决科研经费管理的碎片化和烦琐化问题，实际上也是为了降低管理成本，提高工作效率。高效的管理流程能够减少冗余和重复的工作，释放更多的精力用于科研活动本身，推动科研团队在国内外的学术地位和竞争力。只有这样，才能更好地推动科研工作的高质量发展，实现科研经费的有效利用。

除了高校自身的管理制度和机制建设，加强对科研人员的培训和教育也至关重要。提升他们的法治意识和职业道德水平，增强他们对经费使用规定的认识和遵守的自觉性。科研人员应当严格按照相关规定和程序执行经费使用，不得违规挪用或浪费经费。同时，科研人员应当增强经费使用的意识，充分尊重每一笔经费的来之不易，确保经费的合理利用。

总之，高校应加强对科研经费的监管和管理，建立完善的经费使用制度和内部控制机制。同时，科研人员也应提高经费使用的自觉性和规范性，共同维护经费使用的合规性和透明度，确保经费的合法、合规和透明使用。只有这样，才能更好地推动科研工作的开展，提升科研成果的质量和效益，为高校科研事业的高质量发展奠定坚实基础。

四、优化预算管理

预算编制是科研经费管理的重要环节，根据科研项目的具体需求进行科学合理的预算编制，以确保资金的有效分配和使用。通过细致的需求分析和精确的成本估算，可以提高预算的准确性和实用性，从而为项目的顺利开展提供坚实的财务保障。同时，合理的预算编制也有助于避免资源浪费，提升科研项目的整体效率和成果质量。

针对项目负责人缺乏整体财务规划能力，导致预算编制存在不科学、不准确的问题，高校可以通过开展有针对性的财务培训，提升项目负责人的财务管理能力和预算编制技巧。同时，建立专业财务团队或引入财务专业人员参与预算编制过程，为科研人员提供专业指导和支持，确保预算科学准确。

第一，高校可以加强财务管理知识培训，提高科研人员对预算编制的专业水平和认识，避免在预算编制阶段出现错误和偏差。针对科研人员开展相关培训，提升他们对科研经费预算重要性的认识。通过培训，帮助科研人员了解财务管理知识，学习预算编制原则和方法，提高他们的预算编制能力和财务管理水平。

第二，建议引入财务人员参与科研项目的经费预算工作。财务人员具有专业的财务管理知识和经验，在项目预算编制过程中，能够提供科学的财务意见和建议，帮助科研人员制定合理、前瞻性的科研经费预算，确保预算科目设置清晰明确、与财务分类科目一致，有效控制预算范围和费用额度，避免出现预算超支和费用混乱的情况，确保预算的科学性和准确性。

第三，建立预算编制指南。高校可以编制详细的预算编制指南，包括预算编制的流程、标准、计算方法等内容，以引导项目负责人科学合理地进行预算编制，确保各项费用的准确性和合理性。明晰预算编制的具体流程、标准和计算方法等，规范科研项目经费预算的编制和审批程序，可以引导项目负责人进行科学合理的预算编制，以保证预算的合理性和准确性。

第四，为加强科研项目预算的后续管理和监督，可以在项目执行过程中加强对科研经费的跟踪监控。这将有助于及时了解项目的进展情况和资金使用情况，从而及时发现并解决预算编制中出现的偏差和问题。定期进行预算执行情况的评估和调查，及时调整预算方案。这不仅能确保科研经费的有效利用，还能提高资金管理的效率，可以更好地保障科研项目的顺利进行，并提高科研经费的使用效果。

通过这些措施，可以有效提升科研项目的预算编制水平，确保经费使用的合规性和效率，更好地支持科研项目的顺利实施和成果转化，从而确保科研项目成功完成并达成预期目标。

五、加强信息化管理

高校在科研经费管理方面存在碎片化和烦琐化问题，需要建立跨部门协同监管机制，加强信息共享和沟通。各部门应密切配合，形成统一的资金管理标准和流程，以确保科研经费的审核与绩效评价相互衔接，避免重复审批和过度规范化的情况发生。为解决这些问题，有必要加强信息化建设，推动各部门间的信息共享和业务流程整合，建立统一的信息共享平台和数字化管理系统，实现数据资源共享和信息流畅，从而提高科研项目管理的效率和质量。此外，各部门应加快推进无纸化办公模式，提高线上系统建设水平，减少线下办理手续，简化流程，降低科研人员的工作负担，释放更多精力用于科研创新。

具体来说，高校在科研经费管理方面面临碎片化和烦琐化的问题，需要采取以下措施。

首先，建立健全内部信息平台。高校内部应当由科研管理部门、人事部门、财务部门牵头建立一个科研经费管理信息系统，方便管理者和相关人员随时查阅项目执行情况、预算执行情况和结余结转状态等信息，提高信息的透明度和可及性，或者将现有各子系统进行优化对接，整合科研信息、人事信息、财务信息等，并为所有相关的职能部门提供接口。这样可以使信息一点多享，为科研人员从项目立项到财务入账和职称晋升等一系列校内事务畅通渠道，减少科技人员的事务性工作，使其可以更加专注于科技创新，从而激发其创新活力。共享信息平台的建立，可以提供良好的信息交流和沟通渠道，减少信息不对称的现象，在提高办事效率的同时合理配置资源，提高科研经费管理的效率和效益。[①] 实现不同部门之间数据的共享和无缝对接，确保信息流畅传递，提高工作效率和协同配合能力。这样可以避免信息孤岛现象，减少重复手续和沟通成本，这将有助于提高工作效率，降低信息传递和处理的时间成本，从而推动科研工作流程的优化和提升。

其次，优化审批流程和标准，推进无纸化办公模式。针对科研经费报销、科研项目结项等存在的审批流程烦琐、标准不一的情况，可以建立统一的审批标准和流程，明确各部门的审批职责和要求，确保审批过程的规范化和一致性。简化审批流程，提高审批效率。推动业务流程的数字化转型，减少线下办理手续，提高办事效率，增加便捷性。推动数字化转型和智能化管理。借助信息技术手段，推动科研项目管理的数字化转型，实现信息自动采集、处理和分析，提高管理效率和决策水平。这将有助于降低科研人员的审批成本和工作负担，使他们能够将更多精力投入科研创新中。

---

① 参见吕丽娜、陈琳琳、侍文蕾等《新形势下高校科研经费管理模式探析》，《经济师》2023 年第 8 期。

综上所述，科研项目管理中的多部门协同工作是提高科研项目管理效率的关键，只有通过信息化和规范化流程的深度融合，促进各环节之间的无缝衔接，可以有效解决科研项目管理中信息分散、流程烦琐等问题，才能实现科研管理工作的高效运转，为科研人员提供更好的工作环境和支持，提升科研人员的工作效率和满意度。

六、将“放管服”落到实处

“放管服”的主题内涵是简政放权、放管结合、优化服务三项相互促进又彼此制约的基础要求。核心是放权，赋予高校更多的自主决策权和人、财、物支配权，加大激励力度，提高创新能力；关键是管理，将张弛有度、动静结合的管理手段渗透到机制构建、程序优化、信息升级、学术改善、社会监督各方面，对“放”的落地实施发挥制约保障作用；落地在服务，重视各部门的沟通协作，优化服务流程，搭建信息共享平台，提升服务水平，为科研工作的开展提供便利。

在高校科研管理领域，实施“放管服”政策要注重平衡。强调“放管服”的同时绝不能放任管理。“放管服”的精髓应重在“放”上，紧在“管”上，抓在“服”上，三者缺一不可，是一个辩证统一的矛盾体，不可偏废。“放”要充分激发教师和科研人员的创造力和积极性，提倡自主选择研究方向和方法，促进科研成果转化；“管”要加强规章制度建设，明确科研目标、责任和考核机制，保障科研活动的规范和有效进行；“服”要落实服务理念，为科研人员提供良好的科研环境和支持，解决他们在科研过程中的困难和问题。只有统筹兼顾“放管服”，才能推动高校科研事业不断发展，实现科研管理的良性循环和持续创新。科研工作有很多类型，人文、社科、科学、技术、工程都有各自的运行规律，经费来源也有多条渠道，在“放管服”政策落实环节，必须遵循各自规律，对不同资金的性质进一步精细化分类，分别针对不同性质的科研活动做出具体规定，并进行分类管理。

这里所谓的“放”指的是要通过开放政策，充分激发教师和科研人员的创造力和积极性，激发科技创新活力，促使科研人员更加积极地投身于科研工作。这包括简化和优化程序，提高科研经费使用效率的措施。同时，“放”也意味着为科研人员创造更加自由、开放的科研环境，让他们能够更加专注于科研实践，充分释放他们的创造力和潜能。然而，“放”并不等同于放任不管，而是在一定框架和规则下的自主权与灵活性。科研管理中的“管”依然必不可少，通过建立科学规范的管理制度和监督机制，确保科研活动的合法性、规范性和效益性。科研管理者需要加强对科研项目的管理与评估，引导科研方向的正确选择，防范科研风险与科研不端行为，推动科研成果的转化与应用。

在高校科研管理领域，确保科研经费的安全和有效使用至关重要。大部分的科研经费来源于政府性资金，用于支持科技创新和推动学术研究，必须严格遵循专款专用原则。因此，“管”的存在不可或缺，监管机制应当健全，以防止任何挪用、滥用资金的行为发生。然而，在强化管理的同时，也需要转变管理方式，简化烦琐程序，确保管理高效便捷。针对一些已经“放”了的方面，可以包干处理，减少不必要的干预与审批。同时，在加大监管力度的前提下，对于套取国家资金、中饱私囊等违规行为，必须坚决查处，形成严肃的震慑力量。对于涉嫌违法违纪的行为，应当依法处理，绝不姑息。建立健全科研管理机制，既要充分发挥科研人员的创造力和积极性，又要保障资金使用的透明和规范。只有在“管”的基础上实现精细化监管，对于违规行为零容忍，对于合规行为给予支持与激励，才能营造诚信和规范的科研环境，推动科技创新持续向前发展。

因此，在科研管理中，“放”“管”两者要相互结合，相得益彰，共同构建一个既充满活力又有序规范的科研生态系统。只有合理平衡好“放”和“管”的关系，才能更好地促进科研创新，推动科技发展，实现科研管理的目标与使命。

在高校科研管理领域，提供优质的服务对科技人员至关重要。科研管理人员应当以服务为中心，从项目立项到结题验收的整个过程，全面覆盖、精准细致地为科研人员提供支持和服务，确保他们能够全情投入科技创新领域，减少分心于琐事。服务质量的提升意味着科研管理人员需要深入了解科技人员的需求和困难，积极协助他们解决项目管理中的各种问题。从项目立项开始，科研管理人员应当提供专业指导与支持，协助科研人员完善项目申报材料，确保符合规范要求。在科研经费的使用和报销过程中，应当简化流程、提高效率，保证资金使用的规范和透明。同时，在项目结题验收阶段，科研管理人员应当协助科研人员顺利完成验收程序，确保成果得到应有的认可。通过全方位的服务，科研管理人员可以有效减轻科技人员的行政负担，使他们真正能够专心致志地从事科技研究工作。这样的服务理念不仅能够提升科研管理的效率和水平，也有助于激发科技人员的创新活力，推动科研成果不断涌现，为科技进步和学术繁荣贡献力量。服务好科研人员，让他们不再被烦琐事务所累，是高校科研管理工作的根本任务之一。

因此，在科研管理的具体实践中，高校在“放管服”上的落实需要三者有机结合、立体统一。要实现“放管服”三者有机结合，就需要在简化流程的同时，加强对资金使用的监管，确保资金的合理利用并防止浪费和滥用。同时，科研管理人员应当深入了解科技人员的需求，提供有针对性的服务，帮助他们克服各种困难，确保科研工作的顺利进行。只有三者有机结合、立体统一，才能真正落实“放管服”，为科技创新提供良好的环境和支持。①

七、资产管理优化策略：实现有效利用与风险控制

科研经费的有效使用是保障科研项目顺利进行和取得成果的关键之一。然而，许多高校在经费支出，特别是设备购置方面存在一些问题。例如，高校常常购置大量固定资产，尤其是科研仪器设备，但这些设备的使用率往往较低，导致资源浪费。为了应对这一问题，高校和科研机构需要加强科研设备的统筹管理，优化资源配置。

第一，加强对科研仪器设备的需求评估。对于设备采购应该进行科学评估和需求调研，确保购置设备符合项目实际需求，避免盲目购置和重复投资，提高设备使用效率。此外，为了避免资源浪费和重复投资，可以通过建立共享平台，促进设备的共用和开放共享，提高设备的使用效率，减少冗余购置，降低

① 参见吕丽娜、陈琳琳、侍文蕾等《新形势下高校科研经费管理模式探析》，《经济师》2023 年第 8 期。

购置成本。

第二，建立健全设备资产管理制度。规范设备的采购、使用和维护流程。制定设备预约制度，科研人员需要提前预约设备使用时间，以避免冲突和浪费。同时，建立设备使用记录，及时统计和分析设备利用率、使用频率等数据，为设备的优化配置和管理决策提供依据。有效管理设备的使用情况和维护记录，避免设备闲置或浪费。为此，需要建立设备维护制度，明确维护责任和周期，定期进行设备检修和保养，确保设备正常运行和寿命延长，减少因设备故障而导致的科研进度延误。这将最大限度地提高科研经费的使用效率，推动科研工作的顺利开展。

第三，应加强科研经费预算的科学编制和合理规划，避免项目后期出现大额剩余经费。建立健全经费使用和报销制度，加强对经费使用的监督和审计，及时发现和纠正不规范行为，确保经费使用的规范性和合法性。科研管理部门应加大对经费使用的监督力度，建立健全审核和追踪机制，确保经费使用的合规性和透明度，从根本上杜绝突击报销和不当支出行为。只有通过系统化的管理和严格的监督，才能真正实现科研经费的高效、规范使用，保障科研工作的顺利开展和科学研究水平的不断提升。

通过以上措施，可以有效提升科研经费的使用效率，规范经费管理流程，确保经费使用透明合规，提高经费使用的效益，推动科研工作的顺利进行，促进科研活动的高效开展。

第六节　完善科研奖励机制

“构建新发展格局，是与时俱进提升我国经济发展水平的战略抉择，也是塑造我国国际经济合作和竞争新优势的战略抉择。”① 构建新发展格局，强调

① 习近平：《关于〈中共中央关于制定国民经济和社会发展第十四个五年规划和 2035 年远景目标的建议〉的说明》，《人民日报》，2020 年 11 月 4 日第 2 版。

科技自立自强，要实现科技自立自强，在自主技术创新领域取得质的突破，就必须强调原始创新。要实现原始创新，不仅需要科研人员具有较高的知识水平、科学素质，还要求他们对研究的问题持之以恒地进行深入探索。这就需要我们在激励制度上与这一要求相适应，形成持续的正向激励，营造让他们可以排除杂念安心于科研工作的环境。①

科研水平作为衡量一所大学综合实力的重要指标之一，也反映了学校的管理水平。因此，各所学校都高度重视对科研工作的管理，而这一点在科研奖励机制的设计方面尤为凸显。高校科研管理中的奖励机制是促使高校将科研事业远大理想转化为具体行动的重要手段。有效的奖励机制能够增强科研人员的凝聚力和积极性，从而推动科研工作的持续发展。然而，若奖励机制不当，可能会抑制科研人员的积极性。因此，重构奖励机制的关键在于内驱化，即让所有的激励措施都能成为激发科研人员积极性的动力，都能转化为他们潜心科研、勇于创新的内驱力。

一、完善科研人员奖励机制

科研人员是科研院所科研创新的主体，有效的奖励机制对科研事业的发展起着导向作用，激发了科研人员创新的主动性和积极性，是科研事业发展的基础保障。② 对于科研工作者而言，激励机制一方面可以更好地激励科研工作者积极投身科研事业，保持对科研工作的热情；另一方面适当的职位晋升、职称评定、薪资待遇上的奖励，更能够带动科研工作者的工作积极性，为科研工作的开展扫清障碍。③ 因此，对于科研奖励制度，需要更加审慎地平衡各方利益，避免过度激励造成的负面影响，并关注年轻科研人员的需求，以促进科研

---

① 参见曾宪奎《新发展格局下高校和科研机构人才激励问题研究》，《中国劳动关系学院学报》2022年第2期。

② 参见王彦珍、张越萍、欧阳伸明等《浅析奖励机制在科研成果产出中的导向作用》，《农业科技管理》2020年第2期。

③ 参见费婷虹、李晓霞、尹守春《浙江省科技新政下高校科研管理人员素质提升探讨》，《广州化工》2022年第4期。

环境的公平与稳定。①

（一）多元包容的奖励体系

科研奖励作为一种激励机制，在学术界发挥着重要的作用。建立多元化、包容性的奖励体系，结合激励手段的多样性和灵活性，是推动学术界健康发展和促进学术研究全面提升的重要举措。这样才能真正激发科研人员的创新潜力，促进学术研究的全面发展，为学术界的长期繁荣和稳定打下坚实基础。

科研奖励仅是从其评价机制上给予学者在学术研究上的一种激励而已，不同学科本应具有不同的评价逻辑，倘若仅以外在的等级符号判别学术研究水准的高低，忽视不同学科研究的规律，就会对学术真理、真知、真实问题的探索带来不利影响。② 把学术研究的目的与为获得学术奖励而开展研究的意图相勾连，功利化地将学术评价与科研奖励符号等级化，使本来与学术之间没有任何逻辑关联，却硬将其浸淫到科研评价中来。如果高校学术的科研等级化奖励在科研评价活动中不能真正引导教师纯粹地开展学术研究的话，那么学术研究的迷惘、异化以及非真实性等问题将会成为教师不证自明的学术实践行为，使其在科学研究的创新中迷失前进的方向。③

单向度的学术奖励往往是学术治理中常见的规则，带来了学术研究活动的表面繁荣，但却在实质上影响到学术本身的质量和自由的价值逻辑。另外，在科研团队内，由于专业和分工不同，所承担的工作任务的工作量、工作难度以及任务本身的价值也存在很大的差异，因此团队成员在科研项目中的相对贡献大小很难量化和界定。

当前的科研奖励体系存在着一些问题，特别是在评价逻辑和奖励标准方面。如果不能及时地对这些问题进行深入的反思和改革，将会对学术研究的质量和效益产生负面影响，甚至可能威胁到学术界的正常秩序。为了改善这一现

① 参见曾宪奎《新发展格局下高校和科研机构人才激励问题研究》，《中国劳动关系学院学报》2022 年第 2 期。

② 参见赵梦雷《批判与纠偏：高校科研成果奖励的规约性及影响》，《科技管理研究》2021 年第 8 期。

③ 参见赵梦雷《批判与纠偏：高校科研成果奖励的规约性及影响》，《科技管理研究》2021 年第 8 期。

状，需要对学术评价体系进行深入的改革，更加注重学术成果的质量和影响力，而非数量和表面功绩。同时，科研管理也应该加强对学术研究的自主性和原创性的尊重，营造一个更为宁静、自由和开放的学术环境，让真正的学术追求得到更好的体现和支持。

首先，需要明确的是，不同学科应该具有不同的评价逻辑，而不应该简单地以外在的等级符号来判别学术研究的水准。如果将学术评价与科研奖励等级化，就会使学术研究的目的与功利化的倾向相勾连，可能导致对学术真理、真知、真实的探索产生负面影响。因此，在构建学术评价体系的过程中，需要充分考虑各学科的特点和规律，注重学术研究的创新性、深度和影响力，而非简单地追求符号等级和数量。

其次，学术评价体系的改革需要承认学术研究的自主性和原创性。当前，一些高校可能会将科研项目的层次、论文发表数量等作为评价标准，导致教师为了获得奖励而追求数量而非质量。在这种情况下，可能会出现为了满足奖励标准而进行“投机取巧”、不切实际或者无意义的研究行为，从而偏离了学术研究的初衷和本质。因此，在评价学术成果时，需要更加注重学术成果的质量和影响力，而非数量和表面功绩，给予教师充分的自主性和创作自由。

总之，科研奖励体系是高校和科研机构中非常重要的激励机制，而学术评价体系的改革则是保证学术研究质量和效益的关键举措。建立更为多元包容的评价奖励机制，充分考虑不同学科的特点和规律，才能真正激励教师投入高质量、有意义的学术研究中，推动学术界的健康发展和科学进步。同时，也需要营造一个更为宁静、自由和开放的学术环境，让真正的学术追求得到更好的体现和支持。

（二）避免赢家独占

科研奖励制度的公正与合理对于激励科研人员的积极性、促进科研创新至关重要。当前，科研领域中存在着“赢家独占”的现象，即少数科研精英或资深科研人员往往能够垄断大部分奖励资源，而年轻科研人员或基层科研人员的付出与贡献未能得到公平的回报，这不仅容易导致科研人员的公平意识受损，也可能阻碍整个科研领域的活力和创新。因此，建立更加科学合理的奖励评选机制和标准，是当前亟须解决的问题之一。

1. 建立多层次、多形式的奖励机制

为确保科研奖励制度的公正与合理，需要涵盖科研工作者的不同阶段和不同领域的贡献，确保每一位科研人员都能有公平竞争的机会。不同阶段的科研工作者所面临的挑战和机遇各不相同，应当根据其实际情况和需求来设计奖励政策，鼓励他们在各自阶段充分展现才华和潜力。年轻科研人员是科研领域的未来和希望，加强对他们的关注和支持，为他们提供更多的发展机会和资源，帮助他们建立起坚实的科研基础和技能，激发他们的创新活力和热情。而对于资深科研人员，也应该给予应有的尊重和奖励，鼓励他们继续在科研领域中发挥领军作用，引领学科发展方向，推动科研成果的不断突破。此外，不同领域的科研工作者所做出的贡献也应该得到应有的肯定和奖励。科学研究的广度和深度各有不同，各个领域之间相辅相成，缺一不可。因此，在制定科研奖励政策时，应该充分考虑到不同领域的特点和发展需求，避免片面追求某一领域或某种类型的科研成果，而忽视了其他领域的重要性和贡献。

2. 强调合作共赢

科研管理单位应该通过政策引导和鼓励科研人员参与团队合作，倡导合作共赢的科研文化，鼓励科研人员相互支持和合作。通过团队合作和交流，以提高科研人员的工作动力和创造力，实现资源共享和优势互补，减少单打独斗的情况，从而缓解科研人员间的竞争压力，营造融洽的工作氛围，这样可以减少对个人荣誉和单一奖励的追求。

（1）设立专项资金，用于支持科研团队的合作项目。为科研团队提供必要的物质保障，激发他们的合作意愿和积极性。

（2）建立科研合作平台，为科研人员提供交流和合作的机会。这个平台可以是线上的科研社区，也可以是定期组织的学术研讨会或合作项目的座谈会等形式。通过这样的平台，科研人员可以相互交流经验、分享资源、合作解决科研难题，从而促进彼此之间的合作关系和共赢效果。

（3）管理单位还可以通过评价体系的调整，将团队合作的贡献和价值纳入考核指标。除了个人的科研成果外，团队合作的贡献也应该得到充分的认可和奖励。这样可以减少对个人荣誉和单一奖励的过度追求，鼓励科研人员与他人合作，形成合力，共同攻克科研难题。

科研管理单位应该通过政策引导、资源支持和评价体系调整等举措，鼓励科研人员参与团队合作，倡导合作共赢的科研文化。这样可以有效减轻科研人员间的竞争压力，营造融洽的工作氛围，激发科研人员的工作动力和创造力，推动科研事业的健康发展。

3. 加强对年轻科研人员的关注和培养

加强对年轻科研人员的关注和培养是科研单位发展的重要战略。年轻科研人员代表了科研领域的未来，他们具有更强的创新潜力和活力，对于推动科研事业向前发展至关重要。为此，科研单位应该加大对年轻科研人员的培养和支持力度，为他们提供更多的发展机会和资源支持。

（1）建立健全年轻科研人员的导师制度是提升科研质量和培养未来科研人才的关键措施。遴选导师不仅需要具备丰富的科研经验，还应具有较强的指导能力和责任心。他们应帮助年轻科研人员明确研究方向，制订合理的研究计划，并在项目实施过程中提供专业建议和支持。此外，还应注重建立长期的支持关系，而不仅仅是短期的指导。在日常工作中，导师应定期与年轻科研人员沟通，跟踪他们的研究进展，及时解决他们遇到的问题。

通过这种方式，导师能够帮助年轻科研人员克服挑战，提升他们的科研能力，并帮助他们在学术界建立良好的声誉。总之，建立健全年轻科研人员的导师制度，可以有效地提高科研工作的质量，促进学术创新，同时培养出更多优秀的科研人才，从而推动科技事业的长远发展。

（2）给予年轻科研人员更多的资源支持也至关重要。科研单位可以为他们提供实验设备、文献资源、研究经费等支持，帮助他们开展科研工作。同时，鼓励他们参与到优秀的科研团队或合作项目中，与资深科研人员共同合作，学习交流，提升科研能力。综合的资源支持能帮助年轻科研人员克服科研中的挑战，激发他们的创新潜力，从而推动科学研究的进步和学术发展。

（3）科研单位还可以设立奖励机制，激励年轻科研人员积极投入科研工作。奖励机制不仅能通过物质奖励，如奖金、研究经费或设备支持，来激发科研人员的工作热情，还能通过荣誉称号、学术奖励或晋升机会，提升他们的职业满足感和成就感。设立明确的评估标准和奖励条件，使科研人员了解自身努力与回报之间的关系，能够激发其创造力和工作动力，从整体上提升科研单位的科研氛围和成果产出。

总之，加强对年轻科研人员的支持和培养是科研单位的责任和使命。只有重视年轻科研人员的成长和发展，使他们有更多机会参与到优秀科研成果的创造中来，帮助他们提升科研能力，增强其竞争力，才能不断培养出更多具有创新精神和实践能力的科研人才，推动科研领域的繁荣和进步。

综合来看，要解决卓越者独揽奖励现象带来的问题，避免出现“赢家独占”的现象，需要科研单位和管理者共同努力，建立公平竞争机制，设立多层次奖励体系，倡导合作共赢，加强对年轻科研人员的关注和培养。这样才能营造一个积极向上、和谐稳定的科研环境，激发更多科研人员的创新热情，推动科研事业不断取得新突破。

（三）重视精神奖励的内核

精神奖励在激励科研人员方面具有独特的重要性。除了物质奖励外，精神奖励可以更好地调动科研人员的内在动力，增强其对科研事业的热情和投入，提高工作效率和创新能力。精神奖励不仅能够持续激励他们在学术领域中不懈努力，还能够为学术发展和社会进步做出更大的贡献。这种内在动力和责任感将帮助科研人员树立正确的学术追求，促进整个学术领域的繁荣和进步。例如，一份来自领导或同事的认可和赞扬，一次学术成果的公开表彰，都可以激励科研人员积极投入工作，并为科研事业做出更大的贡献。

第一，建立既重视物质奖励又注重精神奖励的激励体系是非常必要的。物质奖励可以满足科研人员的基本需求，提高其生活品质，增强其工作积极性。而精神奖励则可以弥补物质奖励所无法达到的心灵层面的需求，增强科研人员的自我认同感和成就感。通过两者结合，可以更全面地激励科研人员，使他们在科研道路上持续进取，不断追求卓越。

第二，完善精神奖励制度，提升荣誉感对科研人员的激励效果。设立各类荣誉称号，这些荣誉称号是对科研工作者过去工作的肯定，不仅能够增强获得者的荣誉感进而提高其未来工作积极性，还能激励其他人员为获得荣誉而不断努力。在荣誉称号设计过程中，应该注意各类荣誉的总种类不能过多，每一个荣誉的获得者数量也不能太多，太容易获得的荣誉的激励效果会大大降低。同时，对于荣誉称号获得者还应加大宣传力度，特别是要注意强化内部宣传，这样将会增强激励效果。① 此外，定期举办学术成果展示和评选活动，设立各类科研奖项，组织科研成果交流与分享会等，给予科研人员展示成果并得到认可的平台。这不仅可以激发科研人员的工作热情，还能促进学术交流与合作，推动科研领域的发展。

第三，强化精神奖励的效果。在当前高校和科研机构中，对于纯粹精神奖励的重视度不足，往往会给各种精神奖励附加各种物质奖励，这就造成了精神奖励和物质奖励的混杂。在物质奖励体系科学合理的情况下，即便没有相应物质奖励，纯粹的精神奖励（如荣誉称号）也能有效激励科研人员，在有些情况下其效果甚至不逊于物质奖励。应避免将精神奖励与物质奖励混杂，以便清晰地传递奖励信息。

第四，赋予优秀科研人员重要任务，不仅能够发挥其引领示范作用，还能有效激励他们的工作热情。让优秀的科研工作者在科研项目中承担更重要的任务，可以显著提升他们的成就感和责任感。例如，让优秀的科研工作者担任科研项目中最重要的工作岗位或者授予其管理整个项目的授权，这也是对科研工作者的一种肯定。但是，要注意在使用这一奖励时，不能把承担更重要任务当作给其更多工作负担，这是一种变相惩罚而非奖励。确保任务分配不会被视为额外的负担，而是体现了对其专业能力的信任和重视。为了使这一奖励机制发挥最佳效果，需明确任务的挑战性和发展机会，并提供必要的支持和资源，避免将其变成变相的惩罚。②

建立开放、包容的学术文化，重视认可和赞扬，将有助于培养更多充满激

① 参见曾宪奎《新发展格局下高校和科研机构人才激励问题研究》，《中国劳动关系学院学报》2022年第2期。

② 参见曾宪奎《新发展格局下高校和科研机构人才激励问题研究》，《中国劳动关系学院学报》2022年第2期。

情和创新思维的科研人才。通过营造积极向上的学术氛围，高校和科研机构可以激励科研人员持续追求卓越，为科研事业的长期发展提供稳定而强大的内在支持。重视纯精神奖励的重要性，结合物质奖励，建立既注重物质奖励又关注精神奖励的激励体系是提升科研人员工作积极性和创新能力的有效途径。只有让科研人员真切感受到对其工作的认可和鼓励，才能为科研事业的长期发展提供坚实的内在支持，推动科研事业不断向前发展。

（四）优化物质奖励

高校作为科研的主要场所，必须为科研人员提供合理的物质奖励，以激发他们的创新热情。然而当前很多高校的物质奖励制度中，存在一些不足，导致了科研功利主义等，使得物质奖励不能完全发挥其应有的激励作用，很难真正激发科研人员的工作热情和创新能力。因此，针对当前物质奖励方面存在的问题，应该对相应的制度进行优化，切实提升其激励效果。

首先，在薪酬体系短期内较难发生根本性变化的情况下，应该逐步提高绩效薪酬的比重，逐步拉开薪酬差距，以达到激励优秀者的目的。高校的工资薪酬制度受到政府机构和事业单位整体制度的制约，很难在短期内发生根本性变化。因此，这些单位应该在可以控制的范围内，加大绩效工资的额度，适度拉开收入差距。但是，按照美国管理学家赫茨伯格提出的激励—保健因素理论，工资和绩效薪酬具有较强的“保健”性质，这方面的公平只会消除不满意，但它们本身并不能产生持久的激励。这意味着仅提高薪酬水平可能无法持续激发科研人员的创新活力和工作热情。同时，由于科技创新的研发周期较长，科研人员的真正绩效往往无法在短期内体现，因此，工资薪酬的差距不宜拉得过大，以免影响团队合作和整体稳定。① 在提高绩效薪酬比重的同时，应该注意适度控制薪酬差距的幅度，避免拉得过大而影响团队合作和整体稳定。此外，除了调整薪酬结构外，还可以考虑通过提供更多的科研资源、支持团队合作、提供晋升机会等方式全面激励科研人员，确保长期的科研成果和持续的创新动力。此外，高校和科研机构在优化薪酬体系时，需要平衡绩效激励与长期激励

① 参见曾宪奎《新发展格局下高校和科研机构人才激励问题研究》，《中国劳动关系学院学报》2022 年第 2 期。

的关系，避免简单依赖工资薪酬差距来激励员工，而应该综合考虑各种激励因素，以推动科研事业的持续发展和创新。

其次，要根据不同科研人员群体的具体需求和状况，设置有针对性的奖励制度，是优化科研机构激励机制的重要举措。例如，新入职的、各项待遇水平较低的年轻科研人员与工作多年、已经取得较多科研成绩、各项待遇较高的科研人员，二者工作、生活的状况和各方面的需求具有显著差异。当前的物质激励制度，面对全部群体的奖励种类较多，而分门别类的针对性奖励种类则较少。这就造成了越是对物质奖励不敏感、各项收入较高的科研人员（特别是知名科研人员）越容易收到各种奖励，而对这些奖励需求较高的年轻科研人员则难以获得相应奖励的状况。因此，逐步强化奖励的针对性，消除目前各种科研奖励存在的马太效应，是提高奖励激励效果的重要举措。①

新入职的年轻科研人员，应该综合考虑年轻科研人员的需求，物质奖励可以是一种有效的激励手段。这些年轻科研人员通常处于事业发展的初期阶段，他们可能面临着较高的生活压力和经济负担。因此，在奖励制度设计中，给予他们更多的物质奖励是合理和必要的。如为年轻科研人员提供更多的科研项目经费，以支持他们开展研究工作，鼓励他们积极参与科研项目，并根据实际贡献给予相应奖励。对于工作多年、科研成果显著且待遇较高的资深科研人员，可以考虑通过提供更多的学术交流机会、国际合作项目等方式来激励他们持续保持科研活力。同时，可以设立专项基金支持他们开展前沿科研项目，提高他们在学术界的声誉和影响力。

建立多层次、差异化的物质奖励机制，能够更好地满足科研人员的多样化需求，提高工作积极性和团队凝聚力，推动科研事业健康发展。通过不断优化奖励制度，实现科研机构内部资源的有效配置和科研成果的持续增长。

（五）营造良好的科研环境

人的行为动机是非常复杂的，当前高校和科研机构实行的激励制度主要着眼于通过外在刺激物（各种物质奖励、荣誉等）激发人的积极性，而对人们内

① 参见曾宪奎《新发展格局下高校和科研机构人才激励问题研究》，《中国劳动关系学院学报》2022 年第 2 期。

在动机的重视不足。其实，科研人员本身就具有从事科研工作的内在动机。根据 Kassev 和 Ryan 提出的“自我决定理论”，人的内生行为动机主要受到三种需要的影响，即自主需要（强调行为自主性，如自我选择等）、能力需要（在工作中展示自己的工作能力）和归属需要（与团队内其他成员保持良好关系）。① 这便意味着，即便没有任何的外部刺激物，科研人员在环境合适的情况下，也会基于内在动力去自主从事科研活动。根据创新行为动机理论，内在动机才是个人创新的主要动机。对科研人员而言，激发他们内在动机的最重要的外部因素在于创造一个让他们少受打扰、能够根据自身兴趣从事科研活动，并对失败保持宽容的环境。同时，该环境中的压力要适度。在合理压力下，科研人员能够保持较高的积极性去从事研究工作。②

对高学历、创造力较强的高校和科研机构的科研人员而言，能够在一个适宜科研的单位里心情愉快地从事科研工作，本身就是一种激励。反之，如果科研环境不佳，科研人员不能安心于自身工作，或者频繁被各种事情打断手头的工作，将会大大降低科研效率，并可能错失一些本可以获得的科学发现或者技术突破的机会。因此，创造良好的科研环境，使科研人员不分心，是激励体制必须要注意的问题。③

一个适宜科研的单位应该是一个充满活力、开放包容、资源丰富的地方，让科研人员可以专心致志地投入研究工作。良好的科研环境不仅仅是指实验设备齐全、研究经费充裕，更重要的是要有一种积极向上的氛围，让科研人员感到自己的工作是有意义的，是受到认可和尊重的。在一个良好的科研环境中，科研人员可以得到同事的支持和合作，可以不断地学习和成长，可以自由地表达自己的创意和观点。这种自由和包容的氛围能够激发科研人员的创造力和激情，让他们在科研工作中找到乐趣和成就感。此外，一个良好的科研环境也应

---

① Deci E L. Ryan R M, “Self-Determination theory: A macrotheory of human motivation, development and health ”. Canadian Psychology, no. 49(Mar. 2008): 182-185.

② 参见曾宪奎《新发展格局下高校和科研机构人才激励问题研究》，《中国劳动关系学院学报》2022 年第 2 期。

③ 参见曾宪奎《新发展格局下高校和科研机构人才激励问题研究》，《中国劳动关系学院学报》2022 年第 2 期。

该注重科研成果的评价和奖励机制，让科研人员有足够的动力去追求卓越，不断地挑战自我，取得更多的科学发现和技术突破。相反，如果科研环境不佳，科研人员就会面临各种干扰和困扰，无法专心致志地从事科研工作。

营造良好的科研环境，是激发科研人员内在动力、促进他们持之以恒地进行科学探索的重要措施。当前我国整体科研氛围尚不浓厚，高校和科研机构等单位内部也缺乏适宜科研的宽松环境。因此，营造良好的科研环境，特别是高校和科研机构的“小环境”，对于提升我国基础研究能力十分重要。①

第一，采取符合科研规律的管理制度，降低科研人员的压力并减少对科研人员工作的干扰。

当前高校和科研机构中存在管理制度过严，导致科研人员压力过大的问题，最突出的便是“非升即走”制度。这种制度要求科研人员必须在一定时间内达到一定的职称或职级，否则就要面临被辞退的风险。这种严苛的管理制度给科研人员带来了巨大的压力，影响了他们的科研工作效率和创新能力。

对于科研人员来说，科研工作需要时间和耐心，有些研究项目可能需要数年甚至更长时间才能取得突破性进展。而“非升即走”制度的存在，让科研人员不得不在短时间内追求名利，而忽视了科研工作的本质和创造性。这种制度导致科研人员过分关注表面功绩，而忽视了深入研究和探索未知领域的重要性，影响了科研成果的质量和可持续性。

因此，高校和科研机构应该审时度势地调整管理制度，减少对科研人员的不必要的约束，给予他们更多的自主权和支持。应该建立更加灵活和包容的评价机制，不仅要重视科研成果的数量，更要注重其质量和影响力。同时，也应该为科研人员提供更多的资源支持和发展空间，鼓励他们在科研道路上勇攀高峰，坚持原创性和创新性的研究方向。

另一方面，当前高校和科研机构的管理制度变化趋势越来越强调“正规化管理”，其实质是管理制度越来越复杂化、明晰化，对科研人员的各种不必要的约束越来越多。在这种情况下，建议高校和科研机构切实根据科研规律，除

---

① 参见曾宪奎《新发展格局下高校和科研机构人才激励问题研究》，《中国劳动关系学院学报》2022 年第 2 期。

对科研人员保留必要的管理措施之外，对其他可有可无的管理措施，特别是形式化的管理措施予以废除，尽量减少对科研人员不必要的约束，使他们可以更自由地安排自己的工作。①

只有营造出一个积极向上、宽松自由的科研氛围，才能激发科研人员的潜力，促进科学技术的创新和进步，实现高水平科技的可持续发展。管理制度的改革需要全社会的共同理解和努力，才能真正实现科研人员的自由发展和科学事业的长足进步。

第二，将科学精神与工匠精神融合培养。

科学精神“生成于科学技术实践活动”“是科学发展及应用的理性结晶”。② 科学精神实际上是指科学活动中的精神因素，如科学活动的原则、思维、方法、理想、风格等。工匠精神则指 工匠以极致的态度对自己的产品精雕细琢、精益求精、追求更完美的精神理念与追求卓越的创造精神、精益求精的品质精神、用户至上的服务精神。新时代工匠精神更是包含爱岗敬业的职业精神、精益求精的能力素质、协作共进的团队意识、追求卓越的创新思维。工匠精神本质上是一种强调专注于本职工作、追求精益求精而不易受外界诱惑影响的精神。总的来看，科学精神与工匠精神有机统一、不可分割。科学是认识和追求真理的活动，科研工作需要灵感和创造力，但更重要的是需要科研人员长期对某一科研领域进行深入钻研，排除杂念，持之以恒地追求卓越。在科学精神和工匠精神的统一体中，科学精神为主，工匠精神可以视为科学精神的引申、应用。③

科学精神与工匠精神的有机统一体现了在科研工作中追求真理、探索未知的共同价值。科学精神是科研工作的灵魂和核心，其代表着对事物本质的追求和解释，是科研人员不断前行的动力源泉。在科研工作中，科学精神要求科研人员保持严谨的逻辑思维，勇于挑战常规，勇攀科学高峰。工匠精神则是在科

① 参见曾宪奎《新发展格局下高校和科研机构人才激励问题研究》，《中国劳动关系学院学报》2022 年第 2 期。

② 参见杨怀中、张华清《新时代科学精神与工匠精神融合创新的文化之维》，《自然辩证法研究》2022 年第 8 期。

③ 参见张茂泽、李聪《论郭守敬的科学精神与工匠精神》，《邢台学院学报》2023 年第 4 期。

学精神的指导下，对研究对象进行细致的观察、分析和实践的态度。工匠精神强调的是对细节的关注和精益求精的态度，通过不懈地努力和技术的积累，将科学理论转化为具体的实践成果。工匠精神使科研人员在科学研究中更加扎实、务实，不仅能够提高工作效率，更能够保证科研成果的可靠性和实用性。

因此，科学精神与工匠精神的有机统一既注重理论探索和创新，又注重实践应用和技术推广，二者相辅相成、不可分割。在科学研究领域中，科研人员需要将科学精神和工匠精神融为一体，不断深化对事物本质的认识，不断优化科研方法和技术手段，以实现科学研究的长足进步和社会价值的最大化。只有在科学精神与工匠精神的统一引领下，科研工作才能取得更加显著的成果，为人类社会的发展与进步贡献更多力量。

高校将科研精神与工匠精神有机融合，吸纳工匠精神为单位文化，这将为科研人员创造一个独立于外部环境、免受外部浮躁气氛影响的良好科研“小环境”，使得科研人员在良好的氛围中从事科研工作，对提升科研效率大有裨益，并增加发现原创性成果的可能性。[①] 因此，创造良好的科研环境是激励体制必须要注意的问题。只有建立起一种积极向上、充满活力的科研文化，让科研人员在工作中感到愉悦和满足，才能真正激发他们的创造力和潜力，推动科学技术不断进步和发展。

二、做好科研管理人员激励工作

多年来，许多高校尤其是地方高校，在制定科技发展规划中，很少提及科研管理队伍建设规划和建设目标。多数地方高校只重视科研经费和基金项目的数量等，对科研管理工作和科研管理队伍重视程度不足，没有充分意识到科研管理队伍的质量对学校科研平台发展产生的深远影响。[②] 随着高校科研管理在科研团队建设、科技创新、学科建设中作用的日益凸显，高校科研管理队伍管理水平的提高刻不容缓。从高校科研管理队伍的定位与作用的角度来研究高校

---

① 参见曾宪奎《新发展格局下高校和科研机构人才激励问题研究》，《中国劳动关系学院学报》2022 年第 2 期。

② 参见张国义《地方高校科研管理改革的思考》，《安徽科技学院学报》2007 年第 5 期。

科研管理，对提升高校科研管理与服务水平，提高高校科技核心竞争力和贡献度具有重要作用。①

高校科研管理队伍包括学校科研管理部门人员及各基层单位从事科研工作人员，这二者构成服务于高校科研发展工作的主要力量。科研管理有别于其他类型的管理，它存在着众多变量关系，是一种兼具策划、协调和服务等功能的动态管理活动。② 科研管理人员的工作确实具有一定的特殊性，工作量大、责任大，工作成绩是以一种集体的形式体现出来的，因此，个人工作的好坏很难用一种尺度来衡量。③

目前高校的科研奖励机制主要集中在科研人员身上，而对科研管理人员的考核往往参照一般行政管理人员的执行标准，这导致了科研管理人员的贡献度不能得到充分的体现和激励。高校科研工作的创新能力与科研管理水平密切相关。要实现科研工作的创新，必须不断提升科研管理工作水平，而科研管理工作的水平又取决于科研管理工作人员的表现和能力。因此，建立有效的科研管理激励机制对于调动高校科研管理队伍的工作积极性至关重要。高校应当重新审视科研管理人员在科研项目中的角色和价值，建立相应的奖励机制和评价体系，以便更好地激励和支持科研管理人员的工作。例如，可以针对科研管理人员的工作绩效、创新能力、团队管理等方面设立专门的奖励标准，并将其纳入绩效考核和晋升评定中。同时，可以通过颁发荣誉称号、提供晋升机会、给予专业培训等方式，充分肯定和激励科研管理人员的贡献，促进其专业发展和成长，从而提升整个科研团队的凝聚力和创新能力。

对于一线科研管理人员而言，激励机制可以提高其工作积极性，使其更好地服务于科研工作者，辅助分管领导做好科研管理工作。同时，明确的绩效考核机制对一线科研管理人员进行监督和约束，真正做到奖罚分明，督促一线科

① 参见范丽琴《高校科研平台管理队伍管理水平提升路径研究》，《北京印刷学院学报》2021年第12期。

② 参见陈春英《高校基层科研管理队伍激励机制研究——基于需要层次论视角》，《华中人文论丛》2012年第2期。

③ 参见崔丽贤、马广源、郭金霞《对新形势下农业科研院所科技管理人才队伍建设的几点思考》，《农业科技管理》2016年第4期。

研管理人员提高工作的主观能动性。①

要提高高校科研平台管理人员的工作积极性，必须建立健全合理的竞争、考核机制与有效的激励机制，通过经济激励、目标激励、评价激励、服务激励等手段，结合科研管理奖励、职务职称晋升等措施，肯定科研平台管理人员的工作业绩，提高其福利待遇与畅通其晋升通道，调动科研平台管理人员的积极性和创造性。②

(一) 建立完善的竞争与考核评价指标体系

高校科研管理人员应根据岗位及工作量的不同确定不同的考核目标，充分调动成员的积极性。目标的制定应充分考虑对象的个体差异，在激励措施上有近期、中期和远期之分。个体具有相应的发展目标，自觉为学校科研发展服务，其自我价值得到充分实现。③

第一，针对不同岗位及工作量，必须制定具体而多样的考核目标。对高校不同岗位的科研管理人员确立不同的考核目标是为了充分调动其积极性和工作热情。针对不同岗位和工作量的特点，可以根据具体情况设定相应的考核目标，使每位成员在工作中有明确的指引和奋斗目标。这种目标应根据各岗位的职责和要求进行细分，以确保考核的公平性和有效性。例如，科研项目管理人员的考核目标可能与科研项目的立项率相关，而行政支持人员的考核目标则可能侧重于工作流程的优化和支持服务的质量。

第二，考核指标的设计需要充分考虑个体差异。每位科研管理人员在能力、经验、兴趣等方面均有所不同，因此设立考核目标时应“量体裁衣”。例如，对于经验丰富的人员，可以设定更具挑战性的中长期目标，而对新入职的人员则应设定一些短期、易于实现的目标。通过个性化的目标设定，可以更好地激发每个成员的工作潜力，使其在工作中得到更好的发展和提升。此外，确

---

① 参见费婷虹、李晓霞、尹守春《浙江省科技新政下高校科研管理人员素质提升探讨》，《广州化工》2022 年第 4 期。

② 参见范丽琴《高校科研平台管理队伍管理水平提升路径研究》，《北京印刷学院学报》，2021 年第 12 期。

③ 参见陈春英《高校基层科研管理队伍激励机制研究——基于需要层次论视角》，《华中人文论丛》2012 年第 2 期。

立个性化的发展目标，可以使每位成员意识到自身在学校科研工作中的重要性和责任，自觉为学校科研工作人员和科研发展服务。这样不仅可以激励个体更好地完成工作任务，还可以使其在工作中获得成就感和自我实现，进一步提高工作积极性和团队凝聚力，推动科研管理工作的持续发展和进步。

第三，在激励措施方面，应该明确近期、中期和远期的不同激励策略。近期目标可以通过即时奖励或认可来激励员工的积极性，如表扬、奖金或其他物质奖励，以激励成员在短期内更加积极地完成工作任务。中期目标则可以提供培训机会，以帮助科研管理人员提升自身能力和水平。远期目标则应着眼于职业发展和规划，如学术进修机会或职务提升等。这种分层次的激励措施能够满足员工不同阶段的需求，增强其对工作的承诺和对长期发展的动力。

此外，明确的绩效考核机制对一线科研管理人员起着重要的监督和约束作用。通过制定明确的考核标准和指标，定期对一线科研管理人员的工作进行评估和考核，能够客观地反映他们的工作质量和效率。在考核结果中，将绩效与奖励挂钩，如对绩效优秀者给予相应的奖励，而对绩效不佳者则采取适当的约束和处罚措施，这样可以促使一线科研管理人员更加主动、高效地履行职责，提高整体科研管理水平。

通过这种综合性的考核与激励体系，不仅可以有效提升科研管理人员的工作积极性，还能帮助他们明确自身的发展方向，从而为学校的科研事业和个人的职业发展提供强有力的支持。

（二）应畅通高校科研管理人员的职业发展通道

吸收先进地区先进做法，以晋升职称或其他方式解决科研管理人员的后顾之忧。① 对于科研管理人员而言，其职位的特殊性导致他们不能参与教学，因此不能按照教师职称系列进行晋升。应该为高校科研平台管理人员的职业发展搭建广阔的平台，提供多元化的晋升通道和培养机会，从而更好地调动他们的工作积极性和创造性，推动科研平台管理工作的不断发展和进步。针对这一问题，可以考虑以下几个方面。

---

①　参见范丽琴《高校科研平台管理队伍管理水平提升路径研究》，《北京印刷学院学报》2021 年第 12 期。

首先，可以设立行政职务晋升通道。作为高校行政人员，科研管理人员可以通过积累丰富的工作经验和优异的绩效来晋升职务。建立科学、公正、透明的评价标准和考核体系，根据个人的工作表现、业绩贡献等因素进行评定，为科研管理人员提供合理的升迁机会。

其次，可以参照学校教辅人员的发展模式，制定适用于科研管理人员的职业发展规划。可以制定相应的评价标准和晋升条件，鼓励科研管理人员参与科研项目、发表论文、申请专利等，以此作为晋升职称的依据。

最后，应该为年轻优秀的科研管理人员提供继续深造的机会。对于年轻优秀的科研平台管理人员，应该充分利用高校丰富的教育资源，为他们提供继续深造的机会，帮助他们不断提升自身的专业素养和管理能力。同时，也可以鼓励他们积极参与学术交流活动、行业研讨会等，扩展视野，增强交流合作，提高学术水平和管理水平。

总之，通过建立合理的晋升机制、借鉴成功经验、参照相关职称系列以及提供继续深造机会，可以有效激励科研管理人员的积极性和创造力，推动科研管理工作的不断发展和进步。

（三）物质奖励和精神奖励相结合的激励机制

单一奖励的激励作用是短期的、非持续的。要使奖励机制真正起到激励科研管理人员的作用，在奖励机制的设置中就应当注重正向奖励与负向奖励结合、物质性奖励与非物质性奖励结合、外在奖励与内在奖励结合。①

依据马斯洛的“需要层次论”，我们应从科研管理工作人员的需求着手，由低到高将物质与精神等不同层面的需求加以引导，帮助其实现，从而达到稳定高校基层科研管理队伍的目标。物质激励方面可针对研究对象工作的特殊性，适当提高工资、奖金或者加强福利等。在精神激励方面可采用发展激励、晋升激励、情感激励和荣誉激励等方式。②

---

① 参见陈春英《高校基层科研管理队伍激励机制研究——基于需要层次论视角》，《华中人文论丛》2012 年第 2 期。

② 参见陈春英《高校基层科研管理队伍激励机制研究——基于需要层次论视角》，《华中人文论丛》2012 年第 2 期。

一方面，要在校内评优评先活动中设置优秀科研管理人员奖项，依据科研业绩完成情况给予精神表彰。一线科研管理人员往往承担着管理和指导科研工作者的责任，鼓励他们为科研团队树立良好的榜样作用，及时给予肯定和表扬，可以增强他们的工作满意度和自豪感，增强他们的归属感和荣誉感。

另一方面，根据他们的管理业绩，每年评选表彰在科研管理方面做出突出贡献的一线管理人员，给予相应的物质激励，以表彰和鼓励他们的工作表现。提升科研管理人员的价值感、荣誉感，激发他们的主观能动性和创造性，从而提高管理效能。这样的激励措施可以激发一线科研管理人员的动力，使其更加投入、负责地管理科研项目和人员。

这些奖励和表彰可以体现在薪酬福利等物质方面，也可以通过荣誉称号等精神奖励形式来实施。这可以有效地提升科研管理人员的价值感和荣誉感，激发他们的主观能动性和工作热情，进而提高整体管理效能。同时，这也有助于营造良好的工作氛围和形成积极向上的工作态度，有利于高校科研管理事业的稳步发展。

科研管理人员是连接科研人员和科研的桥梁，他们需要理解科研工作者的需求并为其提供支持和资源。通过激励机制，可以让他们更关注科研人员的工作情况和需求，更主动地协调和解决问题，从而提高科研的效率和成果。激励机制，可以增强一线科研管理人员的责任感和主动性，不仅有利于科研管理人员的个人发展，也有助于优化科研管理工作，使他们更好地履行职责，提高科研管理的效率和质量。

第七节　有组织科研

2022 年 8 月，教育部印发《关于加强高校有组织科研推动高水平自立自强的若干意见》，就充分发挥新型举国体制优势，加强高校有组织科研作出部署，引导高校科研以更高质量满足国家战略需求，为实现高水平科技自立自强、建设世界重要人才中心和创新高地提供坚强支撑。新时代新征程，深刻认识加强有组织科研的重要意义，准确把握有组织科研的总体要求，加快推进有组织科研各项任务的落实，是当前高校科技创新工作的重中之重。

有组织科研（Organized Scientific Research Model）是一种以推动科学研究为主线，整合多方资源和力量，进而支撑高素质人才培养与学科建设，力求解决重大重点问题的科研模式。① “有组织”是科研管理的主动行为，是能为科技人员提供能源、能量等能动性服务的体现方式，是加快高校科研创新步伐、适应国家创新驱动战略的必由之路。② 有组织的科研能够整合其分散、无序的学术资源，提高学术资源的利用率，降低知识链成本，从而增强学术竞争力。

在学校整体规划和科研创新等专项规划中，要以国家战略需求为导向，以学校学科优势为基础，明确科研的主攻方向和战略任务。学校要紧跟国家政策导向，积极对接国家科技发展蓝图。比如，在国家大力推进的“创新驱动发展战略”“碳中和”目标、人工智能等领域，学校要根据自身优势学科，确定相应的科研重点和突破口，明确聚焦的学科领域或技术方向，力争在关键技术上取得创新突破，为国家战略目标的实现提供智力支持和技术支撑。

在当前环境下，国家发展进入新阶段，科技创新和自主研发日益成为国家竞争力的核心。因此，在此基础上，学校要围绕战略需求制定具有系统性和前瞻性的科研规划。科研规划不仅要有长远的目标，还要有具体可操作的路径。具体来说，学校应结合各学科的实际情况，明确科研主攻方向和重点项目，确保每个科研领域都有清晰的发展路径。对各项科研任务进行精细化管理，明确责任人、时间节点和具体工作内容，并通过定期检查和反馈，确保科研工作进展顺利。这不仅有助于学校科研创新水平的提升，也为国家的科技创新和经济社会发展做出积极贡献。

---

① 参见张强《何以有组织：澳大利亚高校科研的外部治理机制》，《中国高教研究》2023 年第 1 期。

② 参见毛颖《高校科研管理理念与机制问题研究》，《盐城师范学院学报（人文社会科学版）》2023 年第 5 期。

高校本身由各个管理部门和院系组成，存在着一定的松散结构，而各部门和院系之间不仅存在着行政与学术的博弈，也有各自的利益偏好和现实追求。在这种情况下，政府和社会不仅要求高校完成传统的教学和科研任务，还期望高校积极参与地区经济发展、产业转型以及关键核心技术攻关等方面的任务。这些额外任务导致了高校内部更加分散和无序，以满足外部的异质性需求。① 本章以笔者所在地方院校为例，该校积极倡导和实践有组织科研的理念，在整合资源、推动科学研究、支撑人才培养与学科建设等方面取得了显著成绩。通过建立跨学科的研究中心或者合作机制，整合不同院系和部门的学术资源，共同开展具有实际应用价值和社会影响力的研究项目。更好地发挥其学术资源的优势，为社会提供更高质量的服务，同时也提升了学校在学术领域的竞争力。比如，结合地方经济特点和产业需求，成立专门研究团队，致力于解决当地产业发展中的关键技术和经济问题，从而为地方经济转型升级提供支持和指导。

一、积极推进科研组织的跨学科协作，促进有组织科研团体的构建

跨学科协助、科研团体的构建既需要整合高校内部不同院系的知识资源和人力资源，又需要高校内部管理部门的协助和服务，为成立跨学科攻关团队提供支持。鉴于高校内部根深蒂固的学科领地意识和封闭的学科文化传统，跨学科知识交流与合作存在固有障碍，即使是在同一学院，不同专业之间也可能存在专业隔阂。为了构建新的人力与智力资源协同机制，高校必须超越传统的院系体制。这一协同机制的关键在于强有力的高校领导层统一领导和资源分配，同时打破管理部门和院系对资源的垄断。② 例如，该校于 2020 年 6 月成立了“燕赵文化高等研究院”，由校党委书记担任院长。这种有组织的科研范式打破管理部门和院系对资源的垄断，旨在实现优质学术资源的最大化。

该研究院坚持“以学科建设为目标，以燕赵文化和地方文化产业研究为主线，以解决关键问题为抓手，以人才梯队和学术机制建设为基础”的建设思路，聚焦燕赵文化，推动燕赵文化现代化、数字化、产业化、国际化创新与发

① 参见王彦雷《国家创新体系中的高校有组织科研范式革命》，《高校教育管理》2024 年第 3 期。

② 参见王彦雷《国家创新体系中的高校有组织科研范式革命》，《高校教育管理》2024 年第 3 期。

展，服务全面复兴传统文化重大国家战略，服务京津冀协同发展和雄安新区建设国家战略，服务河北省文化旅游产业发展。围绕燕赵文化传承与创新，分别展开资源整理、社会发展、创新应用、社会服务等方面的研究。以项目为抓手，产出高水平成果，打造一流研究平台。通过对学科组织模式的创新，将松散、单科作战的学科架构，逐渐过渡到综合、多学科交叉研究。将历史、文学、经济等学科集合起来，打破学科之间的壁垒，促进知识交流与合作。不同学科领域的专家和研究者集思广益，共同解决复杂的科研问题，推动科研成果的创新和发展。对学校学科发展、提高人才培养质量、提升科研实力、优化资源配置等都具有十分重要的意义。

由于地理位置毗邻雄安新区有天然区位优势，随后成立的雄安新区研究院是该校服务雄安新区建设的重要创新举措和奋进之笔。该研究院以生态环境治理等关键任务为核心，整合校内外资源，致力于推动学校服务雄安新区建设发展和“双一流”建设。研究院持续关注雄安新区建设发展需求，积极响应国家号召，聚焦文化传承创新和科学技术创新，打造了具有鲜明特色的社会服务品牌。该研究院系统整理了雄安新区历史文献，累计出版了《雄安历史文献丛书》三辑一千四百五十四册，以及《雄安新区方志丛刊》《雄安历代著作集成》《雄安水利文献集成》《雄安通志》等多部研究成果，并参与了《河北雄安新区条例》《白洋淀生态环境治理和保护条例》等重要法规的起草工作。此外，研究团队在雄安新区建立了“雄安新区研究院科研基地”“白洋淀湿地生态野外科学观测站”“白洋淀环境保护科学观测站”三个校外研究基地，并与雄安新区生态环境局共建了生态联合实验室。生态联合实验室已有水体治理、鸟类生态学、全球变化生态学等六支团队入驻，并与雄安新区生态环境局共同完成了白洋淀水体全天候监测体系，与雄安新区自然资源局共同完成了白洋淀鸟类全天候监测体系，实现了与学校数据平台的互联互通。科研团队主持的“白洋淀—大清河生态廊道构建”标志性成果和府河河口湿地水质净化工程实体模型成果参展国家“十三五”科技创新成就展。

二、围绕国家战略需求，做好重点科研方向的组织培育工作

推进“有组织科研”需要根据学科发展规律，找准重大科研攻关方向，重

点布局关键领域，对国家战略需求进行精准瞄准，有组织地解决学科发展中的难题。重点布局与国家战略方针紧密结合，且本校有学科优势的关键领域，该校顺势而为、勇立潮头。

首先，重点布局与国家战略方针相结合。针对国家重大战略需求，如共同富裕、乡村振兴等，该校积极组织开展相关研究。组织培育并申报成功了共同富裕研究中心、乡村振兴研究院等基地，通过跨学科合作，研究乡村振兴战略、共同富裕的政策制定、实施路径等问题，为国家战略实施提供理论支持。

其次，重点布局关键领域。该校结合学科优势和国家需求，选择具有重要影响的研究领域。如，围绕“一带一路”倡议，研究沿线国家的政治、经济、文化等问题，为中国参与“一带一路”建设提供智力支持；围绕高质量发展，成立了“经济高质量发展研究中心”“金融高质量发展研究中心”。这些中心致力于研究经济发展中的关键问题，如产业升级、创新驱动、绿色发展等，为本省乃至全国经济高质量发展提供理论支持和政策建议。这些研究中心的建立，有助于该校在哲学社会科学领域形成有影响力的研究平台，凝聚相关学科领域的研究力量，推动学术成果转化为实际政策和行动，为国家和地区的发展提供重要的智力支持和决策参考。

最后，有组织地解决学科发展中的难题。该校通过举办论坛、研讨会等形式，邀请国内外专家学者交流经验，共同探讨学科发展的前沿问题。例如，定期举办的“哲学社会科学高质量发展论坛”，邀请国内外著名学者就学科发展的重要问题进行深入探讨，促进学科发展。

综上所述，该校依托学科优势，通过重点布局与国家战略需求相结合，有组织地推进哲学社会科学研究，为学科发展注入新的活力，为国家战略实施提供智力支持。

三、积极响应国家和地方发展需求，通过整合多方资源和力量，支持科研工作的开展

高校有组织科研以政治哲学为哲学基础，在明确的任务（一般以国家的重大科研任务为主）指向下，通过政府的资金与政策支持，以跨学科方式组织高

校科研资源用于完成国家确定的科研任务。有组织科研的目标不仅是实现由“0到1”的突破，而且要推动科研成果由“1到10再到100”的市场化应用。因此，高校有组织的科研离不开政企协同，通过政产学研合作实现由基础理论到技术开发再到产品市场化的商业闭环。[①] 该校积极与政府、企业等各方建立了紧密的合作关系，共同开展科研项目，促进了产学研深度融合。其中，一个典型的例子是该校与衡水市委合作，共同编纂《文化衡水》丛书，这一合作掀开了市校合作的新篇章，对于推动校地合作、挖掘、保护、开发地方文化，以及促进学校人才培养、学科建设、社会服务工作都具有重要意义。

首先，这种合作是该校在文史研究方面具有强大的专业力量和编纂文化书籍的丰富经验的体现。虽然是地方院校，但是该校历史悠久，人文传统深厚，在文史研究领域拥有丰富的学术积累和优势资源，能够为《文化衡水》丛书的编纂提供坚实的学术支撑和人才保障。其次，这种合作对于推动地方文化挖掘、保护、开发具有重要意义。通过对衡水市的文化进行深入挖掘和系统整理，可以有效传承和弘扬当地的历史文化传统，提升地方文化软实力，为地方经济社会发展提供精神动力和文化支撑。此外，这种合作对于推动学校人才培养、学科建设和社会服务工作也有积极影响。通过参与实际项目，学校能够更好地将理论知识与实践经验结合起来，为学生提供更加丰富的实践机会和学习资源，促进学科建设和人才培养的全面发展。同时，学校与地方政府、企业的合作还可以为地方社会提供更多高水平的智力支持和专业服务，推动地方经济社会的全面发展。《文化衡水》丛书的编纂合作是该校积极响应国家和地方需求的重要举措，是学校与地方政府、企业共同发展的典范，具有重要的现实意义和深远的影响。这种校地合作模式值得在更多领域和更多地方进行推广和深化，为促进地方经济社会发展和高校自身建设注入新的活力和动力。

该校以习近平新时代中国特色社会主义思想为指导，深入贯彻落实习近平总书记关于教育的重要论述和关于语言文化的重要指示批示精神，大力提高国家通用语言文字普及程度，围绕促进语言文字事业高质量发展和发挥语言文字

---

① 参见王彦雷《国家创新体系中的高校有组织科研范式革命》，《高校教育管理》2024年第3期。

育人功能，做了大量卓有成效的工作。依托该校文学院、新闻传播学院雄厚的师资，服务国家通用语言文字高质量推广普及，为加快建设经济强省、美丽河北，为强国建设、民族复兴贡献力量。作为国家语言文字推广基地，开展了多期国家通用语言文字示范培训项目，承担了多项“中国语言资源保护工程”项目。学校还组建了“汉字小行家”团队和“新声语艺推普团”，举办了“新声”大学生语言文化艺术节等活动，形成了独特的品牌，传承了优秀文化。此外，学校积极推进“推普周”和“双推月”活动，持续进行普通话水平测试，并注重语言文字科学研究和人才培养。同时，学校还参与了诸多社会服务项目，如“语言啄木鸟”工程、河北民俗文化调查等，通过数字化赋能推普新举措，打造更多特色语言文化项目，为全省语言文字事业发展做出了积极贡献。此外，该校注重语言文字科学研究和人才队伍建设，成功获批“中华字库”工程项目分包和国家级虚拟教研室。“中华字库”工程项目，是国家重大文化建设工程，在这项国家重大文化建设工程中，该校能独立承担第十五包的任务，得益于其在近代汉字研究方面的学术优势。该校不仅发起举办了全国首届近代汉字学术研讨会，而且在2018年成立了中国文字学会近代汉字研究会。这一项目涉及对汉字资源的收集、整理和利用，对于推动汉字文化的传承和创新具有重要意义，对引领中华文化步入信息化、数字化时代，提高中国文化“软实力”有着非同寻常的意义。另外，通过建设虚拟教研室，该校能够充分利用现代信息技术手段，开展更加灵活、高效的教学和研究活动，为学生提供更加丰富多样的学习资源和学习体验。这些举措不仅为语言文字领域的发展做出了积极贡献，也为学生提供了更加优质的学习环境和资源，进一步提升了学校的学术声誉和社会影响力。

四、强化有助于推动服务企业的宣传活动

作为地方高校，该校在推动有组织科研的探索和实践中扮演着至关重要的角色。通过促进教师参与企业合作，学校有效地整合学术资源，推动科研成果的转化和应用，为地方经济的发展提供有力支持。同时，这种合作也为学生提供了与实际产业接轨的机会，促进了校企之间的深度合作，加快了科技创新的

步伐。因此，加强相关宣传活动，引导老师服务企业对于地方高校来说尤为关键。

首先，制定了系统、完善的宣传方案和推广策略。通过学校网站、媒体报道、校园公众号等多种渠道，向师生宣传校企合作的重要性和优势，鼓励老师积极参与企业服务活动。这种举措有助于促进校企合作的紧密度和深度。通过宣传，教师们将更加了解与企业合作的重要性以及合作所带来的双赢局面。

其次，注重宣传内容的多样性和针对性。通过案例分析、成功经验分享等形式，展示教师参与企业科研合作的成果与收获。例如，邀请曾经参与校企合作的老师进行经验分享和交流，通过亲身经历向师生传递参与校企合作的积极意义和价值。通过案例分享和经验交流，老师们可以更好地理解如何将自己的专业知识和技能应用到实际生产中，从而更好地满足企业需求。同时，借助校园媒体和社交平台，定期发布校企合作项目动态和成果展示。通过向师生宣传科研成果的社会影响和经济价值，引导教师增强服务企业的责任感和使命感，从而拓展校企合作的深度与广度。这进一步提升了该校自身的学术实力和社会影响力，为地方经济社会的发展做出了更大贡献。①

① 参见黎贞崇《新质生产力背景下地方高校有组织科研的探索》，《企业科技与发展》2024 年第 4 期。

第五章　回到管理本身：做好高校科研管理高质量发展的桥梁

当前学术界对管理学的概念定义基本形成了共识，管理学是研究管理活动的基本规律和一般方法的科学，不仅适用于工商企业的经济活动，也适用于党政机关等行政机构的行政事务工作，运用管理学的目的是正确处理实践活动中的人力、物力、财力、信息之间的关系，以实现资源最大化利用。[①] 科研管理是管理实践的范畴，其本质在于管理者在特定社会环境与条件下，进行一系列有目的的决策与行动。[②] 它不仅需要遵循管理学的基本规律和方法，还需要结合科研工作的特殊性。它涵盖对资源的合理配置和利用，对科研人员的组织、协调和激励，以及对内外部环境变化的应对和适应。科研管理的核心目的在于更有效地支持科研人员，促进科研工作的顺利进行，提高科研成果的质量和数量。

在全球范围内，科学技术的迅猛进步和创新已成为国家经济竞争的核心驱动力，科学技术的迅猛发展正不断重塑全球经济社会的结构，成为现代经济高质量发展的核心动力。各国纷纷争夺科技领先地位以提升经济实力和国际影响力。在这一背景下，科研管理人员的角色变得尤为重要，尤其是在高校科研管理中，他们的作用更是不可或缺。高校作为科技创新的前沿阵地，承载着大量的科研任务和学术研究，这些研究不仅推动了科学进步，也为国家的经济发展和技术进步做出了重要贡献。在这一过程中，科研管理人员发挥了至关重要的

---

① 参见刘蔚华、陈远《方法大辞典》，山东人民出版社，1991，第559—560页。

② 参见巩见刚、王海龙《国内管理学术脱离实践的原因及发展路径探索——一个基于实践内涵的思考》，《中国文化与管理》2022年第1期。

作用，扮演着至关重要的角色，他们不仅是科研活动的组织者和协调者，更是推动科研高质量发展的桥梁。科研管理人员在高校科研中的职责涵盖了多个方面。

科研管理人员需要负责科研项目的组织和协调，确保研究工作按照既定的目标和计划顺利推进。但是，他们在高校科研中的职责不仅限于组织和协调。他们还需要在科学管理、资源优化、团队建设和成果转化等方面进行全面而深入的工作，以确保科研活动能够高效进行，并且达到预期的质量标准。首先，科学管理是科研管理人员的基础任务，他们需要设计并实施科学合理的管理体系，确保科研项目按照预定的计划和预算进行。这包括制订详细的项目计划、监控项目进展、经费使用的合规性等。这些管理措施不仅有助于确保项目的顺利推进，也有助于提升科研效率和降低不必要的资源浪费。其次，资源优化是科研管理中的重要环节。科研活动通常需要大量的资金，如何高效地配置和使用这些资源是科研管理人员必须面对的挑战。他们需要在有限的资源条件下，合理分配科研资金，以最大化地发挥资源的效益。这种优化不仅能提高科研效率，还能降低研究成本，为科研活动的高质量发展提供保障。再次，团队建设也是科研管理人员的关键职责之一。科研工作往往是一个复杂的系统工程，需要各类专业人才紧密合作。科研管理人员需要构建高效的科研团队，促进团队内部的沟通与协作。最后，成果转化是科研管理中极为重要的一环。科研成果不仅需要通过学术论文或技术专利的形式进行展示，更需要能够转化为实际应用，产生社会和经济效益。科研管理人员需要与相关企业、政府部门和社会组织进行沟通，推动科研成果的商业化和产业化。同时，他们还需要关注科研成果的社会影响，确保其对社会产生积极的贡献。

综上所述，科研管理人员在高校科研中扮演的角色远超单纯的组织者和协调者的角色。不仅推动了科研活动的高质量发展，也为高校科研的长远发展奠定了坚实的基础。在科技迅猛发展的背景下，科研管理人员的作用将更加突出，他们的工作不仅影响着科研项目的成败，更关乎科技创新对社会的广泛影响。

第一节　做多面体的管理者

在高校环境中，行政化体制的特殊性对科研资源的分配和科研方向的确定产生了深远影响。在许多地方高校，尤其是那些行政化程度较高的院校，官本位和权力本位往往凌驾于学术本位之上。这种情况使得行政权力掌握了学校的资源配置，而专职科研人员在资源分配和科研方向的决策上却缺乏话语权和存在感。这种现象不仅使得科研人员感到被忽视，也阻碍了科研的进步和发展。在这种背景下，高校科研管理人员的角色显得尤为重要。科研管理实践是人在一定情境下展开的组织行动，这种行动涉及管理者本人及科研人员。管理实践必然涉及各种人与人之间的伦理关系问题。管理者也自然需要妥善处理这些伦理关系，求得一种具体情境下的正当性。① 科研管理者直接面对科研人员，负责项目申报与结项、成果报奖、职称认定、经费报销等各个方面的事务，其工作直接影响科研人员的日常工作及科研进展。他们不仅需要处理烦琐的行政事务，还要在科研人员与学校管理层、上级部门之间扮演桥梁的角色，协调各方利益。

在处理这些伦理关系时，管理者应当遵循公正、诚信、尊重和责任的原则。公正意味着在资源分配、项目评审和成果认定等过程中，管理者应保持中立，避免任何形式的偏见和不公。诚信则要求管理者在科研管理活动中保持诚实守信，不隐瞒信息，不歪曲事实。尊重体现在管理者应尊重科研人员的学术自由和创新精神，鼓励多样性和包容性。责任则要求管理者对科研活动的长远影响负责，确保科研活动符合社会伦理和法律法规。作为桥梁，科研管理人员肩负着连接各方的责任和使命。他们不仅要推动资源合理分配，还要促进科研工作的高质量发展。他们需平衡行政要求与学术需求，确保科研人员的意见得

① 参见巩见刚、王海龙《儒家管理学为什么没有脱离实践？——一个基于实践概念的研究》，《中国文化与管理》2023 年第 2 期。

到充分听取和尊重。在这个过程中，科研管理人员通过与科研人员紧密合作，能够准确掌握科研项目的实际情况和问题，及时反馈并解决问题，从而提升科研工作效率和成果质量。实践中，科研管理者必须持续学习和提升，以适应科研环境和需求的变化，更好地履行职责。这种自我提升不仅是个人成长的需求，更是为高校科研管理工作的高质量发展提供坚实保障的必要条件。

一、具备深厚的科学素养和专业知识

在现代高校中，科研管理者扮演着至关重要的角色，他们不仅需要监督和管理科研项目，还要对整体科研环境进行把控。随着科技进步和政策变化，科研管理领域的知识和技能不断发展，要求管理者持续更新自己的知识体系，以保持专业领域的前沿地位。

要有效履行这些职责，科研管理者必须具备深厚的科学素养和专业知识。这种素养不仅包括对自身科研领域基本知识和前沿动态的了解，还涉及对科研管理政策、法规、流程和标准的全面掌握。只有这样，管理者才能在复杂多变的科研环境中做出明智决策，确保科研活动在规范和高效的环境中进行。同时，对科研领域的前沿动态的了解可以帮助管理者把握最新的研究趋势，预测未来的科研方向，从而在项目规划和资源配置上做出前瞻性的安排。这种前瞻性不仅能够推动科学研究的进步，也能为高校的科研团队提供更具战略性的发展指导。另一方面，科研管理者还需要熟悉与科研相关的政策法规，如知识产权保护、伦理审查、意识形态把控和经费管理等。掌握这些政策法规可以确保科研活动的合规性，避免法律和伦理风险，同时也有助于高效申请和管理科研资助。这些法规和政策的变动往往直接影响科研项目的实施和管理，及时了解并适应这些变化是保证科研活动顺利进行的关键。此外，科研管理者应密切关注科研管理领域的最新发展动态。这包括国内外科研政策的变化、新的科研资助项目的推出、科研管理技术的革新等。例如，许多国家和地区定期更新科研资助的申请标准和程序，科研管理者需要随时跟进这些变化，调整工作策略，以确保能够成功申请到科研资助。同时，科技管理技术的革新，例如数据管理平台和项目管理软件的更新，也要求科研管理者不断学习和应用新技术，提高管理效率和科研质量。

定期参与专业培训和学习新兴的科研管理理论与实践方法，已成为科研管理者的必修课。在快速发展的科研领域，科研管理者面临着日益复杂的挑战。科技进步和政策变化不断推动科研管理领域的知识和技能向前发展，这要求科研管理者不断更新自己的知识体系和技能储备，以保持在专业领域的前沿。这种持续学习不仅有助于跟上行业的发展步伐，还使管理者能够从容应对复杂的科研项目和管理难题。通过掌握先进的科研管理工具、技术和理论，科研管理者能够优化工作流程、提高工作效率，并更好地应对项目管理中的挑战，从而提升科研团队的整体竞争力。专业培训可以让科研管理者接触到最新的科研管理工具和方法。这些工具和方法包括先进的数据管理系统、项目管理软件，以及新的管理理论和方法。掌握这些新兴工具，能够显著提升工作效率，减少传统管理方式中可能出现的错误和重复劳动。例如，数据管理系统可以帮助科研管理者更高效地处理大量实验数据，减少人为错误的发生。通过培训，管理者不仅可以学习到如何使用这些工具，还能了解如何根据科研项目的特点进行优化配置，从而提高项目管理的整体效果。学习最新的科研管理理论和实践方法也是科研管理者保持专业领先的重要途径。随着科研环境的不断变化，新的管理理论和方法不断涌现，例如敏捷管理、精益管理等现代管理理念，这些理念在科研项目管理中逐渐得到应用。科研管理者通过学习这些理论和方法，可以更好地应对项目管理中的不确定性和变化，提高决策的科学性和管理的灵活性。例如，敏捷管理强调快速迭代和灵活应对，能够帮助科研人员或团队在面对快速变化的研究需求时，迅速调整项目计划，提高项目成功的可能性。此外，不断地学习和经验积累还使科研管理者能够优化工作流程。通过对不同项目管理模式的学习和比较，管理者可以总结出适合自身科研环境的最佳实践，从而减少不必要的管理环节和重复劳动。例如，通过学习先进的项目管理经验，管理者可以设计更加高效的工作流程，减少项目实施中的瓶颈，提高团队的整体工作效率。

科研管理者持续学习和专业知识积累是他们有效履行职责的关键。通过不断更新科学素养和掌握最新的科研动态，管理者能够优化工作流程、提高管理效率，并减少失误和重复劳动。这不仅提升了科研管理的质量，还增强了科研团队的整体竞争力，为科研项目的成功实施提供了坚实保障。总之，持续学习和专业知识的积累是确保科研项目高效推进和科研环境持续优化的核心，这不仅推动了科学研究的进步，还提升了高校在国际科研领域的竞争力和影响力。

二、具备卓越的沟通和协调能力

在科研管理中，确保信息畅通是至关重要的，有效的沟通是实现这一目标的关键。科研管理工作者必须在多方沟通中发挥重要作用，这包括与科研人员、上级领导、资助机构等保持良好的互动。沟通不仅仅是信息的传递，更是理解和回应对方需求的过程。

首先，与科研人员的有效沟通。科研人员通常面临巨大的工作压力，他们的研究进展和成果受到资源配置和政策支持等因素的直接影响。为了有效支持科研人员，管理者需要深入了解这些需求，要善于倾听科研人员的需求和困境，深入理解他们的工作压力和挑战。定期会议和反馈机制是实现这一目标的重要手段。通过这些方式，管理者可以及时掌握科研人员的工作状态和遇到的问题，从而根据实际情况调整资源分配和支持措施。这种做法能够帮助科研人员解决实际困难，提升他们的工作效率和成果质量。通过与科研人员进行深入对话，管理者可以识别出科研中的痛点，从而有针对性地提供支持。有效的沟通不仅能缓解科研人员的压力，有助于及时解决实际问题，还能促进科研人员对管理政策的理解。这种理解有助于增强科研人员的工作积极性，最终推动科学研究的顺利进行和持续进步。

其次，与上级领导和资助部门的有效沟通。科研管理者的核心职责之一是确保与上级领导和政府资助部门之间的有效沟通，以便在复杂的政策环境中有效地推进科学研究工作。上级领导负责宏观把握科研方向和资源分配，这些领导者的决策会影响科研项目的整体规划和执行，因此，科研管理者需要对上级领导的战略目标和资源分配计划有深入的了解，以便在实践中执行这些计划。同时，资助部门在科研工作中扮演着至关重要的角色，它们提供政策支持和资金资助，这对科研活动的开展至关重要。科研管理者需要与这些部门保持良好沟通，及时获取有关政策变化、资金申请和资助条件的最新信息。政策的变化可能会带来新的要求，科研管理者需要迅速了解这些变化，并据此调整科研项目的策略和计划，以确保项目的顺利推进。资助机构通常对科研项目的进展和资金使用有严格的要求，科研管理者需要确保与资助机构保持良好的互动，定期报告项目进展，展示研究成果，并解决资助机构提出的问题。这不仅有助于获取更多的资金支持，还能够提升资助机构对项目的信任和支持。有效的沟通不仅涉及信息的传递，还包括对政策的深入分析。科研管理者必须及时识别政策变化可能带来的挑战，并与相关部门进行积极互动，寻求必要的支持或解答。通过与上级领导和资助部门保持密切联系，科研管理者可以获得最新的政策导向和资助机会，优化资源配置，避免因信息滞后或政策不匹配而造成的项目延误或资源浪费等问题的发生。

此外，良好的协调能力对于科研项目的成功至关重要。这不仅体现在资源的有效配置上，还包括在政策调整时引导科研团队迅速适应新环境，并制定相应的应对措施。科研管理者必须具备协调各方利益的能力，解决可能出现的冲突，并灵活调整策略以应对变化，从而确保科研工作高效进行。在复杂的科研项目中，卓越的组织和协调能力能够帮助科研管理者高效处理各类管理任务，确保项目按计划完成并实现设定目标。科研项目通常涉及多个环节和团队成员，科研管理者需要科学合理地分配资源，明确工作职责，并跟踪项目进度。这种灵活的调整能力能够提升团队的响应速度和适应能力，避免因信息不畅或政策不匹配而导致的资源浪费或项目延误。建立顺畅的沟通渠道是提升协调能力的关键。通过有效的沟通，科研管理者能够协调各方利益，及时做出相应调整，保证科研项目在不断变化的环境中顺利推进。

综上所述，科研管理人员的沟通和协调能力不仅影响科研资源的流动和共享，还对科研项目的整体效率和成功实施起到关键作用。通过深入了解科研人员的需求、优化科研环境、掌握政策要求以及卓越的组织协调能力，管理者能够有效推动科研项目的发展，提升科研工作的整体效率和成果质量。这些能力的综合运用，确保科研工作能够在复杂的环境中顺利推进，实现预期目标。

三、具备创新意识和灵活的思维方式

科研管理工作者在现代科研环境中扮演着至关重要的角色。在科研领域中，科学技术和研究趋势不断演变，新的发现和突破层出不穷，这要求科研管理者具备前瞻性，能够迅速识别和应对这些变化，以保持科研活动的竞争力和高效性。针对科研管理而言，“怎么做”的命题意味着管理者需精心制定具体的规划、人员配置或行动步骤等。具体而言，它要求管理者从具体情境和条件出发，灵活运用各种理论，做到在行动上既要切实可行又要恰到好处，准确把握事物发展之“分寸”或“度”。做不到这一点，就意味着管理者没有真正解决好“怎么做”的问题。当然这个“度”也是很不容易把握的，它本质上取决于管理者对具体背景下各种事物以及矛盾之间错综复杂关系的准确理解与判断。特别是管理者需要认清组织内外的客观条件与约束，准确把握事物发展的临界状态，科学预测不同措施在具体情境下可能导致的后果。①

首先，要具备创新意识。创新意识在科研管理中的重要性不可忽视，它为科研管理者提供了在面临挑战时寻找新的解决方案的能力。科研管理不仅仅是按部就班地执行既定流程，更需要管理者具备创新思维，以应对不断变化的情况和新出现的问题。当传统的管理方法无法解决某些问题时，管理者必须跳出常规思维模式，探索并实施新的管理策略和工具。这种创新意识使得管理者能够在多个方面不断优化，进而提高科研效率。例如，在资源配置方面，科研项目常常面临预算紧张和资源有限的困境。传统的方法可能无法有效应对这些挑战，管理者需要创新地制定资源分配方案，寻找新的资金来源或优化资源使用方式，从而提高资金的利用效率。此外，在项目管理中，面对复杂的项目需求和不确定的进展情况，传统的项目管理工具和方法可能显得不够灵活。此时，管理者需要创新地引入新的数据分析工具或项目管理软件，以更好地适应项目动态变化。团队合作也是科研管理中的关键环节。随着科研项目的复杂化和跨学科合作的增多，传统的团队管理模式可能难以满足需求。管理者需要通过创

① 参见巩见刚、王海龙《儒家管理学为什么没有脱离实践？——一个基于实践概念的研究》，《中国文化与管理》2023年第2期。

新的团队建设和沟通策略，促进团队成员之间的有效协作和信息共享。例如，建立跨学科的交流机制，以更好地整合团队的专业知识和技能。这些创新措施能够帮助科研团队更高效地合作，推动科研成果的快速产生和应用。创新意识赋予科研管理者在面对挑战时的灵活性和适应性，使他们能够在科研管理的具体实践中不断优化，从而提升整体的科研效率和成果质量。

其次，具备灵活的思维方式。在当今迅速变化的科研环境中，灵活的思维方式对科研管理者至关重要。科学研究的本质充满了不确定性和变动性，新技术的出现、方法的进步或政策的调整都可能对既定的科研计划产生深远的影响。为了在这样的环境中有效地管理科研项目，管理者需要具备快速反应和调整的能力，以应对不断变化的科研需求和外部条件。当新的研究发现或政策热点出现时，科研管理者需要深入分析最新的科研趋势和政策动向，识别哪些领域具有最大的潜力和紧迫性。科学研究的前沿不断发展，新兴技术和理论常常带来突破性的成果，这些成果可能对现有项目产生直接影响。例如，某项新发现可能会揭示出更为有效的研究方法，或者指向一个之前未被关注的重要研究方向。此时，管理者需要迅速评估这些新信息的价值，并对科研项目的优先级进行重新排序。此外，政策变化也可能引发科研方向的调整。例如，政府可能出台新的科研资助政策，优先支持特定领域的研究，或者在应对社会问题时提出新的研究需求。科研管理者必须理解这些政策背后的动机和目标，将其与当前的科研计划相结合，确保资源能够合理配置到最具影响力的领域。灵活的思维方式使科研管理者能够在快速变化的科研环境中保持高效和敏捷，确保科研活动能够顺利进行并取得卓越成果。

再次，关注和吸收外部的先进经验和技术。科研管理者可以通过多种渠道获取前沿信息和技术，从而提升本机构的科研管理水平。参加学术会议是其中一个重要途径。在这些会议上，科研管理者能够接触到最新的研究成果和技术趋势。这种交流不仅可以获得最新的科研动态，还能了解其他机构在科研管理中的成功经验和挑战，从中汲取有益的教训。此外，定期阅读最新的科研文献也是获取前沿信息的有效方式。通过跟踪相关领域的顶级期刊和专业杂志，管理者能够及时了解学术界的最新发现和技术进展。这种文献阅读不仅有助于掌握最新的研究动态，还能够发现潜在的研究机会和技术突破，从而指导本机构的科研方向和策略。与其他科研机构的交流也是促进创新和灵活思维的重要手段。管理者可以借鉴其他机构的管理模式和技术实践，拓宽视野，并将这些先进经验应用于自身的科研管理中。这种持续学习和吸收新知识的态度，有助于提升科研管理的整体水平，提高研究质量和效率，确保科研机构在竞争激烈的环境中保持领先地位。

最后，利用大数据的洞察力，科研管理者应将其作为管理工具。大数据已被认定为关键资产，标志其在现代经济体系中的战略地位类似于传统的土地、劳动力、资本和技术。大数据的独特价值在于其能够通过分析庞大和多样化的数据集，提供深入的业务洞察，这对管理科学尤为关键。它揭示了数据中隐含的模式、发展趋势和关联程度，极大提高了决策精确度。[①] 因此，大数据作为新质生产力的重要组成部分，不仅改变了传统数据处理和业务分析方法，还通过其全面洞察性显著提升了管理实践的科学性，特别是在高校科研管理方面具有巨大的潜力。在高校科研管理中，大数据的应用为科研项目的选题、立项、执行和评估提供了强有力的支持。通过全面收集和分析科研数据，管理者可以更加精准地掌握科研进展和成果，从而做出更加科学的决策。大数据不仅改变了传统的数据处理方式，使得科研数据的存储、检索和分析变得更加高效和便捷，还通过其强大的洞察力，帮助管理者发现潜在的科研热点和趋势，为科研项目的规划和布局提供有力依据。同时，大数据的应用还促进了高校科研管理的透明化和规范化。通过对科研数据的实时监控和分析，管理者可以及时发现和纠正科研过程中存在的问题和不足，确保科研项目的顺利进行和科研成果的真实可靠。

四、提高政治站位，坚持正确政治导向

在科研管理工作中，坚持正确政治导向是科研管理工作的基本原则，这需要我们始终站稳政治立场，秉持马克思主义观点，以此为指引，不断提升科研

---

① 参见郁建兴、高翔、王诗宗等《数字时代的公共管理研究范式革命》，《管理世界》2023 年第 1 期。

管理的水平和质量。无论是在社科项目选题、论证、中期管理、结项等各个环节，还是在科研成果奖推荐、科研平台管理、科研人才推荐等各个领域，都加强了对项目的政治审查，确保项目的选题、论证和实施都符合正确的政治导向，杜绝一切可能存在的政治风险和问题。这为科研成果的取得和国家科研事业的发展提供了坚实的保障。在国家项目论证和成果奖推荐审核过程中，很多学校的科研管理部门采取了一系列措施，以确保科研工作始终坚持正确的政治导向。以笔者所在学校为例，在对国家项目论证和社科成果奖推荐审核过程中，聚集了出版社主编、期刊社主编、马克思主义学院专家以及其他学科专家，形成了政审专家组。这确保了审核团队的多样性和专业性，对项目论证内容和成果的审核更加全面和专业。政审专家组对每一个项目论证内容和每一项参评成果进行逐一审查。不仅关注科研内容本身的学术价值，更注重其是否符合正确的政治导向。在审查过程中，一旦发现不合适的语言表达或者不符合政治导向的内容，专家组会给予及时的指正和建议。这种严格的审核机制确保每一个项目、每一项成果都能经得起政治和学术的考验。另外，政审专家组还具有坚决终止申报的权力。对于不符合正确政治导向的项目或成果，无论其学术水平如何，都会被坚决终止申报，以维护科研工作的政治纯洁性和学术规范性。通过以上措施，不仅坚持了正确的政治导向，提升了科研工作的品质和水平，也为学校在国家和地方科研事业中树立了良好的形象，为科研成果的取得和国家科研事业的发展做出了积极贡献。

总之，科研管理工作者的创新意识和灵活思维不仅是应对科研环境变化的必要条件，更是推动科研进步和提高管理效率的重要保障。他们通过不断创新和调整策略，确保科研项目能够在动态的环境中顺利推进，实现预期的科研目标。

第二节 做有情怀的管理者

科研人员在科技的进步和创新方面具有决定性的作用，但是科学研究不是一蹴而就的事情，而是一项艰苦的工作，需要科研人员耐得住寂寞、守得住清贫、抵得住诱惑，远离浮躁。在这个过程中，崇尚科学的情怀至关重要，需要在全社会营造尊重科学、重塑信念的环境，并采取支持科研、实施爱护科学的实际举措。尊重科研工作者、科学家，不断改善他们的待遇和地位，使科研成为人人追求的人生理想。如此，科学家的个人情怀才能转化为厚实的社会基础。而高校作为全社会科研的重地，更是科研人员的聚集地，高校的科研水平在一定程度上决定了整个社会的科研水平。

科研管理工作者作为一线管理者，直接与科研人员、项目团队和科研机构打交道。他们在科学研究的生态系统中扮演着桥梁和纽带的角色，是确保科研活动顺利进行和科研成果有效转化的重要动力。为了实现这些目标，他们应具备崇尚科学的情怀，同时深入了解科研人员的需求和困境，积极促进科研环境的改善，为科学家们提供更好的支持和服务。

科研的道路常被比作一条漫长的征程，一路坎坷，一路挑战。在这条道路上，科研者们需要坐冷板凳、啃硬骨头、做真学问、谋大功用。这不仅是一种追求，更是一种责任、一种使命。在这个过程中，科研管理工作者的作用至关重要，科研管理人员对科研人员的态度直观反映了高校对科研人员的认可度，在一定程度上决定了科研人员的归属感和荣誉感。他们需要更具人文情怀的管理理念和方法，将科研人员视作组织的核心，尊重他们的尊严、权利和价值，并致力于调动他们的积极性、主动性和创造性。建立一种尊重人、理解人和重视人的文化氛围，为科研者们搭建一个良好的成长环境和工作平台。

一、科研管理工作者需要具备人文关怀

高校人文属性是高校多元化属性中不可忽视的一种属性。人文属性的聚焦点是人，人是一种社会性的存在，具有创造性与能动性等特质。高校的人文属性决定了高校科研管理将会是一种以“人”为本的管理模式。人本管理，即以人为本的管理模式，将人的尊严、权利和价值放在首位，最大限度地调动人的积极性、主动性和创造性，释放其潜在的能量，使他们以极大的热情投入工作中。人本管理突出了人在管理中的地位，强调尊重人、理解人和重视人，将促进人的全面发展作为终极目标。高校科研管理的对象都是教师，物质待遇并不是他们唯一的要求，他们更加渴望实现自我价值和得到人们的尊重。因此，人本管理视角下的高校科研管理，就是在一切科研管理活动中，将科研人员放在核心位置，尊重他们、欣赏他们，促进他们全面且健康地发展，充分发挥他们的知识和智慧，打造高效率、高素质的科研团队，从而推动科学研究健康发展。①

按照马克思等对实践的理解，真正的管理实践应融合“真”“善”“美”于一身：不但要包含经济发展的要求，更重要的是要促进社会整体的和谐以及人的全面发展和解放。这种发展和解放包括几方面的含义：不但要帮助人在物质上获得发展和解放，还要帮助其在技能、健康以及精神上获得发展和解放。人要从各种束缚人全面发展的自然关系、社会关系及意识形态中解放出来，成为一个真正的、大写意义上的“人”。管理者不但要得到全面的发展和解放，被管理者也要得到全面的发展和解放。② 将人的全面发展和自由作为管理的根本目的不仅仅是求善的需要，还在于它反映了管理的本质与真相，它是求善、求真、求美三方面完美融合之表现，也是管理实践不可违背的最根本原则。③ 科

① 参见唐圣姣《人本管理视角下高校科研管理机制创新研究》，《赤峰学院学报（汉文哲学社会科学版）》2018 年第 8 期。

② 参见巩见刚、王海龙《儒家管理学为什么没有脱离实践？——一个基于实践概念的研究》，《中国文化与管理》2023 年第 2 期。

③ 参见巩见刚、王海龙《儒家管理学为什么没有脱离实践？——一个基于实践概念的研究》，《中国文化与管理》2023 年第 2 期。

研之路上往往孤独而漫长，需要得到他人的理解和支持。因此，科研管理工作者的角色不仅仅是为了推动科研项目的进展和管理，更重要的是应该关注科研人员情感需求，给予他们充分的关怀和鼓励，成为他们可信赖的支持者，让他们在困难时感受到温暖，在挫折时获得鼓舞，从而更有动力地投入科研工作中去。

科研管理工作者需要营造一个和谐温暖的工作环境。在这样的环境中，科研者们可以自由地表达自己的想法和观点，不必担心被指责或者批评。同时，科研管理工作者也应该注重团队建设和凝聚力的培养，让科研者们感受到团队的力量和支持，从而更有信心地面对科研中的各种挑战和困难。

首先，尊重和理解为本，重视每一个科研人员的个性和价值。

（1）尊重是高校科研管理的基本原则之一。充分认可和重视科研人员的个人尊严和权利，包括他们的工作成果、学术观点和个人选择。认识到每个人都是独一无二的个体，拥有自己的梦想和追求。作为科研管理者应该以开放、包容的心态对待科研人员，尊重他们的学术自由和创新精神，让他们在科研工作中感受到被认可和尊重，从而激发其工作的热情和创造力。

（2）理解是高校科研管理的关键之一。要积极倾听和关注科研人员的需求和诉求，深入了解他们的工作动机和个人目标，为他们提供合适的支持和帮助，使他们能够在科研领域中实现自己的价值和潜力。通过与科研人员进行沟通和交流，建立起良好的信任关系，使他们感受到被理解和支持，从而激发他们的工作热情和创造力。

（3）重视是高校科研管理的核心之一。将科研人员置于管理的核心位置，将他们的发展和成长作为管理的首要任务。科研管理人员应该重视科研人员的个性化需求和发展路径，为他们提供良好的工作环境和发展平台，帮助他们实现自我实现和职业发展，从而提高科研团队的整体素质和竞争力。

其次，以激励和启发为重，激发科研人员的内在动力和创造力。在科研领域，内在动力和个人兴趣往往是驱动力量，因此，激发科研人员的内在动力和创造力至关重要。

（1）通过榜样的力量可以有效地激发科研人员的工作热情和创造力。科研管理部门可以通过表彰优秀科研成果和个人贡献，树立榜样，激发他们的学术追求和创新意识。对于那些取得突出成就的科研人员，可以授予荣誉称号、颁发奖金或举办颁奖仪式等形式，给予他们公开的认可和鼓励，激励更多的科研人员向他们学习，勇于探索和创新。

（2）注重心理激励也是激发科研人员创造力的重要环节。科研管理部门可以通过开展心理辅导和个人成长培训等活动，帮助科研人员克服困难和挑战，保持良好的心态和积极的工作状态，激发他们的创新潜能和创造力。

（3）建立良好的团队氛围和合作氛围，让科研人员感受到团队的温暖和支持，共同分享科研工作的乐趣和成果。

（4）给予他们充分的表达权和参与权，不以权威压迫和强制手段管理他们，而是通过平等对话和合作来实现管理目标，使他们能够充分展示自己的才华和潜力，让他们在科研的道路上自由驰骋，实现个人价值的最大化。激励和启发是推动高校科研人员持续进步和创新的关键。通过榜样力量、合理的激励机制和心理激励，可以有效地激发科研人员的内在动力和创造力，使他们积极投入到科研工作中，勇于探索和创新，为学术研究的发展做出更大的贡献。

再次，以责任和担当为重，将科研管理工作视为一项神圣的使命和责任。这应该是每一位科研管理者应当秉持的理念。明确自己的使命和目标，并不断追求科研事业的长远发展，是科研管理工作的核心。作为科研管理者，首先需要清晰地认识到自己的责任所在，明确自己的角色定位，将科研管理工作视为服务科研事业、服务科研人员的重要途径，以实现科研事业的长远发展为己任。同时，科研管理者还应当关注科研工作的社会影响和价值，助力将科研成果转化为社会生产力，为国家和社会的发展做出贡献。要积极倡导科研成果的转化和应用，加强科研成果的技术推广和产业化，促进科研成果与社会经济的深度融合，为解决国家和社会面临的重大问题提供科学支撑和技术支持，推动科技创新成果的转化和产业化，为经济社会的可持续发展做出积极贡献。作为科研管理者，要以责任和担当为重，将科研管理工作视为一项神圣的使命和责任，明确自己的使命和目标，努力实现科研事业的长远发展，关注科研工作的社会影响和价值，努力将科研成果转化为社会生产力，为国家和社会的发展做出贡献。

做一个有情怀的科研管理者，需要具备关注科研人员的人文关怀，建立积极的沟通和支持体系，创造和谐温暖的工作环境，关注科研者的个人发展和成长，关爱每一个科研人员，激励他们不断进取，共同实现科研事业的伟大梦想。用心去做，用情去爱，用行动去感染，从而帮助他们更好地投入科研工作中去，取得更加优秀的科研成果，为推动科研事业的繁荣发展贡献自己的力量。

二、科研管理工作者需要重视科研工作者的心理健康

科研管理工作者在促进科研者心理健康方面扮演着至关重要的角色。科研的过程往往伴随着高强度的工作压力和不确定性，长期的孤独探索和挑战很容易导致科研工作者们出现焦虑、抑郁等心理问题。因此，科研管理工作者应该关注科研工作者的心理健康状况，及时发现和解决他们的心理问题，采取积极的措施来帮助他们应对各种心理压力，为他们提供必要的心理支持和帮助，让他们在科研的道路上能够保持健康的心态和良好的工作状态。

首先，科研管理工作者可以通过建立支持体系来关注科研工作者的心理健康。这种体系不仅仅是为了解决科研项目中的问题，更应该关注科研人员的个人情感和心理状态。支持体系的建立可以提供包括心理学专业人员的指导和支持，以及定期的心理健康教育和培训。通过定期的交流会议、个人谈话或咨询等方式，科研管理工作者可以更好地了解科研工作者的内心世界，及时发现他们的困惑和压力，给予他们及时的支持和鼓励。当科研工作者面临心理困扰时，他们也可以通过这个支持体系获得及时的帮助和支持，得到专业的心理咨询和指导，从而更好地应对自己的心理问题。

其次，科研管理工作者可以通过建立健康的工作氛围来促进科研者的心理健康。这包括营造积极向上的工作氛围，鼓励科研者之间的合作和交流，减轻他们的工作压力和心理负担。同时，科研管理工作者也可以通过定期的团队建设活动、心理健康促进活动等方式来提升团队的凝聚力和向心力，增强科研工作者的归属感和自信心，从而促进他们的心理健康。

此外，科研管理工作者还可以通过制定合理的工作安排来减轻科研工作者的工作压力，帮助他们更好地平衡工作与生活。这包括合理分配科研任务和项目资源，避免过重的工作负荷和时间压力，让科研工作者有足够的时间和空间去调整自己的心理状态，保持身心健康。

最后，科研管理工作者还可以通过关注科研工作者的个人发展和职业规划来促进他们的心理健康。这包括为科研工作者提供职业发展指导和规划建议，帮助他们明确自己的职业目标和发展方向，增强他们的自我认同和成就感，从而提升他们的心理健康水平。

综上所述，科研管理工作者在促进科研者心理健康方面可以采取多种措施，建立支持体系、营造健康的工作氛围、制定合理的工作安排和时间管理策略、关注个人发展和职业规划等，从而帮助科研者应对各种心理压力，保持良好的心理健康状态，更好地投入科研工作中去。

三、以身作则，做一个积极进取、敢于担当的科研管理者

作为科研管理者应该不断学习和提升自己的管理能力和水平。同时，树立正确的科研观念和价值观，引导教师们树立正确的科研导向，努力追求学术卓越，为国家和社会做出更大的贡献。

首先，持续学习和提升自己的管理能力和水平。积极参加各类管理培训和学习活动，不断吸收新知识，学习先进的管理理念和方法，不断反思和总结工作中的经验教训，以更加有效的方式指导和管理团队，以迎接日益复杂和多变的科研管理挑战。

其次，树立正确的科研观念和价值观。重视科研的社会效益和实际应用至关重要，因为科研不仅是追求个人成就和荣誉的过程，更是为国家和社会做出贡献的重要途径。因此，需要不断强调树立正确的科研观念和价值观，引导科研人员树立正确的科研导向。鼓励科研人员关注解决国家和社会面临的重大问题，努力将科研成果转化为实际生产力，为国家经济和社会发展做出更大的贡献。

再次，追求学术卓越。为了促进科学研究的持续发展和进步，鼓励科研人

员积极投入科研工作，不断探索和突破学术界的边界，努力在学术领域取得突出成就。同时，也强调科研人员的学术道德和诚信，坚持严谨的学术态度，确保科研工作的真实性和可信度。在科研过程中，诚信是至关重要的，务必要求科研人员严格遵守学术规范和道德标准，坚决抵制一切形式的学术不端行为，保持科研工作的公正、客观和透明。

四、尊重科学，崇尚科学，对科研存敬畏之心

科学的发展推动了生产力的提高、技术的进步和社会结构的变革，为经济增长、社会进步提供了强大动力。科学的发展不仅带来了技术和经济上的进步，还促进了人类对自然界和社会规律的认识，推动了人类思想和文化的发展。

科研成果的问世不是一蹴而就的，而往往需要科研工作者花费大量时间和精力。有些人甚至终身致力于科研，但成果却不一定如人意。即使是聪明的科学家，也需要倾注心血和耐心，才能取得成果。这种不断努力、持之以恒的精神，正是科学精神的体现。只有不为功名利禄所扰，才能真正专注于科学的追求，这才是真正的科学精神。而科学精神需要得到认可、尊重和激励。

高校科研管理人员作为科研活动的组织者和管理者，应当怀有敬畏之心。这种敬畏不仅是对科学力量的尊重和认可，更是对科研事业的责任和使命的深刻认知。科学是一项复杂而庄严的事业，涉及人类对自然和社会的探索和认知，对科学方法的信任和依赖。因此，科研管理人员应当怀着敬畏之心，认真履行自己的职责，维护科研活动的正常秩序和良好环境，促进科研成果的合理利用和充分发挥，以及推动科研事业的持续健康发展。

尊崇科学、崇尚科学是社会发展的需要，也是科学研究的基础，更是社会发展不可或缺的基石。在当今快速变化的时代，科学与技术的进步已经成为推动社会前进的主要动力之一。因此，我们应当充分认识到，尊重科学、支持科研不仅是一种态度，更是一种责任和义务。作为科研战线上的管理者，科研管理工作者肩负着重要的责任和使命。直接服务于科研人员，扮演着协调、支持和引导的角色。更应该具备尊崇科学、崇尚科学的情怀，将科学精神贯彻于工

作中的方方面面。通过营造良好的科研环境和文化氛围，支持科研人员的创新和发展，可以让科学家们更加专注于科研工作，为社会进步和人类福祉做出更大的贡献。尊崇科学、崇尚科学的理念不仅是科研管理工作者的工作原则，也是社会发展的需要。在一个尊重知识、鼓励创新的环境中，科学家们才能真正发挥其作用，推动科技进步和社会发展。

尊崇科学、崇尚科学是推动社会进步和人类文明发展的必然选择，也是构建富有活力和创新精神的社会的关键因素。在当今社会，科学已成为解决各种问题和应对挑战的主要手段，因此，尊重科学、支持科研已成为一种共识和追求。

综上所述，科研管理工作者需要具备更具人文情怀的管理理念和方法，关注科研者的人文关怀、成长培养和心理健康，为他们营造一个良好的科研环境。以共情和关爱为怀，关心每一个科研人员的身心健康和工作生活平衡。倾听他们的烦恼和困惑，为他们排忧解难，共同渡过困难时期。同时，营造一个良好的工作环境和氛围，让科研人员感受到团队的温暖和力量，实现共同成长和进步的目标。并且，科研管理人员还应当保持谦逊和开放的态度，虚心倾听各方意见和建议，积极学习和提升自己的管理能力和水平，以更好地为科研事业的发展和进步贡献自己的力量。只有在这样的环境里，科研人员才能够更好地投入科研工作中去，取得更加优秀的科研成果，为人类科技进步和社会发展做出更大的贡献。